本书由广东省社会科学院出版基金资助

A COMPARATIVE STUDY ON URBAN LAW ENFORCEMENT SYSTEMS IN GUANGDONG AND MACAO

广东与澳门城市执法体制比较研究

黄　硕 / 著

图书在版编目（CIP）数据

广东与澳门城市执法体制比较研究 / 黄硕著. —北京: 中国发展出版社，2019.8

ISBN 978-7-5177-1059-2

Ⅰ. ①广… Ⅱ. ①黄… Ⅲ. ①城市管理—行政执法—对比研究—广东、澳门 Ⅳ. ① D927.650.229.74 ② D927.659.229.74

中国版本图书馆 CIP 数据核字（2019）第 236520 号

书　　名：广东与澳门城市执法体制比较研究
著作责任者：黄　硕
出 版 发 行：中国发展出版社
联 系 地 址：北京经济技术开发区荣华中路 22 号亦城财富中心 1 号楼 8 层（100176）
标 准 书 号：ISBN 978-7-5177-1059-2
经　销　者：各地新华书店
印　刷　者：河北鑫兆源印刷有限公司
开　　本：710mm × 1000mm　1/16
印　　张：17
字　　数：220 千字
版　　次：2020 年 8 月第 1 版
印　　次：2020 年 8 月第 1 次印刷
定　　价：75.00 元

联 系 电 话：（010）68990630　68990692
购 书 热 线：（010）68990682　68990686
网 络 订 购：http：//zgfzcbs. tmall. com//
网 购 电 话：（010）88333349　68990639
本 社 网 址：http：//www.develpress. com. cn
电 子 邮 件：330165361@qq.com

目 录

一、广东与澳门城市执法体制比较研究的重要性

随着我国城镇化的快速发展，城市越来越成为人民群众生产生活的重要物理载体，创新城市治理方式、改革城市执法体制成为国民经济和社会发展的一个重要主题。在我国内地，在国务院部署下自 1997 年起各地就开始了城市执法体制的改革；作为对改革实践的思考和回应，学术界尤其是行政法学界在 2000 年前后已开始有学者对城市执法体制问题展开研究。而我国澳门特别行政区是以城市为规模建立起来的实行高度自治的特别行政区，某种意义上，特别行政区的治理体制就是一个城市的治理体制，而且实践表明，澳门的城市治理是成功的，积累了丰富的经验。随着我国粤港澳大湾区的建设拉开序幕，将来广东各个城市和澳门的合作必然更加密切，粤澳两地增加彼此的了解是合作的前提，这种了解包括对彼此法律制度的了解，进而在了解的基础上取长补短、同时在比较中发现我们的特色和制度优势。这种比较研究，在理论上，也能为我们分析思考法律制度多样化的现象提供素材。

下面，笔者从理论和实践两方面展开论述本研究的重要性。

（一）行政法学上的意义

从中国行政法学而言，近二十年来的城市综合执法体制改革是当代重要的法律现象，涉及行政法学基本理论中的行政主体资格、行政行为过程论、行政程序、公民权利救济与行政监督等行政法基本理论问题。从行政主体论的视角来看，城市综合执法体制改革首先是一个行政组织法的问题，行政执法权限通过授权或委托发生转移，具有综合执法权限的新的行政主体（城市管理执法机关，通常简称“城管”）产生，从而就要探讨城市管理执法机关的法律地位合法性与权限，进而探讨综合执法部门与行政主管部门的关系与公务协作。从行政行为论的视角来看，城市综合执法可以说是“行政过程论”[①]的一个实践场域，早期执法体制改革中出现的一个困境是执法机关只有相对集中行政处罚权而未被授予配套权力，而随着综合执法体制的完善，学者们对于综合执法的考察已不能局限于传统的单一行政行为分割的模式，而应当运用行政过程论的思维整体考察城市管理执法机关行政调查、行政处罚、行政强制等一系列的行政行为。从行政程序论的视角来看，如何回应公众对城管规范执法、文明执法的合理期待，其中最重要的就是规范城市管理执法机关的执法程序，而程序正义的要旨是实现公众的知情和参与、让权力运行于阳光之下，由此，相关的研究将会走进裁量基准、政府信息公开等当代行政法学的前沿领域。从行政救济论的视角来看，城市执法体制改革导致执法权的相对集中，如

---

① 行政过程论是日本行政法学自20世纪80年代以来的一种方法论，在日本行政法学界有多种形态。而笔者所习得和理解的“行政过程论”，是认为行政过程是由复数的行为形式的结合乃至连锁而构成的，因此，对行政行为的法性质的分析，必须有一种整体性把握的思维，亦即还要考察行政法的基本原理在一种具体的行政行为中是如何适用的。参见【日】盐野宏著，杨建顺译：行政法总论，北京：北京大学出版社2008年版，第56～57页。

何预防权力集中可能导致的权力滥用，就需要研究如何设置对城市管理执法机关的事中监督机制和事后权利救济机制，特别是城市执法必然意味着执法者与民众在一线产生纠纷以至冲突，完备的权利救济机制尤为重要。因此，本研究的思路，将避免就事论事，拟从行政法基本理论的视野去考察城市执法体制相关问题，探讨改革的合法性依据。

从比较行政法而言，本研究的意义在于进行内地（本研究中以广东为代表）和澳门的比较法研究。广东和澳门是处于一个主权国家内部的、甚至是同源于南粤文化的但实行两种不同法律制度和行政制度的两个地区，在法理学上这样两个地区属于两个“法域”。这是我国“一国两制”背景下独特的法律制度现象，在世界绝无仅有，研究“一国两制”法律问题本身就很有独特性，何况是追问这两个文化同源的南粤地区在“一国两制”框架下对各自城市的管理体制有什么异同？另外，广东与澳门的比较研究，以这两个地区为代表，实际上涉及广阔的比较法研究背景。广东是中国的一般行政区，本研究不仅要考察广东及其省内各地级市就城市执法制定的地方性法规、地方政府规章和其他法规范文件，而且中央对城市执法“顶层设计”而制定的法律、行政法规、部门规章直接适用于广东，因此，从法律渊源上，研究广东法律问题就是以点带面地研究中国法律问题，对广东地方立法的特色须置于中国特色社会主义法律体系的宏大制度背景中去分析。而澳门是中国的特别行政区，除了澳门的基本法附件中在特别行政区实施的几部全国性法律外，澳门有独立的法律制度，原有的法律基本上保留。[1] 因此，本研究为了更深刻探索体制背后的逻辑，必然要透过澳

① 根据《澳门特别行政区基本法》第8条：“澳门原有的法律、法令、行政法规和其他规范性文件，除同本法相抵触或经澳门特别行政区的立法机关或其他有关机关依照法定程序作出修改者外，予以保留。”

门行政法考察其所源于的葡萄牙行政法的基本制度和法律精神。而葡萄牙行政法受法国行政法影响，亦可以说是欧洲大陆法的一个代表，那么，本研究试图通过城市执法体制为切入点，管中窥豹，比较研究中国特色社会主义法律体系与大陆法系的行政法制度。

（二）对我国体制改革的实践意义

广东与澳门城市执法体制的研究，是在粤澳两地紧密合作背景下探讨相关各城市的行政执法体制之间的异同，其最终目的都是推进法治政府的建设。因此，这一研究涉及我国改革开放事业当下的两个热点：粤港澳大湾区建设和行政执法体制改革。

粤港澳大湾区建设是习近平总书记亲自谋划、亲自部署、亲自推动的国家战略。中国共产党的十九大报告指出，“要支持香港、澳门融入国家发展大局，以粤港澳大湾区建设、粤港澳合作、泛珠三角区域合作等为重点，全面推进内地同香港、澳门互利合作”；2018 年国务院《政府工作报告》中提出，要“出台实施粤港澳大湾区发展规划，全面推进内地同香港、澳门互利合作”。2019 年 2 月，中共中央、国务院印发《粤港澳大湾区发展规划纲要》。在深化粤澳两地合作的政策需求驱动下，作为内地的法学研究者，了解香港、澳门特区的行政法律制度是进一步寻求合作共同点的前提。粤澳两地的法律制度和行政管理制度不同，政府办事的行政程序、行政惯例、居民权利救济机制等有所不同，内地学者通过比较研究探寻各方求同存异的基点，可以为政府下一步健全相关的对接合作机制提供政策参考。

行政执法体制改革，是 2014 年中国共产党十八届四中全会以来党和政府深入推进依法行政、加快建设法治政府的重点工作内容之一。中国共产党十八届四中全会《关于全面推进依法治国若干重大问题的决定》指出，“深化行政执法体制改革”，在包括城乡建设等的重点领域内“推进综合执法”，“理顺城管执法体制，加强城市管理综合执法机构建设”；与行政执法体制改革相配套的是推进行政执法规范化，包括完善执法程序、明确执法流程、建立健全行政裁量权基准制度、落实行政执法责任制等内容。2018 年国务院政府工作报告中提出：“大力推进综合执法机构机制改革，着力解决多头多层重复执法问题。”而广东是我国体制改革的先行区，具体而言广东省内的广州、深圳等也是 1997 年以来城市执法体制改革的第一批试点城市；澳门的城市治理成效更是处于世界领先水平。本研究以广东与澳门两地的城市执法体制为研究对象，通过梳理总结广东、澳门在这方面的地方特色和成功经验，对于我国各地深化行政执法体制改革将会具有借鉴意义。

二、现有的研究成果及其不足

（一）对我国内地行政执法问题的研究

在实践中，城市执法体制改革，主要包括推进综合执法、规范执法裁量权、落实行政执法责任制、完善行政执法与刑事司法衔接机制等内容。国内学者针对上述改革中的热点难点问题进行学理探讨，指出实务中存在的问题，提出体制改革建议，近 20 年已积累了一定研究成果。针对城市行政执法的相关问题，国内研究的学术史可梳理如下。

1. 推进综合执法

2000 年前后，已有不少理论界、实务界人士指出，行政执法权横向太分散是当时城市执法体制存在的主要问题之一，“十几个大盖帽管不住一顶小草帽”是当时理论界与实务界反思的现象。对比各部门分散执法、多部门联合执法、综合执法（又称“相对集中执法”）等三种执法模式，多数论者认为，综合执法体制是我国城市执法体制改革的方向。例如，汪永清先生认为，横向上的权力主体相对集中原则和纵向上的权力分解原则应当是改革当时行政执法体制的主要原则；县级以上地方人民政府只设治安、税务、市场、社会、资源环保等少数直接行使行政执法权的机关，其他行政部门不再独立对外行使行政执法权。[①] 马怀德教授等认为，综合行政执法在权限配置上，应当限于城市日常管理中专业性不强的事项，而不应将专业性很强的事项纳入城管综合行政执法的范围；在职能上注意综合行使的职能应具有相关性。[②]

2013 年《中共中央关于全面深化改革若干重大问题的决定》作出后，学术界围绕深化城市执法体制改革进行研究探讨。例如，马怀德教授提出，加强基层执法力量，考虑授予乡镇一级政府一定的行政执法权；在城市管理、文化市场管理、农业管理等领域推行的相对集中执法基础上，再扩大相对集中执法的范围。[③] 张步峰教授、熊文钊教授认为，城市管理综合执法机关和其他机关之间的执法权限配置存在不合理的问题，一些地方执法职责划转并未经过严格论证，带有较大随意性以及出现向城管机关“甩包袱”现象；鉴于此，建议在全国范围理顺城市管理综合行政执法体制，制定统一规范城市管理综合行政执法的专门法律或行政法规。[④] 王青斌教授细致区分了综合执法和相对集中执法存在的差别，认为在公共治理背景下，行政执法权的配置应采取“集中执法＋部门协同”的模式，对于协同的部门，配置给这些部门的执法权应仅以“柔性执法权”为限，如指导权、非强制性的

① 汪永清：“对改革现行行政执法体制的几点思考”，载《中国法学》2000年第1期。

② 马怀德、车克欣：“北京市城管综合行政执法的发展困境及解决思路”，载《行政法学研究》2008年第2期。

③ 马怀德：“健全综合、权威、规范的行政执法体制”，载《中国党政干部论坛》2013年第12期。

④ 张步峰、熊文钊：“城市管理综合行政执法的现状、问题及对策”，载《中国行政管理》2014年第7期。

检查权等。[①] 周继东先生认为，机构整合的原则是人随事走，机构设置服从并服务于职能定位，机构合并调整，人财物必须随之移转。[②]

2. 规范执法裁量权

如何规范城市管理执法机关的执法裁量权，不仅是一种技术手段，而且需要把目光跳出城管这一个部门，放置于行政法一般原理中去探寻可能路径。规范执法裁量权的手段，从我国当下的实践看，主要有裁量基准制度和行政执法指导案例制度。学术界多数的研究成果集中在裁量基准研究方面。

通过裁量基准（或称为“裁量标准”）规范行政执法裁量权的行使，在我国，始于 2006 年以后王天华教授、周佑勇教授、余凌云教授等学者们对浙江金华等地行政裁量基准实践的经验总结。[③] 在近十年的研究中，学者们对裁量基准的性质、制定主体、制定程序、制定技巧、法律效力、例外条款等作出探讨。

关于裁量基准的性质，学者们主要从它的裁量性或者自我规制性这两方面把握。[④] 比较有代表性的观点是王贵松副教授的概括。他认为，行政裁量基准具有两面性，一方面裁量基准具有裁量性，理论上又称之为“一般裁量”；另一方面，裁量基准在事实上会得到遵守，这种拘束力可被称作事实上的拘束力或事实上的法的拘束力。[⑤]

---

① 王青斌：“公共治理背景下的行政执法权配置——以控烟执法为例”，载《当代法学》2014年第4期。

② 周继东：“深化行政执法体制改革的几点思考”，载《行政法学研究》2014年第1期。

③ 参见王天华：“裁量标准基本理论问题刍议”，载《浙江学刊》2006年第6期；周佑勇：“裁量基准的正当性问题研究”，载《中国法学》2007 年第6期；余凌云：“游走在规范和僵化之间——对金华行政裁量基准实践的思考”，载《清华法学》2008年第3期。

④ 参见黄学贤：“完善行政裁量基准若干问题探讨”，载《江海学刊》2009年第6期；伍劲松：“行政执法裁量基准的适用效力”，载《行政法学研究》2010 年第4期；周佑勇：“裁量基准的制度定位——以行政自制为视角”，载《法学家》2011年第4期。

⑤ 王贵松：“行政裁量基准的设定与适用”，载《华东政法大学学报》2016年第3期。

关于裁量基准的制定主体，学术界争论的焦点在于，制定主体应当是级别较高的行政机关，还是市县等基层行政机关。较多学者倾向于认为，基层行政机关制定裁量基准，更能加强裁量基准的可预期性和可操作性。[①] 例如余凌云教授提出，裁量本身就容许地域、部门的差异。[②] 另外，实践中也有主张“国务院部门及省级行政执法机关制定裁量基准、从而限制下级机关予以制定”的呼声。此外，王贵松副教授提出的折中说认为，当上下级裁量基准冲突时，不同的裁量基准只要有其合理的考虑，都是允许存在的；应当交由经常行使裁量权的行政机关设定基准；但对于重要事项的判断和选择可能要求全省乃至全国统一，则宜由更高级别的行政机关设定裁量基准。[③]

关于裁量基准的制定程序，争论的焦点是，裁量基准应当由行政机关自行制定，还是应当一律吸收公众参与制定，还是有条件地实现公众参与制定。目前学术界不少学者倡导的是“公众有限参与”。[④] 余凌云教授则提出“公众不必参与为原则，参与为例外”的观点，并强调裁量基准制定程序的灵活性，原则上不应当用立法程序进行控制。[⑤]

关于裁量基准的制定技巧，朱新力教授、骆梅英教授认为，应当充分重视裁量基准形成过程中的实践素材和底层经验，重视行政案卷的作用。[⑥] 黄学贤教授认为，尽可能详细列举考量因素并以此来解释

---

① 参见朱新力、骆梅英：“论裁量基准的制约因素及建构路径”，载《法学论坛》2009年第4期；黄学贤：“完善行政裁量基准若干问题探讨”，载《江海学刊》2009年第6期；章志远：“行政裁量基准的兴起与现实课题”，载《当代法学》2010年第1期。

② 余凌云：“现代行政法上的指南、手册和裁量基准”，载《中国法学》2012年第4期。

③ 王贵松：“行政裁量基准的设定与适用”，载《华东政法大学学报》2016年第3期。

④ 参见章志远：“行政裁量基准的兴起与现实课题”，载《当代法学》2010年第1期；周佑勇：“裁量基准的制度定位——以行政自制为视角”，载《法学家》2011年第4期。

⑤ 余凌云：“现代行政法上的指南、手册和裁量基准”，载《中国法学》2012年第4期。

⑥ 朱新力、骆梅英：“论裁量基准的制约因素及建构路径”，载《法学论坛》2009年第4期。

法律规范中的不确定概念，是裁量基准的重要控制技术手段。[①] 周佑勇教授认为，裁量基准是借助情节细化和效果格化这两种技术，来实现对裁量权行使的自我控制功能。[②]

关于裁量基准的效力，又可分裁量基准对公务员、对行政相对人、对法院的效力来讨论。一般认为，裁量基准具有"内部效力"。例如，王贵松副教授认为，裁量基准通常是借由平等对待原则、信赖保护原则、行政自我拘束原则等的转换而对行政机关发生拘束力。[③] 裁量基准对行政相对人的效力，性质上是行政规则"内部效力外部化"问题，是一个学术难题。例如，余凌云教授认为，裁量基准的效果会外溢到行政相对人，衍生出一定的外部性，但对外部发生的规范作用只具有参考效力，不会转化为对相对人的一种法定义务。[④] 裁量基准对于法院而言，一般认为，它可以作为法院审理行政案件的参考，但对法院无拘束力。学者们重点探讨的是法院对裁量基准合法性审查的问题。

关于例外条款，不少学者注意到例外条款的价值，须防止裁量基准的绝对化。因此，须探讨如何正确处理裁量基准与例外条款的关系问题。[⑤]

在裁量基准的研究之外，对行政执法案例指导制度的研究，目前成果不多。崔卓兰教授等认为，就行政机关自身而言，重视行政惯例的整理、归纳、编纂，使之规范化和制度化，有助于发挥行政惯例作

① 黄学贤："完善行政裁量基准若干问题探讨"，载《江海学刊》2009年第6期。

② 周佑勇："裁量基准的制度定位——以行政自制为视角"，载《法学家》2011年第4期。

③ 王贵松："行政裁量基准的设定与适用"，载《华东政法大学学报》2016年第3期。

④ 余凌云："现代行政法上的指南、手册和裁量基准"，载《中国法学》2012年第4期。

⑤ 参见朱新力、骆梅英："论裁量基准的制约因素及建构路径"，载《法学论坛》2009年第4期；章志远："行政裁量基准的兴起与现实课题"，载《当代法学》2010年第1期；周佑勇："裁量基准的制度定位——以行政自制为视角"，载《法学家》2011年第4期。

为软法预防执法风险的目的。[①] 胡斌博士认为，行政执法案例指导制度是行政惯例规则化和制度化的尝试，主要确立的是且应该是法律之下的规则，其实主要就是创立解释性规则；行政执法原则上要参照指导性案例，如果认为不适宜参照的，应当说明理由；法院有权审查指导性案例的合法性；行政机关不依照指导性案例作出行政决定的，行政相对人可以提出异议。[②]

3. 落实行政执法责任制

集中讨论城市行政执法责任制的研究，最早在20世纪90年代末。当时，一些地方（包括广东）制定地方性法规用于规范行政执法责任制和行政执法监督，直到2005年国务院发布《国务院关于推行行政执法责任制的若干意见》，在全国范围内推进这项改革。在90年代末至2005年这一时期的研究中，例如，青峰先生认为，行政执法责任制的实现途径是分解职责、量化考评指标、确定相应责任，完善行政执法责任制的关键在于分解细化法律所规定的职责，“明确执法责任、执法范围和执法权限并将其自上而下，逐件逐条层层分解落实到执法岗位和执法人员”[③]。汪永清先生认为，实行行政执法责任制，要授权充分、责任明确、监督有力，执法权力要与执法任务相适应，强调执法责任的同时不能忽视对执法者的手段保障。[④] 莫于川教授认为，加强和改善行政执法的关键在于，要加强和改善执法监督，形成科学有效的监督机制。[⑤]2005年以后，行政执法责任制在全国建立完善。对此的研究，例如，周继东先生结合实务经验，认为要在执法权力清

① 崔卓兰、姜城：“论行政执法风险冲突的预防和控制”，载《吉林大学社会科学学报》2016年第2期。

② 胡斌：“行政执法案例指导制度的法理与构建”，载《政治与法律》2016年第9期。

③ 青锋：“行政执法责任制若干问题探讨”，载《现代法学》1998年第5期。

④ 汪永清：“对改革现行行政执法体制的几点思考”，载《中国法学》2000年第1期。

⑤ 莫于川：“行政执法监督制度论要”，载《法学评论》2000年第1期。

单基础上层层分解执法事项、权限和职责，明确执法岗位责任，细化执法考核指标并与执法社会效果挂钩，实行执法过错责任追究和问责制度。[①]

4. 完善行政执法与刑事司法衔接机制

城市管理执法，就是跟形形色色的违法现象“打交道”，当遇到严重违法、暴力抗法等情形时，必然面临是否由行政执法转入刑事责任追究。在行政处罚和刑事诉讼两法衔接机制中，最突出的一个问题是：行政执法证据能否转化、如何转化为刑事司法证据。也就是说，证据在转化过程中是否会出现合法性问题而被作为非法证据排除。关于证据效力，在刑事司法中，证据要具备证据能力，对此刑法学者已有比较成熟的研究。[②]至于在两法衔接、证据转化中，行政执法机关如何依照法定程序确定证据，实务中，行政执法人员比较注意证据的真实性、关联性，但常常忽略了证据的合法性。为此，关于执法机关如何就证据转换跟公安机关做好协调、衔接，以保障证据的合法性，主要涉及对《中华人民共和国刑事诉讼法》第52条的理解。行政执法证据是否可作为刑事诉讼证据使用，顾永忠教授提出以是否可能在刑事诉讼中重新收集、调取作为主要判断标准。[③]田宏杰教授着眼于证据收集程序不同，认为必须区别不同的证据类型，分别采取直接调取转化、重新收集转化等不同方式进行。[④]

---

① 周继东：“深化行政执法体制改革的几点思考”，载《行政法学研究》2014年第1期。

② 例如，陈瑞华教授提出的四方面的合法性，即取证主体的合法性、证据表现形式的合法性、取证手段的合法性、法庭调查程序的合法性。参见陈瑞华：“关于证据法基本概念的一些思考”，载《中国刑事法杂志》2013年第3期。

③ 顾永忠：“行政执法证据‘在刑事诉讼中可以作为证据使用’解析”，载《法律适用》2014年第3期。

④ 田宏杰：“行政犯罪的归责程序及其证据转化——兼及行刑衔接的程序设计”，载《北京大学学报（哲学社会科学版）》，2014年第2期。

（二）对行政执法问题的比较研究

就中国内地以外的国家（地区）城市执法体制问题，专门从法学角度探讨这一问题的研究成果不多。跟本研究有关联的、对本研究有启发的成果，笔者认为，首先是探讨行政执法规范化的理论基础——行政规则（内部规则）的效力及司法审查的文献；其次是介绍澳门司法制度和行政制度的一些文献，可以作为本研究的背景资料。

1. 行政规则（内部规则）的效力及司法审查

在法国，行政规则称为“内部行政措施”。一切损害利害关系人法律地位的行为不属于内部行政措施。在各种内部行政措施中，“指示”相当于裁量基准。指示的合法性及是否应适用指示，受行政法院监督。行政机关不适用指示所规定的标准，必须说明理由；不说明理由或理由不成立的行政处理，是越权行为，利害关系人可以请求行政法院撤销。①

在德国，行政规则作为一种内部行政措施，行政规则原则上不设定公民权利义务，但由于大量的行政规则都规定了行政机关及其工作人员如何在外部领域、针对公民执行行政任务，因此，行政规则具有事实上的、间接的外部效果。在各种行政规则中，德国行政法学说认为，裁量控制规则的外部效果产生的条件是，当行政机关通过行政规则将裁量标准具体化并且实践中予以稳定适用时，即必须个案中坚持，这是平等原则、信赖保护原则和原始行政法理论的共同要求；只有符合法律规定，尤其是遵守法律授权的范围和目的，裁量准则才具有外

① 参见王名扬：法国行政法，北京：中国政法大学出版社1988年版，第179～185页。

部效果。[①]

在日本，行政规则的内容属于与国民权利义务无直接关系的行政内部事务。行政规则的形式包括告示、训令、通知等，其中训令、通知相当于裁量基准。但日本同样存在行政规则效力外部化问题。以通知等形式所规定的审查基准、处分基准、行政指导准则等，被纳入《行政程序法》所规定的制定程序的对象，不能认为其性质是单纯的内部规则。[②]

在我国台湾地区，裁量性或政策方针指示的行政规则属于行政规则的一种，对裁量性行政规则（或称“裁量性指示”）的违背，可能影响对外行为的效力，因此它具有间接效力或称为附属效力。行政规则仅具有相对的拘束力，亦即，这种拘束力是行政机关长期适用行政规则而形成惯例，从而该惯例具有“自我拘束力”。公务人员违反行政自我拘束力的行政规则，其行为具有不法性。行政法院以行政规则作为裁判依据，但并不受其拘束。[③]

2. 我国内地学术文献中对澳门城市行政执法相关制度的研究

基本法无疑是我国学者关注和讨论的焦点。这里的文献综述对港、澳基本法的研究暂且不论，只讨论对澳门行政法律制度的研究。我国内地学术文献（包括内地学者的论文、译文及境外学者在内地学术期刊发表的论文）中，对澳门行政法律制度研究偏少。

关于澳门行政法律制度研究，不少法学学者集中于讨论澳门行政

---

① 【德】哈特穆特·毛雷尔著，高家伟译：行政法学总论，北京：法律出版社2000年版，第597～601页。

② 【日】南博方著，杨建顺译：行政法（第六版），北京：中国人民大学出版社2009年版，第68～70页。

③ 参见吴庚：行政法之理论与实用，北京：中国人民大学出版社2005年版，第182～188页，第194～197页；李惠宗：行政法要义，台北：元照出版有限公司2013年版，第425～434页，第440～441页。

法规的性质——即行政机关制定法规范的行为与立法会立法之间的关系，这一问题争议的焦点是行政长官制定行政法规究竟是行使立法权（因此不必以法律为依据）还是行使行政管理权。我国内地学者基本上都坚持肖蔚云教授的观点[①]，即“立法会是唯一行使立法权的立法机关，立法机关不与行政机关共享立法权”[②]，“行政长官所具有的权力为制定规章权限而非立法权限”[③]，行政长官制定行政法规应当符合依法行政原则并接受法院对行政法规的司法审查[④]。澳门行政法引人关注的另一个问题是澳门《行政程序法典》及该法典的蓝本葡萄牙《行政程序法典》对澳门的影响。有外国学者认为，澳门的《行政程序法典》“将有效地扩大公民个人的被告知权和在立法决策中的参与权，以增加行政透明度并促进行政行为合理化”[⑤]；我国有学者则评价“澳门注重行政程序立法、特别行政程序法典的制定具有先行性”，并概括出澳门行政程序法的十大原则[⑥]；有学者比较研究后认为，葡萄牙的《行政程序法典》确保在形成与公民有关的决定或决议时公民的参与，而澳门《行政程序法典》既保留了葡萄牙《法典》的绝大部分规定，同时在某些重要方面采取了保守、谨慎态度[⑦]。在部门行政法层面，有少量研究成果涉及澳门的道路交通管理[⑧]、环境保护[⑨]、食

① 肖蔚云主编：“论澳门特别行政区行政长官制”，澳门科技大学基金会资助出版，2005年。

② 王磊：“〈澳门基本法〉在司法适用中的若干问题”，载《广东社会科学》2008年第5期。

③ 何志远：“〈澳门特别行政区基本法〉中行政法规的地位”，载《法学》2011年第3期。

④ 叶海波：“澳门宪制发展与行政主导制的完善”，载《暨南学报（哲学社会科学版）》2012年第8期。

⑤ 艾德瓦尔多·坎布雷特著，任德金节译、杨海坤校：“澳门行政法对公民权益的保障”，载《行政法学研究》1994年第3期。

⑥ 杨海坤：“香港和澳门行政法的比较研究”，载《法学家》1997年第1期。

⑦ 朱林：“葡萄牙〈行政程序法典〉评介”，载《行政法学研究》1996年第3期。

⑧ 杨士弘，郑岳威：“澳门城市道路交通建设与管理”，载《地理学与国土研究》1999年第4期。

⑨ 高峰：“浅论澳门与内地的环境法冲突”，载《经济研究导刊》2010年第31期。

品安全[①]等方面。

（三）对现有研究成果的评价

第一，从对我国内地城市执法体制的相关理论研究现状看，推进综合执法、规范执法裁量权的研究比较深入，既是理论研究的难点，在实务中也具有更多的问题可供探讨；而行政执法责任制、“两法衔接”的研究已较为成熟，可作进一步理论挖掘的余地不大，实务中下一步的问题主要是学理和国家制度在广东落实问题。此外，结合党的十八大以来广东省《政府工作报告》《法治政府建设情况报告》来看，推进综合执法、推进行政执法规范化也是广东省委省政府近年来关注和重点完成的工作任务。因此，本研究在探讨广东的城市行政执法体制时，重点聚焦推进综合执法、规范执法裁量权这两个方面。

第二，现有研究成果对广东城市执法体制的实践经验关注不足，理论提炼程度不高。从现有文献来看，学者们在探讨裁量基准、综合执法等问题的理论与实践的互动时，援引广东审判案例、改革事例的论文数量不多。而广东本地实务界人士撰写的经验总结文章中，能够将本省实践经验跟成熟的行政法理论相结合的成果，亦为数甚少。针对这一研究现状，本研究计划立足广东的城市执法体制改革经验，把广东的实践经验与我国行政法学基本理论相结合，探讨广东实践对我国行政法学基本理论的发展作出了什么贡献。

第三，从比较研究的现状看，目前我国学者更多关注德国、日本等发达国家的城市执法体制相关理论，但对于澳门的城市执法体制的研究不多。澳门特别行政区的法制与我国内地法制均属大陆法

① 谢伟：“澳门与内地食品安全法制比较研究”，载《河南工业大学学报（社会科学版）》2010年第2期。

系，行政法理论不同程度受到法国行政法的影响。而澳门行政执法方面的研究成果一直较为缺乏。而在建设粤港澳大湾区的背景下，加强对澳门行政法尤其是行政执法体制的研究，兼具理论必要性和现实必要性。在关于澳门行政法律制度的研究中，运用行政法基本原理分析澳门城市管理执法制度（包括执法机构、执法权限、执法程序、执法监督、执法对象的权利救济等）的专门研究仍然缺乏。因此，本研究拟在这方面作出贡献。

三、研究方法和基本概念界定

（一）研究方法

本研究主要采用法规范分析与比较研究等方法。

法规范分析是法教义学（法解释学）的基本方法。本研究以相关立法的条文为依据展开探讨，通过对法规范含义的解释来阐述学理和对体制（或行为）合法性作出价值判断。这里的“相关立法”包括内地涉及城市执法的法律、行政法规、部门规章等中央立法，广东及其各地级市的地方性法规、地方政府规章、其他法规范文件，以及澳门的特别行政区立法。

比较研究，具体而言是比较行政法研究，是就城市执法问题对以广东为代表的内地行政法制跟澳门行政法制的比较研究。这样一个粤澳两地比较研究，是以广东的问题意识为比较基点的：重点和首要的是研究广东问题，论述清楚广东的制度现状和体制改革的来龙去脉；然后再了解和描述澳门的制度状况；最后是以广东的法制为主体参照澳门的法制作出比较，在比较中发现以广东为代表的内地城市执法体制具有什么特色和优势，亦可能发现广东的城市执法体制建设存在的不足而需要从澳门取长补短的，由此明确下一步改革的方向。制度自信是在比较中增强的。

（二）基本概念界定

1. 城市管理

根据中央文件，城市管理是市政管理、环境管理、交通管理、应急管理和城市规划实施管理等的统称。[①] 城市管理领域的外延基本上是清晰的。而在我国内地实施的法律、政策的文件名称中，包含“城市管理”一词的亦非少数，因此“城市管理”的概念内涵不存在太多歧义。问题是从比较法的角度来看，笔者检索澳门印务局“澳门法例资料查询系统”，发现澳门法例中仅有 1 个法例包含“城市管理”一词但该法例并非主要法例[②]。可见，“城市管理”在澳门特区当中皆不是法律用语，其内涵有待澄清。

在澳门，从特区政府机构设置来看，特区政府行政法务司下设市政署，市政署的职能是“依法为居民提供文化、康乐、环境卫生等方面的服务”[③]，因此“市政”一词的内涵较为接近“城市管理”，但市政管理仅为城市的一个方面，外延小于城市管理。

鉴于此，笔者认为，关于澳门的城市管理领域，如果只研究该地区的“市政管理”，虽然相对符合澳门的法律语境，但研究范围偏于狭隘。而比较研究的方法要旨，在于以我为主，立足本国或本地的问题去考察、参考、借鉴外国或外地法律制度，具体到本研究而言就是站在广东的视角去看澳门的相关制度、以期解决广东本身的问题。因此，关于澳门的城市管理执法问题研究，就城市管理领域的界定，本

① 中共中央、国务院《关于深入推进城市执法体制改革改进城市管理工作的指导意见》第（四）条。

② 该法例为《澳门城市管理协会章程》，章程中亦未解释“城市管理”的范畴。

③ 参见澳门特区政府网站关于市政署的简介，https：//www.gov.mo/zh-hant/entity-page/entity-6194/，最后访问日期2019年5月17日。

书以内地法律、政策文件中“城市管理”的界定为标准，除了主要考察分析澳门的市政管理制度外，还涉及澳门的环境管理、交通管理、城市规划实施管理方面的制度。

2. 行政执法

关于“行政执法”的内涵，无论是不同的规范性文件制定者还是学者们，在不同语境中使用这个词的内涵并不相同。莫于川教授和雷振博士曾按从广义到狭义的顺序，将学者们的诸说归纳为五种含义，分别是“等同于行政”“行政立法与行政司法以外的行政活动”“行政主体创制具有普遍约束力的一般规范的行为和行政司法以外的行政活动（包括高权行为和非强制行为）”“对相对人实施的影响其权利和义务的行政行为”“监督检查、实施行政处罚和采取行政强制措施等特定类型的行政行为”。[①]

本研究以广东的城市执法体制为研究立足点，因此选择采用何种含义的“行政执法”，应当参照中央相关规范性文件和政策性文件关于“城市管理执法”的定义，以及参照广东地方立法中关于“行政执法”的定义。

《广东省行政执法责任制条例》第 2 条是概括式规定：“本条例所称行政执法是指行政执法主体及其行政执法人员依法行使行政职权、履行行政职责的行为。”《广州市规范行政执法自由裁量权规定》第 3 条是列举式规定：“本规定所称行政执法是指行政执法主体实施的行政处罚、行政许可、非行政许可审批、行政征收、行政给付、行政强制、行政裁决、行政确认等行为。”上述规定表明，在广东省，一般而言“行政执法”是指上述五种观点的第四种，即“行政主体对

① 莫于川、雷振：“中国的行政执法信息公开制度实践考察——一项基于知情权保护视角的实证研究”，载《南开学报》2012年第4期。

相对人实施的影响其权利和义务的、具体的行政行为”[①]，包括了行政处罚和行政许可。

而我国相对集中行政执法权的改革，其法律依据分别是《中华人民共和国行政处罚法》（以下简称《行政处罚法》）第 16 条关于相对集中行政处罚权的规定和《行政许可法》第 25 条、第 26 条关于相对集中行政许可权的规定。实践中，相对集中行政许可权的改革进展较为缓慢，目前不少地方基本上只实现了政府办事大厅一个窗口对外统一受理行政许可申请，未实现真正的相对集中行政许可。相对集中行政处罚权的改革始于 1997 年，改革试点主要发生在城市管理领域[②]，后来逐步深化为推进城市综合执法的改革。根据中共中央、国务院 2015 年发布的《关于深入推进城市执法体制改革改进城市管理工作的指导意见》第（七）点，推行综合执法的范围是“与城市管理密切相关且需要集中行使行政处罚权的领域”，在该范围内城市管理部门可以实施行政处罚权有关的行政强制措施。2017 年制定的部门规章《城市管理执法办法》第 2 条规定：城市管理执法“是指城市管理执法主管部门在城市管理领域根据法律法规规章规定履行行政处罚、行政强制等行政执法职责的行为。”可见，在城市执法领域，目前“行政执法”专指行政处罚及其配套措施（行政强制、行政调查等）。

因此，本研究“引言”以下各章中的“行政执法”，如无特指，即是限于指称行政机关实施行政处罚、行政强制、行政调查的行为，采前述五种观点的第五种；特定情况下（例如引用《广东省行政执法责任制条例》等规范性文件）指的是前述五种观点中的第四种观点的

① 该观点的提出者是青峰先生。参见青锋：“行政执法体制改革的图景与理论分析”，载《法治论丛》2007年第1期。

② 根据《国务院关于进一步推进相对集中行政处罚权工作的决定》。

含义，包括了行政许可、行政处罚等。

3. 综合执法

综合执法是“综合行政执法”的简称。目前，笔者尚未发现有对“综合执法”作出明确定义的中央规范性文件和政策性文件。而2002年国务院办公厅转发的《关于清理整顿行政执法队伍实行综合行政执法试点工作的意见》（现已失效，以下简称《意见》）中，对“综合执法”的内容有相对具体的描述。根据该《意见》，实行综合执法是针对行政执法工作中存在多层执法、多头执法、执法扰民、重权轻责、以权谋私等问题而进行的行政执法体制改革创新；实行综合执法的三个原则包括“两个相对分开”，权责一致，精简、统一、效能，这三个原则的实施效果指向政府政策制定职能与监督处罚职能相对分开，合理划分政府部门与行政执法机构的职责权限，清理归并行政执法机构；该《意见》还提出，要“做好综合行政执法试点与相对集中行政处罚权有关工作的相互衔接”。

（1）“相对集中行使行政处罚权”和“综合执法”

而在该《意见》之后制定的中央规范性文件和政策性文件中，表述上一般“相对集中执法（处罚）”与“综合执法”并称，例如中国共产党十八届三中全会通过的《中共中央关于全面深化改革若干重大问题的决定》提出“整合执法主体，相对集中执法权，推进综合执法”，《中共中央 国务院关于深入推进城市执法体制改革改进城市管理工作的指导意见》第（七）点规定的推行综合执法的范围亦即需要集中行使行政处罚权的领域。各地制定的规范性文件的名称，有的使用“城市管理相对集中行政处罚权”，有的使用“城市管理综合执法”，表述上亦未严格区别两者。有的地方立法中，明确将“综合执法”定义为相对集中行使行政处罚权。[①]

那么，对比“相对集中行使行政处罚权”和“综合执法”两个概念，有学者认为，相较于“相对集中行使行政处罚权”而言，“综合执法”的概念更为准确和完整，综合行政执法机关除了行使行政处罚权之外，通常还会具备相关的行政强制权、行政调查权等。[②]有学者则认为，综合执法是在相对集中行使处罚权制度上发展而成的，综合执法制度一定程度弥补了相对集中行使处罚权制度的弊端，在强调处罚权集中的基础上，还强调人员、编制、经费以及相关职能的转移。[③]

笔者认为，“综合执法”和“相对集中行使行政处罚权”两个概念，在学理上存在区别，不过在实践中两者基本同义。特别是随着《行政强制法》的制定，现行有效的关于城市管理相对集中行政处罚权的地方立法，即使规范性文件的名称不变更，也相应赋予了执法机关实施行政强制措施的权力。

（2）城市管理综合执法和专业领域（部门）综合执法

2002年以前，相对集中行政处罚权试点改革工作主要在城市管理领域。2002年发布的《关于清理整顿行政执法队伍实行综合行政执法试点工作的意见》则提出实行综合执法的“重点在城市管理、文化市场管理、资源环境管理、农业管理、交通运输管理以及其他适合综合行政执法的领域”。目前，根据十八届四中全会通过的《中共中央关

① 例如，《深圳经济特区城市管理综合执法条例》第2条：“本条例所称的城市管理综合执法（以下简称综合执法）是指市、区城市管理行政执法部门依照有关规定，相对集中行使有关城市管理领域的行政处罚权，对有关违法行为统一实施行政执法的行为。”

② 张步峰、熊文钊：“城市管理综合行政执法的现状、问题及对策”，载《中国行政管理》2014年第7期。

③ 参见王青斌：“公共治理背景下的行政执法权配置——以控烟执法为例”，载《当代法学》2014年第4期；并参见马怀德、王柱国：“城管执法的问题与挑战——北京市城市管理综合行政执法调研报告”，载《河南政法管理干部学院学报》2007年第6期。

于全面推进依法治国若干重大问题的决定》，推进综合执法的领域重点在食品药品安全、工商质检、公共卫生、安全生产、文化旅游、资源环境、农林水利、交通运输、城乡建设、海洋渔业等。

据此，笔者认为，综合执法可以分为两类：城市管理综合执法和专业领域（部门）综合执法，后者例如文化市场综合执法等已有专门的规范性文件予以规定。专业领域（部门）综合执法的一些机制，可以为城市管理综合执法提供参考。而本研究的对象限于城市执法体制，因此，本研究“引言”以下各章中的“综合执法”，如无特指，即是限于城市管理领域在区分执法机关职权和专业主管部门职权的前提下实施的相对集中执法权（包括行政处罚、行政强制、行政调查）体制。

4. 执法体制

“执法体制”具体指什么，中央的政策性文件并没有清晰统一的表述，关键问题是，“执法体制”与“执法机制”是并列关系，还是前者包含后者的关系。[①] 笔者的理解是，在中央的政策性文件中，执法体制有广义和狭义之分。狭义的执法体制是指根据集中行使行政执法权的需要而设置执法机构、调整执法机构间关系的制度，其主要内

① 前一体例的，例如党中央十八届四中全会决定中，第三点“深入推进依法行政，加快建设法治政府”第（三）项“深化行政执法体制改革”，主要内容包括推进综合执法，减少执法队伍、加强机构建设和人员管理；第（四）项“坚持严格规范公正文明执法”，主要内容包括完善执法程序、重大执法决定法制审核制度、行政裁量权基准制度、执法责任制等。

后一体例的，例如党中央十八届三中全会《决定》中，第（三十一）项“深化行政执法体制改革”，主要内容包括推进综合执法、完善执法程序、规范执法自由裁量权、落实行政执法责任制、完善行政执法与刑事司法衔接机制等。

而《中共中央 国务院关于深入推进城市执法体制改革改进城市管理工作的指导意见》第一点“总体要求”中提出“理顺体制机制”，两者并称；第二点“理顺管理体制”的主要内容是明确城市执法的职责、明确主管部门、综合设置机构、推进综合执法、下移执法重心等；第四点“提高执法水平”则包括规范执法制度、完善监督机制等。以上结构似表明执法体制和执法机制是并列关系。但第一点“总体要求”中有表述“构建权责明晰、服务为先、管理优化、执法规范、安全有序的城市管理体制”，则可理解为执法体制包括了执法规范化的要求。

容就是综合执法改革；广义的执法体制，既包括狭义的执法体制，又包括执法机制，而执法机制则偏重于行政执法规范化的制度，如完善执法程序、重大执法决定法制审核制度、行政裁量权基准制度、执法责任制等。

而在学术文献上，不同论者对“执法机制”的理解亦有不同。马怀德教授认为，“行政执法体制就是行政执法机关各自的权限以及相互关系”[①]，这一论述侧重于从行政组织法的角度理解执法机制，可视为狭义的“执法体制”。宋大涵、青锋先生在其主编的《行政执法教程》中则认为，执法体制是由行政执法主体结构、法定执法职权和义务、执法程序和运行机制等构成的有机体系及其相关法律制度。[②]周继东先生亦认为，行政执法体制由三个要素构成：负有法定执法职责的行政执法组织体系（亦即行政执法机构或组织的设置及其相互关系）；行政执法职权在同一层级执法主体和不同层级执法主体之间的分配及其相互关系；制约、影响行政执法活动的运行机制及其制度体系。[③]这两个论述，则主张执法体制涉及行政组织法、行政行为法、行政程序法甚至行政救济法的相关内容，可视为“广义的执法体制”。

本研究在广义的意义上考察广东与澳门城市执法体制，既包括探讨城市执法机构在组织法上的调整变革，又包括探讨如何在城市执法机制建设中推进行政执法规范化。笔者认为，其一，行政执法规范化的要求须落实于城市管理执法全过程，它跟在组织法意义上推进综合执法是密切联系的；其二，本研究只有采用广义执法体制的视角，才

① 马怀德：“健全综合权威规范的行政执法体制”，载《中国党政干部论坛》2013年第12期。

② 宋大涵、青锋主编：“行政执法教程”，中国法制出版社2011年版，第1～10页。转引自周继东：“深化行政执法体制改革的几点思考”，载《行政法学研究》2014年第1期。

③ 周继东：“深化行政执法体制改革的几点思考”，载《行政法学研究》2014年第1期。

可能更完整地运用行政法基本原理全面分析执法体制变更中遇到的各种合法性问题；其三，鉴于广东与澳门两地的行政管理组织制度有较大差异，而将比较研究的视角延伸至执法程序、执法监督等内容，能增加制度的可比性。

四、研究思路

本研究正文部分共分七章。七章的论述思路和层次如下：

（一）前两章论述城市执法体制改革的历史基础和法律依据

第一章梳理阐述广东与澳门两地城市执法体制的变迁史。对于广东而言，总结 20 世纪 90 年代末以来广东及下属各地级市执法体制改革的状况，并总结出广东各城市在推进行政执法体制改革过程中的经验。对于澳门特别行政区，着重整理其回归前后市政机构的变迁历史，即澳门市政厅及海岛市政厅演变成民政总署最终在 2018 年演变为现存的市政署。

鉴于改革是在依法治理原则下进行的，第二章论述城市执法体制的法律依据，包括成文法依据和惯例。本章重点探讨两个专题，其一是探讨城市执法体制与地方立法的创新发展；其二是针对惯例能否作为行政执法依据的现实争论，探讨惯例在城市执法中具有何种法源地位。

（二）第三章至第六章结合行政法基本理论，从行政组织法、行政行为法、行政程序法、行政监督法等方面分析城市执法体制改革

第三章论述城市执法体制的行政组织法理论基础。本章聚焦于广东的相对集中行政执法权的体制改革，而澳门的市政机构改革及相应的行政组织法理论和实践的研究可以为广东的改革提供参考。分析这

一执法体制改革，除了涉及职权法定（特别是执法权限范围法定化）的问题外，还须从执法措施的设定、执法人员与执法经费保障、行政协作等角度展开思考和研究。因此本章即从以上四方面展开广东与澳门法律制度的比较研究。

第四章至第六章论述城市执法体制的各项配套机制规范化建设。第四章讨论执法责任制和执法监督制度的粤澳比较。这里的监督制度，特指非司法救济的监督制度，而且亦将人大监督（在澳门则为议会监督）、群众监督等政治性较强的监督制度姑且存而不论。从广东全省及其各地级市的实践来看，如何设置良好有效的监督机制、如何结合本城市的实践探索创新出具有城市特色的监督机制？本章即拟运用比较研究方法，考察澳门廉政公署制度、澳门公务员责任制等制度能否为广东以至我国城市执法监督制度的健全提供可借鉴的经验。

第五章研究城市执法的裁量统制制度。在广东及我国内地各省市，近年的体制改革中重点推进裁量基准和执法案例指导制度，例如广东省中山市行政处罚自由裁量权标准化管理即具有开创先河的意义。本章结合学理和规范探讨裁量基准的法律效力和例外情形。而从比较研究的视角去看，澳门的法律制度中并没有构建明显的裁量基准制度，但澳门受葡萄牙行政法学理论影响甚久，对裁量权的规制是其行政法制度的重要内容。而作为事前规制的机制，澳门是通过建立完善的行政程序来实现对执法裁量权的规制的。我国内地没有统一的行政程序法，与湖南等省相比，广东亦没有就行政执法程序制定专门的地方性立法，因此，澳门的裁量统制制度和我省已在推行的裁量基准制度，对于合理规制执法裁量权，或具有互为补充的意义。

第六章讨论其他配套机制，包括政府法律顾问、行政执法与刑事司法衔接等。这些配套机制的建立完善，都是广东及我国内地近年来正在推行的改革举措。相比较之下，澳门在政府法律顾问（例如咨询组织）、行政执法与刑事司法衔接这两方面的机制建设经验可供研究参考。

（三）结章总结全文

第七章结章，在总结全文的基础上，针对第三章至第六章的研究问题，将我国行政法的前沿理论、澳门特别行政区的经验和广东实践相结合，提出进一步推进城市执法体制完善的政策建议。

粤澳两地城市执法体制的变迁史

粤澳两地毗邻，在文化上同根同源。然而近代由于历史原因，澳门受到葡萄牙大陆法的影响。在澳门回归祖国后，根据澳门特别行政区的基本法规定，特别行政区原有法律制度除同基本法相抵触或经特区立法机关作出修改者外，予以保留，因此，粤澳两地呈现出“一国两制”、两个法域的政治法律制度格局。作为行政法律制度的一部分，在横向上，两地城市执法体制同样存在较大差异；在纵向上，近20多年来，中国内地城市管理综合执法体制改革逐渐推进，广东作为这一体制改革的先行区，在管理体制上多有革新，而澳门经历了主权交接和体制过渡等重大变革，其城市管理（市政管理）制度在政治性质层面发生了很大的变化。回顾粤澳两地的体制变迁历史，有利于更好地理解今天两地各城市的管理及执法制度的设计要旨。

第一节 广东各城市执法体制改革历史和现状

在1997年至2002年国务院部署的相对集中行政处罚权试点改革阶段，广东省已确定广州、深圳、顺德、珠海、汕头、中山等市开展相对集中行政处罚权试点。在试点改革阶段，广东省的相关规定明确了集中行使行政处罚权的行政机关的法律地位是“应当作为本级政府的一个行政机关，在撤并原有执法队伍的基础上重新组建，不得作为政府一个部门的内设机构或者下设机构”；并提出要求“执法的重心要下移，要将主要执法力量放在区、街道办和乡镇一级”。[①]同时，在改革之初，广东省已注重要求各试点城市建立健全行政执法责任制、执法机关和相关行政机关协调配合机制、行政许可和集中行使处罚权的衔接机制。[②]

2005年印发的《广东省综合行政执法试点方案》（以下简称《方案》）规定了包括城市管理领域在内的4个领域的综合执法改革要求，其重要内容包括：清理执法机构，县级以上政府部门或乡镇政府自行设立的行政执法机构要立即停止执法；实行“两个相对分开”，即制定政策、审查审批等职能与监督检查、行政处罚、行政强制等职能相对分开，监督检查、行政处罚职能与技术检验职能相对分开；整合行政执法机构，行政执法机构按区域设置并实行属地管理，主要在城市和区、县设置，省政府各部门原则上不再单独设置行政执法机构；城市管理领域组建城市管理综合行政执法机构，《方案》明确了独立设

① 广东省人民政府办公厅《关于进一步做好相对集中行政处罚权试点工作的通知》（粤府办〔2001〕93号）。

② 同上。

置的综合执法机构的法律地位是“属于政府执行性行政机构”，“经省政府批准，具备行政执法主体资格”。

2016 年 10 月，为落实中央指导意见，中共广东省委、广东省人民政府制定了《关于深入推进城市执法体制改革改进城市管理工作的实施意见》。该实施意见的重要内容包括：明确了广东省住房城乡建设厅作为主管部门，负责对全省城市管理工作的指导；规定各地市城市管理的机构职能实行“3+1”模式，即市政公用、市容环卫、园林绿化等 3 项管理职能和城市管理综合执法，并要求建立规范统一的建制执法队伍；提出加强司法衔接，审判机关要建立简易案件快速审判机制，广州、深圳等人口规模大的城市可探索建立城市管理巡回审判法庭，建立城市管理与公证工作的对接机制和律师驻队等制度。

此外，城市执法体制改革的 20 多年来，广东注重配套的地方性法规和地方政府规章的制定和完善，现行有效的全省立法有《广东省行政执法队伍管理条例》《广东省行政执法监督条例》《广东省各级人民政府行政执法监督条例》《广东省行政执法责任制条例》《广东省市场监管条例》《广东省规范行政处罚自由裁量权规定》《广东省依法行政考评办法》等。

从地域上讲，城市执法体制的研究对象当然在城市（地级市）。下面对广东省内一些地级市的执法体制改革历史和现状逐一阐述。

一、广州

广州深化城市管理体制改革始于 1997 年，当时选择了东山区（今已并入越秀区）、海珠区两个市辖区作为试点区。同年，市人大制定《广州市城市管理监察条例》（以下简称《条例》，现已失效），该《条例》第 3 条规定广州市人民政府设立市城管监察队伍，区人民政府设立区城管监察队伍；第4条规定就违法进行建设、违法占用土地、违反市容环卫管理规定、违规施工、破坏市政设施、破坏绿化、无证从事燃气经营、无证从事公共客运交通驾驶等原本属于多个主管部门查处的违法行为，授权城管监察队伍实施处罚，此外在本《条例》统一授权外的违法行为也可委托给城管监察队伍查处；第5条规定城管监察队伍与相关行政主管部门不得重复罚款。《条例》以上规定，为广州市开展相对集中行政处罚权奠定了法律基础。

1998年11月，广东省政府发布《关于设立广州市城市管理综合执法队伍的公告》，批准广州市城市管理综合执法队伍集中行使城市建设管理的部分行政处罚权，这些处罚权包括市容环境卫生、城市规划、城市绿化、环境保护、工商行政、公安交通和市政等方面的部分或全部职责；并规定了不服执法队伍处罚决定的行政复议管辖权。同年12月，中共广州市委、广州市政府公布《关于深化城市管理体制改革的决定》，决定于1999年在全市推开综合执法改革，并尽量把城市管理的事权下放给区、街；城市管理综合执法队按照审批权和执法权分开的原则行使处罚权。1999年6月，广州市政府《关于推进城市管理综合执法试点工作的决定》规定了市支队、区大队、街（镇）中队等三级城市管理综合执法队伍执法权的纵向划分[①]，区大队主要行使执法权，这一体制有利于避免不同级别的执法队伍多头执法；同时，要求加强规范管理，例如取消非正式执法队员。

2009年3月，广州市政府办公厅发布《关于全面推进区街（镇）城市管理综合执法工作方案》创新了综合执法模式，街（镇）执法队作为区城管分局的派出机构以区城管分局名义实施行政处罚，对列入

① 根据该《决定》，市支队的职责是更正否决权和重大案件查处权，区大队主要行使的执法权，街（镇）中队的职责是巡察、立案和简易执法。

街（镇）综合执法的事项应以街（镇）执法队查处为主。该方案推动了城市管理执法力量的重心向基层下移。

2012年，广州市调整城市管理综合执法机关职责范围，原由城市管理综合执法机关行使的城市绿化管理方面的行政处罚权调整由林业和园林部门行使。而2013年6月，经广东省人民政府同意，广州市在荔湾区试行“大城管”模式，即综合执法的范围由《广州市城市管理综合执法条例》第5条及《广州市城市管理综合执法细则》第2条至第12条规定的范围，扩展至包括交通管理、食盐和酒类管理、安全生产管理、文化和体育市场管理、劳动保障管理、卫生监督管理、食品药品安全管理等行政处罚权。一方面是试行“大城管”模式，另一方面在市城管层面绿化管理职权的剥离及其“回归”林业和园林部门，综合执法职权范围应当扩张还是“减负”，这都为人们思考这个问题提供了实践事例。

目前规定广州市城市执法体制及执法规范化各种制度的主要地方立法是《广州市城市管理综合执法条例》（地方性法规）和《广州市城市管理综合执法细则》（地方政府规章）。《广州市城市管理综合执法条例》制定于2008年，2015年修正。该条例在“总则”明确了综合执法机关作为行政机关的法律地位，规定城市管理综合执法具体范围应向社会公布，规定综合执法机关与相关机关的职权划分，规定执法的比例原则，并规定聘用人员不得执法。该条例的亮点，笔者认为，其一是第9条规定的比例原则比《行政强制法》更为精确、更有利于保障公民权利和限制执法机关滥用权力；其二是第三章“执法协作”规定了一系列比较完整的执法协作机制，包括信息共享机制、相关机关配合查询和提供专业意见、重要专项行动的协助、相关机关的督促措施、向相关机关移送案件、公安机关的协助、街（镇）的协助等。[①]《广州市城市管理综合执法细则》制定于2011年，进一步规定了公安机关公务协助的义务、执法日志档案、街（镇）政府职责、基层单位（公安派出所、国土所等）配合执法的职责、向区政府、街（镇）政府和基层单位问责等[②]，健全了执法监督机制和执法协作机制。

二、中山

国务院法制办于2001年3月批准中山市开展相对集中行政处罚权工作。在综合执法队伍组建过程中，2002年9月至2003年1月，中山市政府通过在城区（石岐区、东区、西区、南区）暂行实施城市管理联合执法的形式，作为综合执法体制改革的过渡措施，过渡期间由市城管执法局负责联合执法的协调指挥。这一改革过渡措施在广东省内亦较有特色。至2003年1月，广东省政府发布《关于在中山市开展相对集中行政处罚权工作的公告》，明确了中山市城市管理行政执法局集中行使行政处罚权的独立执法主体的地位，标志着过渡期结束和综合执法体制在中山正式运行。

2006年9月，中山市政府制定规范性文件《中山市实施相对集中城市管理行政处罚权规定》（以下简称《规定》）。[③]2011年4月，中山市政府废止2006年的《规定》并重新制定同名的规定。2011年《规定》与2006年《规定》相比，总则、附则基本未修改，新《规定》将环境保护管理的行政处罚权全部调整出综合执法范围，并删除了旧《规定》第六章"环境保护管理"的全部条文。

根据现行有效的《中山市实施相对集中城市管理行政处罚权规

---

① 参见《广州市城市管理综合执法条例》第31条至第37条。

② 参见《广州市城市管理综合执法细则》第16条、第19条、第22条、第24条、第25条。

③ 根据当时的《立法法》，中山市尚无地方立法权，因此该《规定》及2011年重新制定的同名规定的位阶仅为其他规范性文件。

定》，市政府设城市管理行政执法局，且由于中山是我国少数几个不设区的地级市之一，市城管执法局在各镇区设立派出机构（分局）执法。住房城乡建设、城乡规划、公安、工商等行政主管部门与城管执法局的协作职责主要有两项：行政主管部门支持配合城管执法局履行职责并可共同开展专项执法活动；行政主管部门与城管执法局的相互情况备案。[①]相关行政主管部门对城管执法局处罚不当的决定，有权建议纠正和提请市政府监督纠正。[②]该《规定》总则规定了综合执法中处罚规定的适用原则是“从一重”和“一事不二罚”；分则第二章至第六章具体规定在综合执法职权范围内，对违反市容环境卫生管理、城乡规范管理、城市绿化管理、市政建设管理、工商行政管理的哪些行为有权处罚、作出何种处罚措施。可以说，《中山市实施相对集中城市管理行政处罚权规定》的体例是“执法细则”；广州、深圳的城市管理综合执法条例则偏重于规定各种体制机制，两者各代表了一种综合执法规范性文件的体例。

三、深圳

2000年，国务院法制办公室作出的《关于在广东省深圳市开展城市管理综合执法试点工作的复函》（国法函〔2000〕8号）和广东省人民政府办公厅发布的《关于在深圳市开展城市管理综合执法试点工作的通知》（粤办函〔2000〕236号），拉开了深圳城市管理综合执法体制改革的序幕。2001年10月，深圳市政府作出《关于开展相对集中行政处罚权试点工作的决定》（以下简称《决定》）[③]，确立了“决

① 《中山市实施相对集中城市管理行政处罚权规定》（2011年）第4条、第8条。

② 《中山市实施相对集中城市管理行政处罚权规定》（2011年）第58条。

③ 本《决定》后已被《深圳市人民政府关于全面推进街道综合执法工作的决定》（发布日期：2006年12月31日，实施日期：2007年3月1日）废止。

策权与执法相分离，审批权与处罚权相分离”的体制，即各级政府行政主管部门继续履行行政审批、行政许可、设施维护、检查监督等管理职责，不再行使已统一由城市管理行政执法部门行使的行政处罚权；行政主管部门对城市管理执法部门有监督权。根据该《决定》，市政府设立城市管理行政执法局，区设立区级城市管理行政执法局，区行政执法局下设行政执法队派驻各街（镇）。在深圳当时体制下，主要承担执法任务的是区级城市管理行政执法局。

2002 年 8 月，根据上述《决定》，深圳市政府制定《深圳市城市管理行政执法暂行规定》，规定了城市管理行政执法部门的职能与职责，明确市执法局、区执法局是独立的行政执法主体，规定执法局管理体制和运作体制、与相关行政机关的关系等。该暂行规定的基本内容是将 2001 年《决定》的政策转化为地方政府规章的法规范条文，它也构成了现行有效的《深圳经济特区城市管理综合执法条例》（2013 年）的蓝本。另外值得一提的是，2003 年 5 月深圳制定地方政府规章《深圳市行政执法主体公告管理规定》，进一步明确了执法主体的法律地位和资格条件。该《规定》对行政主体作出定义，规定“未经公告或者超越公告的职责和权限范围的执法活动无效”，规定行政执法主体的资格条件，具体规定了行政委托的条件、程序、撤销等[①]，这些条文将行政法学的基本理论转化为实践中的法律规范，在中央尚无行政法总则或行政程序法对此予以规定的情况下，这些条文可谓深圳在地方立法中的若干重要创新。

2006 年 4 月，深圳市政府发布《关于在龙华布吉等六街道扩大城市管理综合执法范围试点工作的决定》；同年 12 月发布《关于全面推进街道综合执法工作的决定》（2007 年 3 月起施行），前一决定

① 参见《深圳市行政执法主体公告管理规定》第3条、第4条、第6条、第14条至第20条。

是后者的试点和过渡。这两个决定的意义在于，它们标志着深圳 2001 年确立的综合执法力量主要在区一级的体制，于 2006 年年底全面变更为“街道综合执法”的体制。尤其是《关于全面推进街道综合执法工作的决定》，大幅扩大了街道综合执法的范围，使街道执法队成为承担主要执法任务、在城市管理中发挥基础性作用的主体（法律地位仍是区城管执法局的派出机构），而市、区城管执法局的职能改为以执法监察和跨区域重大复杂执法活动为主，市、区城管执法局对街道执法事项不得直接实施行政处罚；该决定还要求建立“街道综合执法”的各种配套机制，如综合执法联席会议制度、公安保障机制、信息资源共享机制等，以及重大事项及时移送市、区的制度[①]。2008 年 1 月，深圳市政府办公厅发布《关于加强街道综合执法队伍建设的意见》；9 月，深圳市政府颁布《关于街道综合执法工作的补充规定》，上述两个文件进一步完善了深圳街道综合执法体制，主要体现在，根据综合执法的实践情况，对不同领域的具体事项执法范围作出增减[②]，要求公安机关应当与综合执法机构建立联合执法机制。

2013 年 8 月，深圳市人大常委会制定的经济特区法规《深圳经济特区城市管理综合执法条例》颁布，标志着深圳十多年来的城市执法体制改革探索基本走向成熟。这是在地方立法层面深圳现行有效的城市执法体制的基本依据。笔者认为，该条例的主要亮点有：第一，对纳入综合执法范围的事项的条件作出界定，是“城市管理行政部门职

---

① 根据《深圳市人民政府关于全面推进街道综合执法工作的决定》第四点第（二）项第2目，这是指“纳入街道综合执法范围的事项中，属于涉及重大人身、财产安全事故隐患，危及公共安全，需要进行技术检测、设备拆除的，以及发生了重大事故的，街道执法队应及时移送市、区有关行政机关处理”。

② 根据《关于街道综合执法工作的补充规定》第2条至第4条，人口和计划生育、文化市场管理、质量技术监督、安全生产管理、劳动等领域的一些事项调整出综合执法范围，噪声管理相关事项、非法设立废品场所、非法设立洗车场、非法设立学校等事项则纳入综合执法范围。

责范围内的事项”或“与市容管理密切相关且属于现场易于判断、不需要专业设备和技术检测手段即可定性的事项”；第二，规定火车站、机场、保税区等特定区域的综合执法事项可委托给组织；第三，规定市、区、街道综合执法队伍的纵向分工，街道执法队是主要执法主体；第四，规定综合执法操作规范应当向社会公布；第五，在强制执行措施中，规定了“根据当事人的申请安排当事人参加综合执法部门安排的社会服务”“处罚决定在单位或居委会通报”“将当事人违法信息录入个人信用记录系统”等创新性措施；第六，规定辅助执法人员在执法过程中可以从事事务性工作如劝阻、制止等；第七，对公安的协助机制规定得具体详细；第八，规定“法院可以依法成立或者指定专门法庭或者专业审判庭，负责处理综合执法诉讼和强制执行”；第九，规定有关行政主管部门应当进行后续管理工作，运用综合管理手段，反映出地方立法者在“综合执法”基础上去探索更高层次的“综合管理”；第十，规定要建立综合执法公众评议制度。① 以上亮点，值得广东省以至我国内地各城市在推进综合执法体制改革、完善行政执法规范化机制过程中参考借鉴。

四、珠海

国务院法制办于 2001 年 3 月批准珠海市开展相对集中行政处罚权试点工作。2001 年 12 月，珠海市政府制定地方政府规章《珠海市城市管理相对集中行政处罚权实施办法》（以下简称 2001 年《办法》，已于 2008 年废止）作为实施综合执法的法律依据。2005 年 5 月珠海市人大常委会制定地方性法规《珠海市相对集中行政处罚权条例》（以

① 以上十点，分别参见《深圳经济特区城市管理综合执法条例》第8条、第14条、第10条至第12条及第15条至第17条、第19条、第32条、第33条、第37条至第39条、第40条、第44条、第52条。

下简称 2005 年《条例》，已于 2015 年 3 月废止）。2015 年珠海市人大常委会制定经济特区法规《珠海经济特区相对集中行政处罚权条例》（以下简称 2015 年《条例》），是现行有效的城市管理综合执法的法律依据。

在组织体制方面，根据 2001 年《办法》，珠海市政府设立城市管理行政执法局，区设立区城市管理执法局，街（镇）设中队；2001 年《办法》规定珠海市的综合执法职责主要由区级执法局承担，这一体制沿用至今。[①]

在综合执法的职权范围方面，2015 年《条例》规定"纳入相对集中行政处罚权范围的事项应当与城市管理密切相关，一般属于现场易于判断、不需要专业设备和技术检测手段即可定性的事项"。[②]在具体事项上，珠海市在十多年的改革实践中几经调整。2001 年《办法》中，除了国务院批复的 7 个领域的相对集中行政处罚权外，将旅游管理、文化管理、燃气、供水、排污管理、生猪屠宰管理、烟花爆竹管理等领域的行政处罚权亦纳入综合执法职责范围[③]；2010 年，气球施放管理、户外广告设施设置管理、酒类市场管理领域的全部行政处罚权，以及房屋管理方面对住宅室内违法装饰装修行为的行政处罚权增加纳入综合执法职责范围[④]；2014 年，市政公用管理中排水方面的行政执法职责划入市城市管理行政执法局，而市城市管理行政执法局原本承

---

① 参见《珠海市城市管理相对集中行政处罚权实施办法》（已于2008年废止）第2条、第4条；2010年珠海市机构编制委员会办公室《关于市城市监督管理局下属执法机构编制事项调整的通知》（珠机编〔2010〕17号）；《珠海经济特区相对集中行政处罚权条例》第6条。

② 《珠海经济特区相对集中行政处罚权条例》第4条。

③ 《珠海市城市管理相对集中行政处罚权实施办法》（已于2008年废止）第7条。

另外，2005年《珠海市相对集中行政处罚权条例》（已于2015年3月废止）和《珠海经济特区相对集中行政处罚权条例》未对综合执法职权范围作明文列举。

④ 参见珠海市机构编制委员会办公室《关于市城市监督管理局下属执法机构编制事项调整的通知》（珠机编〔2010〕17号）。

担的酒类市场管理、生猪屠宰管理调整出综合执法职责范围。[①]

在执法程序方面，无论是2001年《办法》、2005年《条例》还是2015年《条例》都很注重行政执法规范化程序化机制的构建，执法程序条文构成了上述三部地方立法中篇幅最大的内容。现行有效的《珠海经济特区相对集中行政处罚权条例》第二章“执法规范”，第15条至第24条规定了调查取证和行政强制措施。根据《行政强制法》第10条，地方性法规有权设定查封、扣押措施。2015年《条例》结合地方实际情况设定了一些具体的强制措施，例如城市管理行政执法部门可以扣押违法者使用的工具和经营、兜售的物品的情形[②]，又如对正在进行的违法建设行为或者住宅室内违法装饰装修行为有权采取的一系列强制措施等。[③]

在执法协作方面，2015年《条例》规定了城市管理执法部门和行政主管部门建立信息共享平台；规定市人民政府应当建立公安机关与城市管理行政执法部门之间证据、信息联通，执法联动的协作机制；还规定了对集中清拆违法建筑和存在较大执法困难的违法建筑强制拆除行动，市、区人民政府应当统筹协调国土资源、城乡规划、建设、公安等行政部门配合城市管理执法部门的执法活动，这一规定亦比较具有地方创新性。[④]

此外，2013年珠海市金湾区法院设立城市管理审判庭，负责审理由城市管理引发的涉及土地、卫生、环境、环保等有关城市管理执法的行政案件，成为广东省首个城市管理审判庭。[⑤]

---

① 参见珠海市人民政府办公室《珠海市城市管理行政执法局主要职责内设机构和人员编制规定》（珠府办〔2014〕24号）。

② 《珠海经济特区相对集中行政处罚权条例》第20条。

③ 《珠海经济特区相对集中行政处罚权条例》第24条。

④ 分别参见《珠海经济特区相对集中行政处罚权条例》第30条至第32条。

⑤ 《珠海：广东首家城市管理审判法庭成立》，载《中国改革报》2013年8月26日。

五、佛山及其顺德区

佛山市顺德区（原顺德市）和南海区分别在 2001 年 9 月、2003 年 5 月经广东省政府批准开展相对集中行政处罚权工作。而在全佛山市的范围，2011 年 8 月佛山市政府制定《佛山市实施相对集中行政处罚权暂行规定》作为佛山市城市管理综合执法的依据。① 该规定有 118 条，主要规定城市管理综合执法机关在市容环境卫生、城市规划、城市绿化、市政管理、环境保护、工商行政管理等方面的具体职责范围和管辖、强制措施、听证、送达、执行等执法程序。根据该规定本来的制度设计，佛山市城市管理行政执法局是佛山市人民政府相对集中行使行政处罚权的工作部门。② 而目前佛山市及其部分市辖区开展大部制改革，城市管理执法局合并入新的大部门中。佛山市住房和城乡建设管理局官网公开的其 15 项主要职责中，“行使城市管理相对集中行政处罚权以及城乡建设相关行政处罚权，指导历史文化街区和历史建筑的保护巡查”以及“负责组织全市性城市综合管理专项活动，查处跨区案件，督办城市综合管理的大案、急案；协调、指导、检查、监督各区城市综合管理工作”只是其中的 2 项职责，在全市范围内行使相对集中行政处罚权由该局行政执法科负责，此外，设佛山市城市管理委员会办公室（内设城管办综合科、城管办监督考评室、城管办数字城管指挥室）。③ 各市辖区中，城市管理综合执法机关所并入的部门名称各不一致，分别是南海区国土城建和水务局（城管）、高明区交通运输城管局、三水区交通运输和城市管理局（城管板块），只有禅城区至今保留了独立的禅城区城市综合管理局。也就是说，佛山

① 但根据《佛山市实施相对集中行政处罚权暂行规定》第2条，顺德区和南海区已公布的实施相对集中行政处罚权规范性文件，在市没有作出调整前，仍然适用于其行政区域的行政执法。

② 《佛山市实施相对集中行政处罚权暂行规定》第3条。

③ 资料来源于佛山市住房和城乡建设管理局官网，http：//www.fsjw.gov.cn/zwgk/jgsz/zzjs/201809/t20180928_7286416.html，最近浏览日期2018年12月11日。

市新近的改革中，一定程度上改变了管理职能和处罚职能相对分离的原则，具有相对集中行政处罚权的机关同时兼具城建、水务、交通或环境等方面的管理职能。

顺德区（原顺德市）自 1999 年以来作为省直管县体制的试点，区人民政府及其工作部门被赋予了地级市管理权限。原顺德市在 2001 年经批准试点综合执法体制改革，设立顺德市行政执法局。2009 年 9 月根据广东省机构编制委员会《关于印发佛山市顺德区党政机构改革方案的通知》（粤机编〔2009〕21 号），顺德区环境保护局、城市管理行政执法局、交通局（港航管理局）（除交通建设以外的职责）整合为顺德区环境运输和城市管理局，新整合的该局一方面依法行使环境保护、交通运输、港口行政、市政公用事业、市容环境、水政执法主管部门职权，另一方面相对集中行使城市管理行政处罚权。目前顺德区环境运输和城市管理局内设的 23 个科室中，与城市管理相关的有城市管理综合科（城市管理审批服务科）、城市管理法规科、城市管理科（城市管理考评中心）、城市管理指挥中心、城市管理执法大队等。[①] 可以说，从分散执法到综合执法，再到城管大部制，佛山城市执法体制经历了比较明显的两轮改革，而改革的先行区都在顺德区。

六、汕头

根据 2002 年制定的地方政府规章《汕头市实施城市管理相对集中行政处罚权规定》，汕头市于 2002 年 10 月 8 日起在本市市区范围内依法进行城市管理相对集中行政处罚权活动。市城市管理行政执法局是市人民政府相对集中行使城市管理行政处罚权的行政执法部门，

---

① 资料来源于顺德区环境运输和城市管理局官网，http://www.shunde.gov.cn/hycg/page.php?Sid=1&Tid=1&Fid=3，最近浏览日期2018年12月11日。

该部门是归汕头市城市综合管理局所管理的副处级单位[①]；市辖区亦设城市管理行政执法局。城市管理行政执法部门集中行使城市管理行政处罚权的职权范围包括市容环境卫生管理、城市规划管理、城市绿化管理、市政管理、工商行政管理（限于对占道经营的无照商贩的行政处罚权）、公安交通管理（限于对侵占道路行为的行政处罚权）及交通运输管理（限于对违章人力三轮客、货车的行政处罚权）七方面。2007 年该《规定》修正，删去关于授予城市管理行政执法部门交通运输管理方面的职权，即其集中行使行政处罚权减少为六方面。[②]2011 年，该《规定》根据国家新颁行的《行政强制法》修改了关于行政强制权的相关内容。除此以外，十多年来，汕头市关于城市管理执法的地方立法文件未有大的改动。

第二节　澳门城市管理执法体制的变迁与现状

一、回归前澳门的市政厅制度（16世纪末 ~ 1999年12月19日）

据肖蔚云教授考察，澳门的市政机构有 400 多年历史，其发端于 1583 年的澳门议事会，该会性质是居留在澳门的葡萄牙人的居民自治组织。1835 年，澳门议事会解散，改设澳门市政厅处理市政事务；1865 年，又设海岛市政厅作为管辖路环、氹仔的市政机构。[③]据笔者检索澳门法例，关于澳门市政机构最早的法例是制定于 1872 年 7 月 6 日的《澳门市政厅自治条例法典》。

---

① 资料来源于汕头市人民政府门户网站，http：//zwgk.shantou.gov.cn/cgj/0102/201802/031187336d9746e8a3e4c8e82e0f7a81.shtml，最近浏览日期2019年5月21日。

② 《汕头市实施城市管理相对集中行政处罚权规定》第9条。

③ 肖蔚云：一国两制与澳门特别行政区基本法，北京大学出版社1993年版，第273 ~ 274页。

20世纪以来，澳门市政厅制度几经变迁。尤其是葡萄牙本国1974年4月25日革命及1976年宪法实施以后，澳门地区及其市政厅在葡萄牙的宪法地位亦发生实质性变化。葡萄牙1976年宪法已不再把澳门当作葡萄牙领土的一部分，而是将其视为一个由葡萄牙管理的地区，即葡管中国领土，并授权其根据适合本地特点的章程——《澳门组织章程》来自治。[①]《澳门组织章程》制定于1976年2月17日，经1979年、1990年、1996年三次修改，直至1999年12月20日0时澳门回归中国时失效。根据《澳门组织章程》第2条、第4条规定，澳门地区为一公法人，享有行政、经济、财政、立法及司法自治权，澳门地区的本身管理机关为总督及立法会；第64条规定，澳门公共机关为当地专属机构，得成为有或无法律人格的自治实体。据此，澳门地区分设两个市政厅，即澳门市政厅和海岛市政厅[②]。我国有学者称回归前的澳门地区是“双层地域公法人”架构[③]，突出表明澳门市政厅和海岛市政厅不仅仅是一种城市管理机构，而且，其宪法地位更是一种具有自治性质的地方行政的政权机构。

澳门地区内设的这两个市政厅之所以具有如此复杂的性质，跟葡萄牙的宪法和行政组织法理论有关。作为一个前提，在葡萄牙现代法学理论中，“国家”具有多种含义，行政含义上的“国家”（又称“行政—国家”）是从事行政活动的一个行政组织，是主权含义的国家的内部

① 何志远：“‘澳门特别行政区基本法’中行政法规的地位”，载《法学》2011年第3期。

② 根据第24/88/M号法律《市政区法律制度》第1条，1988年以后市政厅改称“市政区”。而根据后来的第17/2001号法律《设立民政总署》第2条，市政厅、市政区、市政机构三者基本上可视为同义概念。

③ 蒋朝阳：“论澳门基本法中‘非政权性市政机构’条款的处理”，载蒋朝阳《澳门基本法与澳门特别行政区法治研究》，社会科学文献出版社2016年版，第264页。

诸多公法人的其中之一。[①]行政—国家与各个地区固然都属于主权意义上的葡萄牙国家范围，但具有自治实体意义的各个地区跟行政—国家是截然分开、互不隶属的。这种法律现象，非葡萄牙独有，法国亦有之[②]，欧洲的行政法学者称之为“行政分权”。行政分权意味着“国家承认组成各个不同社会的居民所拥有的组成‘居民及地区公法人’、拥有自治性地实践该等社会本身利益的代表机关的权力”，其意义是国家将职责及权力下放（送回）自治社会，从而有利于克服中央行政机关过于官僚化、缺乏改革能力的问题。[③]基于“国家”含义多样化及行政分权原则，《葡萄牙共和国宪法》将公共行政划分为三种类型：国家直接行政、间接国家行政、自治行政。自治行政的特征是，其谋求的是当地居民本身的公共利益而不是国家利益；自身领导，自行管理；在等级上并不从属于行政—国家，国家这一公法人对自治行政实体的公法人只有监督权。[④]具有自治行政权力的实体，按是否跟一定区域相结合，可分为非区域自治实体（即公共团体）和区域自治实体[⑤]，区域自治实体是“居民或地域法人”，按自治程度不同又可进一步分为自治区和地方自治团体；而按照自治形式来分类，具有自治行政权力的实体又可分为具有政治自治、指引自治、立规自治、行政自治、财政自治等不同形式的公法人[⑥]，其中政治自治是最高程度

① 【葡】迪奥戈·弗雷塔斯·亚玛勒著，黄显辉、王西安译：行政法教程（第一卷），澳门大学法学院2009年版，第173~174页。

② 在法国，行政主体分为国家、地方公共团体、公务法人三种类型。参见王名扬：法国行政法，中国政法大学出版社1988年版，第41页。

③ 【葡】若泽·曼努埃尔·里贝罗·塞尔武罗·科雷亚著，冯文庄译：行政法原理，北京：法律出版社2017年版，第65~67页。

④ 参见【葡】迪奥戈·弗雷塔斯·亚玛勒著，黄显辉、王西安译：行政法教程（第一卷），澳门大学法学院2009年10月版，第302页。

⑤ 【葡】苏乐治著，冯文庄译：行政法，法律出版社2014年版，第162~163页。

⑥ 参见【葡】若泽·曼努埃尔·里贝罗·塞尔武罗·科雷亚著，冯文庄译：行政法原理，法律出版社2017年版，第99~103页。

的自治，具有政治自治的公法人可以制定法律，亦即这种公法人（也就是自治区）的立法不受全国性法律限制，只受合宪性监督，而行政自治的公法人的行为仍然要求符合全国性法律的要求并受行政法院的合法性监督。从葡萄牙公共行政的三种类型看，自治行政在地方的载体——自治区和地方自治团体，一定程度上可以理解为我国法律语境下的“地方政府”，但区域自治实体的行政绝不是地方行政的全部，因为国家直接行政通过其派生机关延伸至首都以外的各个地方，形成区别于“国家的中央行政”之外的“国家的地方行政”。因此，在葡萄牙，地方行政由两部分组成，一部分是“国家的地方行政”，它代表的是政府的利益，国家派驻地方的长官（机构）在学理上称为“行政司法官”；另一部分是自治区行政和地方自治行政，它们代表的是当地居民的利益，由居民选举产生自治机构。[①]

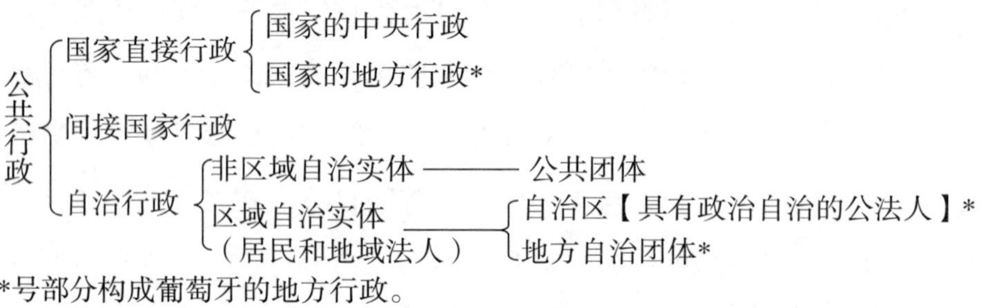

*号部分构成葡萄牙的地方行政。

从行政区划的角度看，葡萄牙全国领土划分为四个等级：大区（在大陆）、自治区（2个，专指亚速尔群岛和马德拉群岛）；区；市；堂区。其中，市作为最重要的一级地方自治团体，其自治历史可以追溯至葡萄牙建国前并一直作为自治团体存在，甚至葡萄牙的行政法即萌生于市政法。葡萄牙的学者这样评价市的地位：“国家和立法者有义务尊

① 参见【葡】迪奥戈·弗雷塔斯·亚玛勒著，黄显辉、王西安译：行政法教程（第一卷），澳门大学法学院2009年10月版，第177～178页，第250～252页。

重在每个时期和每个社会存在的社会多元化的不同形式，不可否认市就是其中之一。”[①] 市政机构是市这一公法人的决策和意思表示机构，澳门回归前的葡萄牙法律中市政机构包括作为决策机构的市政议会和作为执行机构的市政执行委员会及其主席。[②] 上述地方自治行政的理论构成了回归前澳门市政厅制度的基础。

从 1976 年的葡萄牙宪法和葡萄牙学者的行政法著作来看，作为区域自治实体的自治区仅指亚速尔群岛和马德拉群岛，不包括澳门。澳门地区作为葡管中国领土，其法律地位十分特殊。鉴于《澳门组织章程》第 2 条所规定的澳门地区享有自治权的前提是“不抵触（葡萄牙）共和国宪法与本章程的原则”，不包括不抵触葡萄牙的全国性法律。笔者认为，据此可以推导出澳门地区当时实际上享有接近政治自治意义上的自治权，其地位接近于自治区。根据《澳门组织章程》第 3 条、第 7 条规定，法院及由葡萄牙总统任免的澳门总督是葡萄牙国家在当地的主权机关，因此法院和总督属于澳门地区“国家的地方行政”的存在。根据《澳门组织章程》第 4 条、第 21 条，立法会由当地市民组成，应当认为是澳门地区这一自治实体的代表和决策机构。澳门地区分设的两个市政厅（市政区），“是具有公权的集体”，就是葡萄牙行政组织法中所指的两个“市”，因其“设有本身的管理机构，目的在谋取本身及有关居民的利益”[③]，在此意义上被中国学者及《澳门特别行政区基本法》立法者认为它们是具有政权性质的地方自治团体。不过，与澳门地区相比，澳门市政厅和海岛市政厅不具有政治自治权，

---

① 以上关于市的历史地位和政治地位，参见【葡】迪奥戈·弗雷塔斯·亚玛勒著，黄显辉、王西安译：行政法教程（第一卷），澳门大学法学院2009年10月版，第344～348页。

② 【葡】迪奥戈·弗雷塔斯·亚玛勒著，黄显辉、王西安译：行政法教程（第一卷），澳门大学法学院2009年10月版，第366～367页。

③ 第24/88/M号法律《市政区法律制度》第1条。

只具有行政自治权，“其议决只可透过法律规定的方式方能被停止、更改、撤消或作废”，澳门总督对市政厅具有行政监督权，注视其对澳门地区合法性的遵守[①]。

澳门地区（自治区，政治自治）{澳门市政厅、海岛市政厅} ＞（地方自治团体，行政自治）

澳门地区的两个市政厅，既是政权机关，又是城市管理机关，应当理解为承担了除“国家的地方行政”职权之外的其他地方行政事务。根据《市政区法律制度》相关规定[②]，市政厅主要承担的职责包括：本身及属其管辖范围内资产的管理；发展；都市规划和建筑；公共卫生和基本清洁；文化、余暇和体育的活动；环境和有关居民生活质素的维护和保障。履行上述职责的市政机构是市政议会和市政执行委员会。市政议会体现了市政厅代表当地居民利益的、由当地居民选举产生的政权性质，具有作出决议、监察决议的执行、要求市政执行委员会报告工作等职权。市政执行委员会作为执行机构，执行市议会的决议并注视其被遵守，管理和保养市政公物，制定市政条例，发出准照并稽查有关条例的遵守；同时，在都市规划和建设、公共卫生及环境、文化及余暇活动等方面具有管理权和执法权，例如有权拆除在公共街道和场地上的非法建筑物，监管公共街道广告及宣传品，稽查家庭或工业施工，监察市集及市场，监察小贩等。在运作上，市政执行委员会仅是合议制作出决议和决定的机构，澳门和海岛市政执行委员会各仅由 5 人组成，市政厅大量的执法人员称为“市政厅监察人员”，由市政执行委员会任命或以合约聘用。

---

① 第24/88/M号法律《市政区法律制度》第6条、第46条、第47条。

② 第24/88/M号法律《市政区法律制度》第2条、第5条、第8条、第17条、第24条、第25条、第29条

二、回归后过渡时期的临时市政机构制度（1999年12月20日～2001年12月）

1999 年澳门回归祖国后，根据《澳门基本法》第 95 条规定，澳门特别行政区可设立非政权性的市政机构。这表明澳门特别行政区不得设立具有地方自治团体性质的市政厅或类似的居民和地域法人，其权力来源不能直接来源于当地居民，不能存在代议机关（市政议会）[①]。按照《基本法》这一要求，澳门第 1/1999 号法律《回归法》第 15 条规定了市政机构的改组："原澳门市政机构改组为非政权性的临时市政机构：原澳门市市政议会改组为临时澳门市政议会；原澳门市市政执行委员会改组为临时澳门市政执行委员会；海岛市政厅的市政机构亦作类似改组。"规定"临时市政机构经行政长官授权开展工作、并向行政长官负责"，表明临时市政机构的权力来源发生了根本变化。《回归法》附件三还规定，《市政区法律制度》（第 24/88/M 号法律）中体现市政机构具有政权性质的条款因抵触《基本法》而不采用为澳门特区法律。不过，临时市政机构仍存在临时市政议会，表明这一制度是过渡性质的，过渡期不能超过 2001 年 12 月 31 日。

三、设立民政总署（2002年1月～2018年12月）

2001 年 12 月 17 日公布并于 2002 年 1 月 1 日生效的第 17/2001 号法律《设立民政总署》标志着澳门市政机构组织的过渡制度结束。根据《设立民政总署》法律第 2 条和第 8 条，"撤销临时澳门市政机构及临时海岛市政机构，并解散有关临时市政机关"，"民政总署

① 蒋朝阳：论澳门基本法中"非政权性市政机构"条款的处理，载蒋朝阳《澳门基本法与澳门特别行政区法治研究》，社会科学文献出版社2016年版，第264页。

不具有制定对外规章的权力”（即不再有权制定市政条例），这两项规定彻底取消了市政厅（临时市政机构）的地方自治性质，亦取消了高度自治的特别行政区内还存在两个自治区域的“双层地域公法人”结构。

根据该法的附件《民政总署章程》，“民政总署为具有公务法人性质的公法人，受澳门特别行政区政府委托，根据本章程及其他适用的法律及规章的规定为居民服务”（第1条），“民政总署具有本章程所规定的行政、财产及财政自治权”（第3条）；相应地，行政长官对民政总署的监督权力要大于回归前澳门总督对市政厅的监督权力，主要表现在行政长官在行使其监督权时有权委任、以合同聘任管理委员会成员及免除其职务，有权确认民政总署管理委员会有关“民政总署的内部架构及各组织附属单位的职能”等的决议（第4条）。

上述规定表明，一方面，澳门的城市管理机关性质发生根本转变，由地方自治团体转变为受特区政府委托从事公共服务的公务法人；另一方面，法律的变革亦考虑到澳门回归前的法律传统，民政总署依然具有一定程度的自治性质，并非直接隶属于特区政府的行政部门。

基于机构性质的转变，民政总署机构内部组织发生变化：“民政总署设有下列机构：（一）管理委员会；（二）咨询委员会；（三）监察委员会”；“管理委员会为民政总署的执行机构”；“管理委员会全面负责领导民政总署所有工作及作出有关民政总署在运作及履行其职责方面所需的一切行为”。咨询委员会作为咨询机构，其意见不具有拘束力；监察委员会的监察职权则限于民政总署的财政及财产方面。[①]

① 《民政总署章程》第5条、第8条、第12条、第21条。

在城市管理和执法职权上，民政总署管理委员会被授予在环境卫生、动物监管及植物卫生、公民教育及与市民关系、发出行政准照、城市规划及建设等方面广泛的权限[①]，基本承继了回归前市政厅市政执行委员会的职权。

四、设立市政署（2019年1月至今）

2018 年 8 月 1 日公布的第 9/2018 号法律《设立市政署》于 2019 年 1 月 1 日生效，该法律撤销了民政总署，“根据《澳门特别行政区基本法》第九十五条和第九十六条的规定设立非政权性的市政机构”，即市政署，“市政署为具有法律人格、行政、财政及财产自治权的公务法人”。[②] 此即澳门城市管理执法的现行组织体制。

与民政总署的组织体制相比，市政署体制的主要变化，笔者认为，其一在于名称的变更，新名称表明更确切落实了《澳门基本法》的规定；其二是内部组织结构有所调整，市政署设市政管理委员会和市政咨询委员会，另设财政及财产监察委员会，市政管理委员会的组织附属单位的名称和职权通过第 25/2018 号行政法规《市政署的组织及运作》的形式明文规定。总体而言，从民政总署到市政署，保留了城市管理部门具有行政自治权之公务法人的性质，体制变革不大。

本章小结

从历史上看，粤澳两地城市执法体制的制度源流有较大差异。

1. 关于澳门，（1）回归前的澳门有历史相当悠久的市政厅管理

① 第32/2001号行政法规《民政总署之组织及运作》第6条至第13条。

② 第9/2018号法律《设立市政署》第1条、第2条。

城市的传统。澳门地区的市政机构具有政权机关的性质，享有行政自治权。（2）澳门回归祖国后，根据《澳门基本法》，具有政权机关性质的市政机构不得存续，须在过渡时期完成改组。（3）澳门撤销两个市政厅后，先后设立民政总署（2002—2018 年）和市政署（2019 年至今）作为城市管理机关，机关性质由地方自治团体转变为公务法人，不过基于对法律传统承继的考虑，市政署仍具有一定程度的行政自治权和财政自治权，并非直接隶属于澳门特区政府。（4）不过，澳门城市管理执法机关上述的制度变革，主要是政治体制意义上的变革，表现为不同性质的行政主体之间的更替以及职权在新旧主体之间的承继和转移。而在管理体制机制（执法事项权限、执法措施、执法程序、执法监督等）意义上，回归后的澳门城市管理执法体制都没有范式变革。

2. 新中国成立后，我国内地的城市并无设立市政机构的传统，广东各城市亦然。综合执法体制改革，当然不是政治体制意义上的。

从顶层设计上看，它是管理执法体制机制意义上的一种范式变革，从 1997 年国务院试点改革以前的分散执法模式，到相对集中行政处罚权试点改革之初强调的管理权与执法权相分离，到近年来的城管大部制、“3+1”模式等，它都会带来综合执法机构的新设、执法职权在部门间的集中授予和转移、执法程序的调整、执法监督方式的转变。

从广东的地方实践来看，广州、深圳、珠海、汕头、中山等城市是最早开展综合执法体制改革试点的一批城市。20 多年来，广东各市的执法体制改革经验有：（1）在改革中及时总结经验、制定地方立法，对执法体制机制作出规定，为深化改革提供合法性依据。深圳等城市很好地运用全国人大授予的经济特区立法权探索执法机制的创新。

（2）在改革组织体制的同时，亦注重建立健全执法规范化的各种配套机制，注重体制与机制之间的衔接，注重城市执法的公务协作机制建设。（3）探索城市管理综合执法事项的一般特征，在广州、深圳、珠海等地的地方立法中将其概括为“属于现场易于判断、不需要专业设备和技术检测手段即可定性的事项”。（4）执法重心逐步向基层下移，街道综合执法体制已在深圳等城市建立和运作。

城市执法体制的法律依据

城市执法体制的法律依据之所以成为一个法律问题，在于广东省各市以及我国内地各大城市的这一体制仍处于改革过程中，无论行政组织法依据还是行政行为法依据还不充分，现阶段不少改革措施依据的还是政策性文件。这并非行政法治的良好状态。

在成文法依据方面，中央立法、顶层设计的引领作用固然重要，不过回顾我国城市执法的中央立法发展沿革并分析现状，可以发现光靠中央立法，无法为城市管理中建立综合执法体制、规范执法行为、完善执法监督等提供充分的法律依据。在处理全国统一立法和地方立法的关系上，现阶段应着力于重视和加强城市执法的地方立法工作及其研究工作；地方立法应体现当地已有的实践探索成果，回应当地民众的社会关切。

此外，在成文法依据缺失的背景下，惯例（不仅包括行政惯例，尤其是民商事惯例）能否作为城市执法的补充依据？亦是一个值得探讨的问题。

本章从广东本地的法律依据问题出发，并比较借鉴澳门相对成熟的经验，讨论两个专题：城市执法体制与地方立法的创新发展；惯例能否作为行政执法的依据。

第一节　加强城市执法体制的地方立法[①]

2015年修改的《中华人民共和国立法法》（以下简称《立法法》）将制定地方性法规和地方政府规章（统称地方立法权）的主体，从修法前的“较大的市”，扩展至所有设区的市（中山、东莞、嘉峪关、三沙等四个不设区的地级市比照适用相关规定）；同时，根据修改后的《立法法》第72条、第82条，地方立法权的权限范围限制在城乡建设与管理、环境保护、历史文化保护等方面。尽管有学者运用统计模型分析我国18个设区的市的地方立法后认为，仅仅规定上述三项立法事项而限制排除了社会管理和经济管理等事项，其权限范围的制度设计并不能在根本上满足城市的立法需求[②]，不过不可否认的是，城乡建设与管理应当成为《立法法》修改后地方立法的重要内容。

一个城市的人民及其地方政府，根据地方实际情况和当地居民的需求，通过行使地方立法权，对地方事务和城市秩序进行管理，具有地方政府主导下的居民参与、城市自我治理的意涵。这是《中华人民共和国宪法》第3条“遵循在中央的统一领导下，充分发挥地方的主动性、积极性”的原则的体现，跟中国特色社会主义事业进入新时代以来党和国家创新社会治理体制、重视基层治理、营造共建共治共享

① 本节在前期研究成果的基础上修改而成。该前期研究成果是，周联合、黄硕：“论城市执法体制建构中的地方立法”，载《鲁、粤两省地方立法学研究会2018年年会论文集》第385～398页。

② 郑泰安、郑文睿：“地方立法需求与社会经济变迁——兼论设区的市立法权限范围”，载《法学》2017年第2期。

社会治理格局的政策导向是一致的。

本章第一节通过研究城市执法的法律依据问题，阐述新时代加强地方立法对于城市执法体制改革的重要性，论证和主张我国推进城市执法体制改革不仅需要中央立法的“顶层设计”，而且需要各个城市的地方立法在明确城市执法的主体、确定城市综合执法的职权范围、规范城市执法的程序、健全城市执法监督机制和责任机制等方面实现创新和发展。

一、中央立法的沿革和现状

城市管理行政执法的体制改革，早期主要是中央的“顶层设计”在推动，各地在《中华人民共和国行政处罚法》（以下简称《行政处罚法》）的授权和党中央、国务院相关政策文件指引下开展城市管理综合执法的试点工作和体制改革探索。随着改革在各地的落实和深入，广州、深圳、上海、北京、杭州、南京等多个地方关于城市管理行政执法的地方立法蓬勃发展，并逐渐体现出地方特色，当然也呈现出一些值得思考和改进的问题。笔者认为，研究城市执法体制改革，重视中央立法的引领作用固然是必要的，但不能忽视地方立法的重要性。

（一）试点改革阶段（1997 ~ 2002 年）

城市管理行政执法，以前称为“城建监察”。例如 1992 年建设部制定的《城建监察规定》第 3 条和第 5 条分别规定，城建监察是对城市规划监察、市政工程监察、公用事业监察、市容环境卫生监察、园林绿化监察的统称；城市应当设置城建监察队伍，在行政主管部门的领导下行使城建监察职能，其组织形式、编制、执法内容、执法方式等可以由城市人民政府按照当地城市建设系统管理体制和依法行政的要求确定。

1996 年 3 月颁布的《行政处罚法》第 16 条规定了相对集中行政

处罚权，构成了国务院领导下各省市开展的相对集中行政处罚权试点工作的法律依据，从而拉开了我国城市管理行政执法体制改革的序幕。同年 4 月国务院发布的《关于贯彻实施〈中华人民共和国行政处罚法〉的通知》中提出，积极探索建立有利于提高行政执法的权威和效率的行政执法体制，各省（区市）要认真做好相对集中行政处罚权的试点工作。同年 9 月《城建监察规定》根据《行政处罚法》第 16 条作出相应修改，增加规定综合执法的相关内容，即规定城市监察还包括经行政授权或行政委托实施行政处罚的行为，城建监察队伍根据“统一管理、综合执法”的原则确定编制。①

国务院部署的相对集中行政处罚权试点改革始于 1997 年。2000 年国务院办公厅发布《关于继续做好相对集中行政处罚权试点工作的通知》，该通知提出，实行相对集中行政处罚权制度的意义在于解决行政管理中长期存在的多头执法、职权交叉重复和行政执法机构膨胀等问题；该通知规定了集中行使行政处罚权的行政机关的地位是一个独立的行政机关②，并规定了集中行使行政处罚权的权限范围，这一权限范围被学者们称为“7+X”模式③，即市容环境卫生管理、规划管理、城市绿化管理、市政管理、环境保护管理等方面法定的全部或者部分行政处罚权，工商行政管理方面对无照商贩的行政处罚权，公安交通管理方面对侵占道路行为的行政处罚权，除上述 7 类确定的职能外，还有一个可以履行其他法定职责的兜底条款。

---

① 1996年9月22日修改的《城建监察规定》（今已失效）第3条、第5条。

② 国务院办公厅《关于继续做好相对集中行政处罚权试点工作的通知》第二条规定：“试点城市集中行使行政处罚权的行政机关应当作为本级政府的一个行政机关，不得作为政府一个部门内设机构或者下设机构。集中行使行政处罚权的行政机关的执法人员必须是公务员。行政处罚权相对集中后，有关部门不得再行使已统一由一个行政机关行使的行政处罚权；仍然行使的，作出的行政处罚决定一律无效。”

③ 参见青锋：“行政处罚权的相对集中：现实的范围及追问”，载《行政法学研究》2009年第2期。

（二）全面开展阶段（2002 ~ 2015 年）

在 1997 ~ 2002 年间，在全国 23 个省、自治区的 79 个城市和 3 个直辖市已开展了相对集中行政处罚权试点工作。[①] 鉴于试点改革的成功，2002 年国务院发布《关于进一步推进相对集中行政处罚权工作的决定》，标志着城市管理的综合执法体制改革在全国各城市全面展开。该决定提出，实行相对集中行政处罚权的领域目前主要是城市管理领域，城市执法的相对集中行政处罚权的权限范围重申了"7+X"模式；该决定提出，针对多层执法、重复管理问题，市、区（县）两级的城市综合执法机关应当明确职责，"探索同一系统上下级部门之间合理分工、协调运作的新机制"，"原则上层级较高的部门主要侧重于政策研究、监督指导和重大执法活动的协调，具体的执法活动主要由基层执法队伍承担"，推动执法力量向基层下沉；该决定还提出，就城市执法体制改革的问题，有立法权的地方政府要适时制定地方政府规章，没有立法权的地方政府可以制定规范性文件。

同年，国务院办公厅转发中央编办意见，按照"政策制定职能与监督处罚职能相对分开，监督处罚职能与技术检验职能相对分开，实行综合行政执法"的"两个相对分开"原则，开展清理整顿行政执法队伍工作。[②]

2011 年颁布的《中华人民共和国行政强制法》（以下简称《行政强制法》）第 17 条规定了"行使相对集中行政处罚权的行政机关可以实施法律、法规规定的与行政处罚权有关的行政强制措施"，有助于解决各地城管执法机关普遍遇到的执法保障手段缺乏、强制性调查

① 据国务院《关于进一步推进相对集中行政处罚权工作的决定》（国发〔2002〕17号）。

② 中央编办《关于清理整顿行政执法队伍实行综合行政执法试点工作的意见》（今已失效），2002年10月11日国务院办公厅转发。

取证缺乏法律依据的问题，并且令“综合执法”的概念更加完整。关于“相对集中行政处罚权”与“综合行政执法”（简称“综合执法”）的概念区别，在国务院下发的规范性文件中既没有严格界定其各自定义亦没有作出严格区分，而各地制定的规范性文件的名称也或使用“城市管理相对集中行政处罚权”，或使用“城市管理综合执法”的表述，无一定之规。有学者在推敲上述两个概念的区别时认为，相较于“相对集中行政处罚权”而言，“综合执法”的概念更为准确，其理由是，行政处罚权作为一种制裁手段，不能独立于其他执法手段而单独存在，因此，综合行政执法机关除了行使行政处罚权之外，通常还会具备相关的行政强制权、行政调查权等。[①]然而，在《行政强制法》颁布以前，“综合执法”的权限内容基本上就只有相对集中行政处罚权，综合执法权无疑是残缺的。而《行政强制法》赋予了实施相对集中行政处罚权的城管执法机关相应的配套权力，综合执法权基本得到完整行使。有学者进而认为，综合执法是在相对集中行使处罚权制度上发展而成的，但与相对集中处罚权制度相比，综合执法制度则体现为一种根本性的执法体制变革；综合执法制度一定程度弥补了前者的弊端，在前者强调处罚权集中的基础上，还强调人员、编制、经费以及相关职能的转移。[②]可见，随着基本法律的进一步完善，城市执法体制改革的深入推进已具备法律依据。

（三）深入推进阶段（2015年以后）

2013年党的十八届三中全会通过的《中共中央关于全面深化改革

① 张步峰、熊文钊：“城市管理综合行政执法的现状、问题及对策”，载《中国行政管理》2014年第7期。

② 参见王青斌：“公共治理背景下的行政执法权配置——以控烟执法为例”，载《当代法学》2014年第4期；并参见马怀德、王柱国：“城管执法的问题与挑战——北京市城市管理综合行政执法调研报告”，载《河南政法管理干部学院学报》2007年第6期。

若干重大问题的决定》提出“推进综合执法”“理顺城管执法体制”。2014年党的十八届四中全会进一步提出，“推进综合执法，大幅减少市县两级政府执法队伍种类”，“理顺城管执法体制，加强城市管理综合执法机构建设”。

2015年12月，中共中央 国务院发布《关于深入推进城市执法体制改革改进城市管理工作的指导意见》。该意见明确了城市管理工作的中央主管部门是国务院住房和城乡建设部，提出推进市县两级政府城市管理领域大部门制改革，提出下移执法重心，市、区（县）、街（镇）三级的执法职责分工中，重点在区一级，并逐步向街（镇）延伸。该意见要求各地推动城市管理走向城市治理，引导市场、社会组织和公众参与，并要求各地加快制定城市管理执法方面的地方立法，加快制定修订城市管理和综合执法方面的标准，到2020年城市管理法律法规和标准体系基本完善。

2015年的《关于深入推进城市执法体制改革改进城市管理工作的指导意见》是现阶段深入推进城市执法体制改革所依据的重要文件，不仅引起各地关于城市执法的地方立法新一轮立改废高潮，而且在中央层面也推动了相应的机构改革和立法。在机构改革方面，2016年10月9日住建部设立城市管理监督局，负责拟订城管执法的政策法规、指导全国城管执法工作、开展城管执法行为监督等职责。① 各地城管执法机关在中央层面的主管部门得以设立，回应了学术界和实务界多年来关于城市执法体制改革的一个疑虑，即为城管找到了“婆家”，弥补了各地城管执法机关纵向（中央）约束机制的缺失，开始化解城

① 住房和城乡建设部《关于设立城市管理监督局的通知》（建人〔2016〕216号）。

市执法领域中央行政管理与地方行政管理的脱节问题[①]。在中央立法方面，2017年1月，具有部门规章位阶的《城市管理执法办法》制定，取代了原《城市监察规定》。《城市管理执法办法》规定了综合执法的执法范围、执法主体、执法保障、执法规范、协作机制、执法监督等内容，在我国就城市管理综合执法问题尚未制定法律、行政法规的情况下，《城市管理执法办法》是可以作为法规范文件全国统一适用的、位阶相对最高的的专门性立法。

曾有学者认为，我国行政改革是"改革先行模式"，行政机构和行政体制的改革活动先于相关法规范的制定，这种模式下政府的作用大于立法机关的作用。[②]回顾我国城市执法的中央立法发展沿革，尽管这场体制改革某种意义上始于《行政处罚法》第16条的规定，但20多年来推动这一改革实践的主要是党中央和国务院发布的通知、意见、决定等政策性文件，直到2017年，比较完整体现城市执法体制改革精神的中央层面专门性立法《城市管理执法办法》才得以诞生。从现状看，光靠中央立法，无法为城市管理中建立综合执法体制、规范执法行为、完善执法监督等提供充分的法律依据。

二、关于城市执法的地方立法的重要性

城市执法是为了维护城市秩序，最终服务于城市治理的目标；而城市治理，归根到底还是要靠城市居民的"人人参与、人人尽责"，并以地方立法将这种公众参与制度化。因此，无论城市治理的原理上，还是从我国立法现状分析，与其过分依赖以顶层设计的方式解决目前

---

① 参见张英民："立法调整、执法改革抑或公众参与？——突破摊贩管理暴力困境的核心思路辨析"，载《行政法学研究》2012年第2期；莫于川："从城市管理走向城市治理：完善城市综合执法体制的路径选择"，载《哈尔滨工业大学学报（社会科学版）》2013年第6期。

② 宋超："相对集中行政处罚权制度模式的新架构"，载《城市问题》2006年第8期。

城市执法体制改革中遇到的问题，不如关注和推动城市执法体制的地方立法如何增强民主性、科学性。

（一）广东等地的地方立法实践状况

在 1997 年中央推行城市管理综合执法改革前，各地设立城建监察队伍负责城市管理执法工作。在广州，市政府 1987 年发布的《广州市城市管理监察大队执行任务的通告》对城市管理监察大队的职权范围作了规定；1992 年 1 月市政府制定的《广州市城市管理监察队暂行规定》比中华人民共和国建设部《城建监察规定》的颁布时间还早。在广州市该暂行规定中，规定了城市管理监察队与相关的专业主管部门的职权划分，城市管理监察队的处罚权可以说是“兜底”性质的[①]；此外，该暂行规定通过行政委托的制度设计，使城市管理监察队可以获得本属于专业主管部门的案件查处权限[②]，这可以说是对集中行使行政处罚权的一种先行先试。在上海，1992 年 6 月市人大常委会发布《关于在本市部分地区试行人民警察综合执法的决定》，该决定规定在黄浦区等三个区建立公安巡察部门履行维护社会治安和道路交通秩序、维护市容整洁和环境卫生、维护社会经济秩序、参加城市突发性灾害事故救援工作等职责，并规定工商、税务、环卫、园林等职能部门应当配合公安巡察部门的综合执法试点工作。在宁波，市人大常委会《关于在本市海曙区试行巡警综合执法的决定》也有类似的

---

① 《广州市城市管理监察队暂行规定》（今已失效）第5条规定“城监队在执法活动中，接受同级人民政府城市管理委员会的协调管理，与专业行政主管部门分工负责，互相配合”；第12条规定“法律、法规、规章规定专业行政主管部门处罚的，由专业行政主管部门定性处罚，城监队具体负责立案、调查、执行。”“法律、法规、规章没有明确规定专业行政主管部门处罚的，由城监队直接定性处罚。”

② 《广州市城市管理监察队暂行规定》（今已失效）第9条规定：“城监队执行公务的主要权限是：……（十二）经市人民政府主管部门批准，城监队可以接受其他行业专业行政主管部门的委托，查处委托范围内的行政法案件。”第38条规定：“城监大队和本市专业行政主管部门、县城监中队和县专业行政主管部门可以根据本规定制定工作分工和实施细则或办理委托协议，并按隶属关系分别报市、县人民政府主管部门批准执行，报市人民政府法制局备案。”

规定。可见，在《中华人民共和国行政处罚法》规定相对集中行政处罚权以前，一些地方立法已经对城市管理行政执法中如何克服多头执法、重复执法的弊端而开始了体制创新的探索。

1997年国务院在一些省市实施相对集中行政处罚权试点改革以后，经国务院批准，广东的广州、深圳、顺德、珠海、汕头等9个市，以及北京、上海、杭州、天津、长沙、青岛、哈尔滨、郑州、南宁等多个城市开展了城市管理综合执法试点（或称为相对集中行政处罚权试点）。在试点改革的五年间，一些地方率先将比较成功的试点经验予以制度化，相应产生了地方立法，如1997年制定的《广州市城市管理监察条例》，2000年制定的《上海市城市管理综合执法暂行规定》和《长沙市城市管理综合执法试行办法》，2001年制定的《珠海市城市管理相对集中行政处罚权实施办法》《杭州市城市管理相对集中行政处罚权实施办法》和《郑州市城市管理相对集中行政处罚权规定》，2002年制定的《深圳市城市管理行政执法暂行规定》和《汕头市实施城市管理相对集中行政处罚权规定》等。笔者认为，其中，当时的《广州市城市管理监察条例》将城市监察队的执法对象界定为“简单直观、现场可以判断的、不需要作技术鉴定的违法行为”，对于合理界定综合执法的权限范围具有参考价值。

2002年国务院《关于进一步推进相对集中行政处罚权工作的决定》的发布，推动了全国各地关于城市执法体制改革的地方立法发展。2002年以来，不少地方发布了落实中央关于推进城市管理综合执法的政策性文件，并新制定或全面修改了关于城市执法的地方性法规、规章或规范性文件。以广东省为例，2002 ~ 2015年间，广州、中山、深圳、珠海、佛山、惠州、江门、汕头、湛江等城市在这一时期或新制定了城市管理综合执法的法规范文件，或废止了试点改革时期已有的立法而重新制定了新法。而在全国范围，据统计，截至2013年，就相对集中行政处罚权和综合执法方面的规定，上海、浙江等11省（市）制定了地方性法规，北京、天津等34省（市）制定了地方政府规章。[①]

广东一些城市关于城市管理执法体制的专门性立法（现行有效者）见下表：

城市	规范性文件名称	位阶	制定时间	最近修订时间
广州	《广州市城市管理综合执法条例》	地方性法规	2008	2015
中山	《中山市实施相对集中城市管理行政处罚权规定》	其他法规范文件	2011	
深圳	《深圳经济特区城市管理综合执法条例》	经济特区法规	2013	
珠海	《珠海经济特区相对集中行政处罚权条例》	经济特区法规	2015	
佛山	《佛山市实施相对集中行政处罚权暂行规定》	其他法规范文件	2011	
惠州	《惠州市城市管理行政执法规定》	地方政府规章	2015	
江门	《江门市城市管理综合行政执法办法》	其他法规范文件	2011	有效期5年
汕头	《汕头市实施城市管理相对集中行政处罚权规定》	地方政府规章	2002	2011
湛江	《湛江市城市管理行政执法规定》	其他法规范文件	2014	
东莞	《东莞市城市管理综合执法条例》	地方性法规	2019	

（二）全国统一立法和地方立法如何相结合

在实务界，至少从2008年起，人大代表就多次联名向全国人大提出制定城市管理行政执法法、制定城市管理综合执法法或制定城市管理法的议案。对于这些议案，十年来，全国人大及其常委会以及住房和城乡建设部的意见，从2008年认为的全国统一立法难、由各地因地制宜制定地方立法更合适，到近三四年来，认为有必要加强城市管理的法制建设，住房和城乡建设部制定了《城市管理执法办法》并

① 中国法学会，《中国法治建设年度报告（2013）》，2014年6月18日。

组织起草《城市管理综合执法条例（草案）》[①]，可以看出，全国统一立法和地方立法并举，是我国完善城市管理执法法制的必然途径。

问题是，在处理全国统一立法和地方立法的关系上，现阶段应侧重哪一方面？

为此，笔者回顾学者们及一些实务界人士不同时期的相关讨论。

在城市执法体制改革试点期间，有实务界的观点主张，在中央和地方政府职能分工上，经济调控的职能应由中央统一行使，城市管理等方面的职能要考虑下放地方。[②]确实，在初期，城市执法体制的改革以各地探索为主，“城管执法作为几乎所有行政管理和行政执法领域中唯一没有中央部委分管、中央行政管理与地方行政管理脱节的领域，过去这种情况被视为行政管理和行政执法体制改革的一个创新亮点。”[③]

随着城市执法体制改革在2002年逐渐向全国推广，城市管理执法机关没有中央主管机关、城市管理综合执法活动缺乏中央统一的专门性立法作为依据、各地城管机关行政主体资格合法性受到广泛质疑、不少城市的执法机制运转不畅顺等问题日益突出。为此，强调顶层设计和全国统一立法的观点在2002年以后的大约十年间占了主流。不少学者主张，必须制定一部全国统一适用的城市管理综合执法（或相对集中行政处罚权）的专门性立法，明确规范执法主体、职权、责任

---

① 参见：2008年3月14日《十一届全国人大一次会议秘书处关于第十一届全国人民代表大会第一次会议代表提出议案处理意见的报告》，2008年10月28日《全国人民代表大会财政经济委员会关于第十一届全国人民代表大会第一次会议主席团交付审议的代表提出的议案审议结果的报告》，2014年10月27日《全国人大财政经济委员会关于第十二届全国人民代表大会第二次会议主席团交付审议的代表提出的议案审议结果的报告》，2015年10月30日《全国人民代表大会财政经济委员会关于第十二届全国人民代表大会第三次会议主席团交付审议的代表提出的议案审议结果的报告》，2016年11月2日《全国人民代表大会财政经济委员会关于第十二届全国人民代表大会第四次会议主席团交付审议的代表提出的议案审议结果的报告》等。

② 汪永清：“对改革现行行政执法体制的几点思考”，载《中国法学》2000年第1期。

③ 莫于川：“从城市管理走向城市治理：完善城市综合执法体制的路径选择”，载《哈尔滨工业大学学报（社会科学版）》2013年第6期。

等问题。[①]马怀德教授的观点很具代表性。他提出，各地改革探索效果不明显，主要原因是很多问题属于体制问题，难以在基层解决；城管执法缺少必要强制手段和充分的人员、编制、经费、装备作保障，而执法职责范围又近乎是无限的，这一矛盾的解决，应当尽快制定中央层面的《城市管理法》，明确城管执法的主管部门，在立法层面理顺城管执法体制。[②]而张步峰教授、熊文钊教授进而认为，尽管一部统一立法并不能彻底消解城管执法的诸多矛盾和问题，但是没有统一立法则凸显城管执法权限的混乱；专门针对城管综合执法的全国统一立法，重点是有针对性地明确和解决城管执法的范围、体制、协调、执法队伍的法律定位以及综合行政执法行为的规范、责任追究等问题。[③]当然，也有少数的观点主张，既要完善城市综合执法机关组织法，又要针对我国各地情况的差异较大而尽量将地方管理的立法权限下放。[④]

大约从2013年以来，重视和鼓励地方立法探索的观点在学术界升温。莫于川教授等人认为，2008年国务院在《国务院办公厅关于印发住房和城乡建设部主要职责内设机构和人员编制规定的通知》中决定将城市（综合）管理职责和管理体制的决定权交由城市政府，我国城市执法体制改革从此进入地方自主探索阶段；在中央立法一时难以推进之际，通过地方立法先行先试再作推广具有重大现实价值。[⑤]有学者认为，城市综合管理属于地方事权，在中央制定统一的城市综合

---

① 参见宋超："相对集中行政处罚权制度模式的新架构"，载《城市问题》2006年第8期；周奋进："为城市管理立法，破解城市管理执法难"，载《云南行政学院学报》2008年第6期。

② 马怀德："健全综合权威规范的行政执法体制"，载《中国党政干部论坛》2013年第12期。

③ 张步峰、熊文钊："城市管理综合行政执法的现状、问题及对策"，载《中国行政管理》2014年第7期。

④ 参见栗宗祥、路丽娜、韩德利："城市综合执法的立法基础及体系完善"，载《前沿》2011年第7期。

⑤ 参见莫于川，雷振："从城市管理走向城市治理——南京市城市治理条例的理念与制度创新"，载《行政法学研究》2013年第3期。

管理基本法后，应当留有适当的空间由地方性法规来规定当地城市综合管理的具体事项。[①]有学者认为，关于城管执法的一些地方立法，规范内容非常细致，并且带有相当程度的创新性，因此，应详细考察各地城管执法的法规范，尤其是包括其执法权限的分配情况、多元机制的容纳程度、执法程序的规范要求、责任机制的执行效力等。[②]此外，有学者主张在国家层面制定《城市管理法》作为指导，科学理顺城市管理各部门执法的不同依据，改变政府各部门立法分散、城市管理综合执法无所适从的状况；在此基础上，各地政府应该积极推动城市管理综合执法地方性法规、规章的立法工作，规范城市管理综合执法的裁量权范围。[③]

纵观多年来对中央立法和地方立法关系的探讨，笔者认为，不可否认，关于城市管理执法体制的全国性专门立法以及在中央主管机构设置、执法标准等方面的顶层设计是必要的。在国家部委层面设立了城市管理监督局，以及作为部门规章的《城市管理执法办法》制定实施，对全国各地城市管理执法机关的设置及其活动具有统一指导、规范、保障、协调、监督的作用。这确实是任凭各地改革和立法探索都难以做到的全局性问题。目前全国人大和国务院起草并拟制定具有更高法律位阶的城市管理综合执法方面的法律法规，同样是有统领体制改革全局、巩固和推广已有改革经验的意义的。

但另外也要从前文所回顾的城市管理执法的中央立法制定过程可以看到，统一立法要处理的情况复杂、技术难度大，一度令中央立法

① 参见朱仁显、黄雀莺：“城市综合管理的法治化规范化——基于厦门的个案分析”，载《东南学术》2015年第4期。

② 参见刘福元：“城管综合执法的自我管控机制建构——寻求良性执法的多维制度解”，载《理论月刊》2016年第10期。

③ 参见刘素芬：“城市管理综合执法的困局与破解”，载《福建师范大学学报（哲学社会科学版）》2016年第5期。

进展困难。正是广州、深圳、上海、杭州、南京等各地的城市管理立法实践——包括上述统计提到的11省（市）地方性法规、34省（市）地方政府规章，为《城市管理执法办法》的诞生提供了可供参考的素材和应予吸取的教训。诚然，我国地方立法常见的现象是，中央立法颁行后，地方立法几乎照抄上位法，从而令地方立法的价值大打折扣。但各城市差异、地方自主权、当地居民参与、基层执法力量的配置强弱等种种因素，显然使得各地城市执法体制的确立是中央立法无法一竿子插到底统一安排的，如何对城市管理进行因地制宜的制度设计，应当成为地方立法（特别是市一级地方立法）最活跃的主题之一。正因如此，《中华人民共和国立法法》在扩大赋予所有设区的市地方立法权时，城乡建设与管理是明文规定的立法事项。

当下，中央层面的《城市管理执法办法》已制定，正在起草的相关行政法规甚至法律，除了在位阶上而且要在制度设计的内容上如何才能比前者更上一层楼？2015年的《关于深入推进城市执法体制改革改进城市管理工作的指导意见》如何在各地落实，各地的体制改革如何在已有基础上深化？基于此，笔者判断，在处理全国统一立法和地方立法的关系上，现阶段应着力于重视和加强城市执法的地方立法工作及其研究工作；地方立法应体现当地已有的实践探索成果，回应当地民众的社会关切，在城市管理执法机关的组织机构、具体职权范围、规范文明的执法程序等方面作出精细化的规定。

三、广东地方立法中应予具体规定的城市执法议题

新时代要深入推进城市执法体制改革的突破口在于加强地方立法工作，这一论断，不仅是如前文所述的立足于历史和现状的分析基础上，而且从规范分析的角度来看，现行的中央立法《城市管理执法办法》

本身也授权地方立法在执法事项范围、市与区的权限划分等多个方面的事项建章立制，或者作出符合当地实际情况的具体规定。[①]中央立法为地方立法留下较为宽广的授权空间，这也为我们讨论城市执法的地方立法应该具体规定什么内容留下了不少议题。对这些议题，下文从四方面展开论述：

（一）地方立法应明确城市执法的主体及关系

城市执法体制的改革，首先是一个行政组织法的问题，涉及行政职权的转移。在传统的执法体制下，行政主管部门同时履行执法（行政处罚）职责，行业管理权限（包括制定政策、审批许可、日常监督检查等）和执法权限是合一的。即使联合执法亦不例外，参与联合执法的主管部门就其执法行为承担各自相应的责任，并未发生职权转移的问题。而相对集中行使行政处罚权和综合执法体制则不同，涉及城市管理的一些行政主管部门，例如住房城乡建设、环境、工商、交通等，将其全部或一部分执法权划转于城市管理执法部门，从而在行政主管部门与城市管理执法部门之间出现了行业管理权限和执法权限某种程度上的分离[②]——城市管理执法部门行使划转而来的执法权限，而行政主管部门主要行使行业管理权限，以及执法权限中未被划转的那一部分剩余的权限（如有）。在城市管理执法部门内部，为避免省、市、县、镇等多级机关重复执法、多头执法，应当通过法规范的形式，明确执法机关的级别管辖。

于是，在综合执法体制下，在横向上，行政主体之间要处理好两

① 笔者认为，根据《城市管理执法办法》，地方立法应予明确的事项包括：执法事项范围（第11条）、市与区的权限划分（第14条）、派出机构（第15条）、编制确定（第16条）、协管人员的管理机制（第18条）、信息平台与电话服务平台的管理机制（第23条）、部门协作机制（第12条、第35条）等。

② 在21世纪初一些行政管理学的文献中，也有的表述为“决策与执行的分离”。

种关系：执法权限以什么方式划转给城市管理执法部门；行政主管部门与城市管理执法部门的行政协作关系。在纵向上，城市管理执法部门要处理好上下级的执法权限如何分工的关系。由于涉及行政机关的权限分工，上述关系的确定应该具有法律依据，因此这成为法律尤其是地方立法的重要内容。

在城市管理执法权限划转的方式上，我国目前实践中分为两种模式，即行政职权代行模式[①]和行政职权委托模式，过去亦有学者或有法规范文件中称之为授权型集中模式和委托型集中模式[②]。笔者理解，《城市管理执法办法》第 8 条至第 12 条关于执法范围的规定表明，综合执法是该办法所倡导的体制，不过不是强制规定。从地方立法的角度，中央立法在此赋予了地方立法裁量的空间，一个城市仍然可以选择是否建立综合执法体制，以及建立综合执法体制时采用行政职权代行模式还是委托模式。此外，在深圳、武汉、南京等地的城市执法体制地方立法实践中，综合执法部门可以就综合执法范围内的有关事项依法委托给特定区域的管理机构（或称为窗口地区管理机构）开展具体的综合执法工作。可以说，在执法权限的配置上，以行政职权代行作为基本法律关系，以行政委托方式作为补充。对于在什么事项上由综合执法部门向其他管理机构采取行政委托方式、什么管理机构是符合条件的被委托机构等，地方立法目前具有更大的裁量空间。

住房建设、环境、工商等行政主管部门与综合执法部门的良性协

---

① 行政职权代行，参见杨建顺主编：行政法总论（第二版），北京大学出版社2016年版，第78～79页（本章执笔人赵银翠）。本书中，将《行政处罚法》第16条的规定即认定为行政职权代行的情形。

② 参见宋超："相对集中行政处罚权制度模式的新架构"，载《城市问题》2006 年第8期。在法规范文件中，"授权"与"委托"并称的，例如1996年修改的《广州市城市管理监察条例》（今已失效）第4条，1996年修改的《城建监察规定》（今已失效）第3条，1999年《广州市人民政府关于推进城市管理综合执法试点工作的决定》第六条。

作，是改革后的城市执法体制运行顺畅的关键。而《城市管理执法办法》及中央相关的政策性文件对于这样的行政协助机制只是作出了原则性规定，如执法信息互通共享机制、行政主管部门和综合执法部门之间的双向移送案件机制等[①]。金国坤教授主张，只有借助行政程序立法将协助义务法定化，才能使部门间的这种协助变成常态，具有制度保障。而我国尚未有全国统一的行政程序立法。[②]笔者认为，行政主管部门和综合执法部门之间的行政协助机制，必须通过地方立法予以具体规定和落实健全，因为行政协助的制度设计受制于一个地方的综合执法改革广度深度、电子政府平台建设水平、政府内部组织结构等因素，只可因地制宜，目前难以依赖中央立法统一规定。

至于城市管理执法机关内部层级的合理分工问题，自 2002 年城市执法体制改革在全国范围内开展以来，从层级上看，理顺市、区两级的管理体制一直是这场改革的重点；2015 年中央进一步提出下移执法重心，执法工作逐步向乡镇延伸。因此，在综合执法机关内部层级分工上，可以存在市级执法、区级执法、街镇执法等三种级别管辖模式。尽管《城市管理执法办法》第 14 条及上述 2015 年《指导意见》倡导区级执法，但各个城市显然仍有较大的立法裁量空间。在地方立法中选择合理的级别管辖模式，需要与当地城市化进程、与当地基层执法力量配置（编制、经费、设备）等客观条件相适应。目前，多数城市实行区级执法，区综合执法部门是主要的执法主体。不过在深圳、天津等城市，街道综合执法队的法律地位已超越区执法部门之协助者，而成为具体处理违法行为的执法主体。[③]这些都体现了地方立法的能

① 参见《城市管理执法办法》第35条、第37条。

② 金国坤："行政执法机关间协调配合机制研究"，载《行政法学研究》2016年第5期。

③ 参见《深圳市人民政府关于全面推进街道综合执法工作的决定》《深圳经济特区城市管理综合执法条例》第12条；参见《天津市街道综合执法暂行办法》（地方政府规章）。

动性。

（二）地方立法应确定城市综合执法的职权范围

城市综合执法的具体范围，是城市执法体制改革的重要问题，也是地方立法裁量空间较大的问题。2017 年有学者考察了 17 个城市关于城市管理综合执法的规范性文件，其结论是，在当时“7+X”模式下，各地除了将上位法的 7 个领域全部纳入执法职权范围外，在其他执法领域（即“X”），则表现出较强的地方差异性，17 部规范性文件涉及的“其他执法领域”多达 10 个，分布十分分散。[①] 各地立法对城市管理综合执法职权范围规定的多样性，既体现了地方立法的灵活性，但各地实践中，综合执法体制普遍面临职权无序扩张的问题也相当突出。城管行使行政处罚权的事项已由初期的市容环境卫生扩展到众多领域的事项，一些城市甚至将一些毫不相关的行政处罚权捆绑集中。城管职权的无序扩张，造成城管不同职能之间关联度降低、城管与其他专业执法部门的执法协调难度大、执法成本增加、执法效果降低、执法人员要熟悉多领域相关法规的难度过大等诸多问题，违背了综合执法体制旨在提高管理效益的初衷。

从中央立法和政策的层面看，如前文历史沿革部分所述，2000 年《国务院办公厅关于继续做好相对集中行政处罚权试点工作的通知》（以下简称《通知》）确定的“7+X”模式沿用了多年，其中“X”是指省级政府决定的城市管理领域的其他行政处罚权，这一兜底条款成为赋予地方立法裁量和行政裁量的授权条款。而 2015 年《中共中央 国务院关于深入推进城市执法体制改革改进城市管理工作的指导意见》（以下简称《意见》）将综合执法的具体范围确定为住房城乡

---

① 刘福元：“城管事权的法理构筑——从相对集中处罚权到大城管立法”，载《法学论坛》2017年第3期。

建设、环境保护管理、工商管理、交通管理、水务管理、食品药品监管等六方面的全部或部分行政处罚权。由于“大部制改革”以来住房城乡建设已经涵盖了以前“7+X”中的市容环境卫生管理、规划管理、城市绿化管理、市政管理等四方面，所以 2015 年《意见》中综合执法的职权范围实际上比 2000 年《通知》的范围扩大了，“6+X”模式取代了“7+X”。此外 2015 年《意见》也保留了兜底条款[①]。这一关于综合执法职权范围的政策意见基本被《城市管理执法办法》法定化。[②]

面对实践中管理的“7+X”模式下出现的城管职权无序扩张、执法队伍负担过大的问题，学术界反思并提出确定综合执法职权范围的标准。有学者提出专业性的标准，认为综合执法应当限于城市日常管理中专业性不强的事项，而不应将专业性很强的事项纳入城管综合行政执法的范围内[③]。有学者提出“同一性”原则，认为具有“同一性”的处罚权完全转移到一个行政执法机关[④]。有学者提出“适当集中”原则，认为应围绕核心事务整合职能，例如城市管理领域的相对集中行政处罚权制度应以市容环境卫生为原点进行权限整合，向城市运行管理的其他子系统，进而向城市建设、城市规划领域延伸；而且，专业执法仍是主流，综合行政执法改革实际上是对专业执法的强化或者补充；相对集中行政处罚权的内容应主要集中在日常的、案情简单、能直接判断不需要进行更进一步技术检查或技术鉴定的、大量存在

① 《中共中央 国务院关于深入推进城市执法体制改革改进城市管理工作的指导意见》第（七）点：“上述范围以外需要集中行使的具体行政处罚权及相应的行政强制权，由市、县政府报所在省、自治区政府审批，直辖市政府可以自行确定。”

② 《城市管理执法办法》第8条。

③ 马怀德、车克欣：“北京市城管综合行政执法的发展困境及解决思路”，载《行政法学研究》2008年第2期。

④ 周奋进：“为城市管理立法，破解城市管理执法难"，载《云南行政学院学报》2008年第6期。

的违法行为。[①]2015 年《意见》和 2017 年《城市管理执法办法》采纳了学术界的观点，规定需要集中行使城市管理执法权的事项应同时具备的条件：（1）与城市管理密切相关；（2）与群众生产生活密切相关、多头执法扰民问题突出；（3）执法频率高、专业技术要求适宜；（4）确实需要集中行使的。[②]

笔者认为，《城市管理执法办法》所规定的用于确定综合执法职权范围的标准，固然有利于限制地方立法及省级政府过大的裁量权，另外，上述标准使用了大量不确定法律概念，这些不确定法律概念的解释仍然赋予了地方立法以裁量空间；尤其是“与群众生产生活密切相关”“确实需要集中行使”等概念的解释，也只有通过一个城市的地方立法者结合当地居民生产生活情况、违法行为分布特点、执法队伍专业装备的配备等因素，考量在地方立法中是否将某些特定事项纳入综合执法范围，中央立法无法越俎代庖。

因此，确定城市综合执法的职权范围，最终还是要交由各地的地方立法。而如何规范地方立法，防止行政主管部门出于利益考虑将“脏活累活”的执法事项抛给城管部门，而城管部门只能被动接受的乱象，与其靠中央立法作出实体性规定，不如靠程序性的规定规制地方立法者，使之符合立法民主性、科学性要求。笔者赞同杨建顺教授、王敬波教授等主张的观点，综合执法机构与相关机关之间进行职能划转应遵循科学论证等法定程序，实践中可以采用行政机关提出、政府确定草案、组织社会听证、听取专家论证、确定正式方案、报批、公布等方式和程序。[③]

① 参见王敬波：“相对集中行政处罚权改革研究”，载《中国法学》2015年第4期。

② 《城市管理执法办法》第9条。

③ 参见杨建顺：行政强制法18讲，中国法制出版社2011年版，第139～141页，第262页；王敬波：“相对集中行政处罚权改革研究”，载《中国法学》2015年第4期。

（三）地方立法应规范城市执法的程序

文明执法的重要性，自不待言。自从改革中城市管理综合执法的队伍设立以来，城管执法人员的暴力执法问题多年来一直是社会公众和法学界关注的焦点问题。要消除暴力执法、实现文明执法，除了要提高城管执法人员的素质和法治观念，另一个重要的因素是规范城市管理的执法程序。用行政程序规范和约束权力的行使，既可以防止执法人员滥用权力侵害公民合法权利，也可以减低城管执法行为本身的法律风险。

我国尚无全国统一的行政程序法，关于行政程序的规定散见于《中华人民共和国行政处罚法》《中华人民共和国行政许可法》《中华人民共和国行政强制法》等行为法中，以及一些部门行政法中。关于城市管理执法的行政程序，可以适用的法律渊源，除了《中华人民共和国行政处罚法》中关于简易程序、一般程序、听证程序和《中华人民共和国行政强制法》关于强制措施实施程序等一般规定外，还应当适用《城市管理执法办法》中关于执法规范的专门规定。而《城市管理执法办法》规定了执法的正当程序原则、比例原则，规定了执法记录、法制审核、执法信息公开等制度[①]，虽然意义重要，但行政程序的精细化程度仍有待加强。

根据《中华人民共和国行政强制法》第 10 条， 尚未制定法律、行政法规且属于地方性事务的，地方性法规可以设定查封、扣押的行政强制措施。地方立法应当结合本地城市管理的特点设定具体的查封、扣押措施并完善这些措施的实施程序；而且由于行政强制法对设定强制措施的法规范位阶有严格要求，地方设定查封、扣押措施的立

---

① 分别参见《城市管理执法办法》第25条、第26条、第28条、第31条、第34条。

法仅限于地方性法规，这是地方政府规章、其他法规范文件所不能代替的。例如，在执法原则上，深圳的立法规定了执法操作规范向社会公布[①]，成都的立法规定了执法活动公开和市民有权用镜头记录执法[②]，深圳、南京、上海等地的立法细化了行政执法遵循比例原则的内容[③]，上海、南京、成都等地的立法规定了优先采用说服教育、劝导示范、行政指导、告诫、疏导等非强制性执法手段（所谓“柔性执法”）[④]，上海、珠海等地的立法规定了执法过程中收集证据的规范并明确了非法证据不能作为定案根据[⑤]等。在采取强制措施的对象行为上，一些地方的立法规定了针对城市管理特点而可采用查封、扣押措施的具体对象，比如，广州的立法规定了对非法建设工程可以采取查封施工现场、查封扣押施工工具的措施，对占用重要公共场所设摊经营、兜售物品的可以采取扣押工具和所售物品的措施，对违法张贴宣传品的采取扣押工具和宣传品的措施[⑥]；珠海的立法规定了可以扣押违法经营相对人的经营工具和物品的具体情形，规定了可以对违法建筑者或违法进行室内装修装饰行为人采取的具体措施[⑦]；长沙的立法规定了对违法停车可采取锁定机动车车轮的措施，规定了非法运输流体物品造成污染者可以采取暂扣车辆的措施。[⑧]在查封、扣押物的

① 《深圳经济特区城市管理综合执法条例》第19条。

② 《成都市城市管理综合行政执法条例》第23条规定：“城市管理综合行政执法部门应当运用执法记录仪、视频监控等方式，实现执法活动全过程记录。”“城市管理综合行政执法工作应当自觉接受社会监督。在不影响正常执法的情况下，市民有权对执法活动录音录像。”

③ 《深圳经济特区城市管理综合执法条例》第26条、《上海市城市管理行政执法条例》第18条、《南京市城市治理条例》第72条。

④ 《上海市城市管理行政执法条例》第18条、《南京市城市治理条例》第72条、《成都市城市管理综合行政执法条例》第18条。

⑤ 《上海市城市管理行政执法条例》第20条、《珠海经济特区相对集中行政处罚权条例》第16条。

⑥ 《广州市城市管理综合执法条例》第22条。

⑦ 《珠海经济特区相对集中行政处罚权条例》第20条、第24条。

⑧ 《长沙市城市管理条例》第35条。

处理程序上，深圳、上海等地的立法都有比《中华人民共和国行政强制法》更为详细的规定[①]，而对于城市执法中经常遇到的弃留物处理问题，上海、浙江等地的立法都有专门的处理程序规定。[②]已有的地方立法成果表明，地方立法在规范城市执法程序方面大有可为空间。

城市管理，在当代更多是城市居民对当地事务的自我治理。《中共中央 国务院关于深入推进城市执法体制改革改进城市管理工作的指导意见》中提出“推动城市管理走向城市治理”。《南京市城市治理条例》规定，城市治理是指为了促进城市和谐和可持续发展，增进公众利益，实行政府主导、公众参与，依法对城市各项公共事务和秩序进行综合服务和管理的活动；城市管理是城市治理的基础性内容。[③]有学者认为，要突破城市管理中诸如摊贩管理暴力冲突的困境，公众参与行政决策能够从根源上调和执法中的“法与俗”的冲突。[④]有学者则认为，信息不对称是妨碍公众参与的障碍，加强信息公开、拓宽公开渠道、提高公开水平则可以填补城市管理过程中最大的短板。[⑤]可见，公众参与以及政府信息公开的程序，应当是地方立法者在完善城市执法程序中重点建构的程序之一。在这方面，南京等地方的立法已在探索如何落实公众参与城市执法的机制。《南京市城市治理条例》规定了公众参与城市治理的多种方式，规定了政府的信息公开义务，规定了政府通过购买服务推进公共服务社会化，还具体规定事业单位、

① 参见《深圳经济特区城市管理综合执法条例》第28条至第30条，《上海市城市管理行政执法条例》第22条。

② 《上海市城市管理行政执法条例》第23条、《浙江省城市管理相对集中行政处罚权条例》第18条。

③ 参见《南京市城市治理条例》第2条。

④ 参见张英民：“立法调整、执法改革抑或公众参与？——突破摊贩管理暴力困境的核心思路辨析”，载《行政法学研究》2012年第2期。

⑤ 参见刘雁鹏：“城市管理法治化的初阶、反思与进阶”，载《学术交流》2017年第11期。

企业、行业协会、志愿者组织、中介组织、社区、新闻媒体等不同治理主体参与城市治理的具体方式。地方立法在建构公众参与机制方面发挥了目前中央立法未能发挥的作用。

（四）地方立法应健全城市执法的监督机制和责任机制

综合执法，意味着执法权力的相对集中。权力的集中必然意味着容易滋生专断和腐败。因此，通过健全监督机制和责任机制，为行政相对人提供充分的权利救济途径，是十分重要的。2002 年《国务院关于进一步推进相对集中行政处罚权工作的决定》中要求对集中行使行政处罚权的行政机关加强监督管理，“推行执法责任制和评议考核制”；2015 年《中共中央　国务院关于深入推进城市执法体制改革改进城市管理工作的指导意见》提出完善监督机制，并从强化外部监督机制和内部监督机制两方面提出要求。[①] 不过除了上述政策性文件外，在中央规范性文件的层面，关于城市管理执法监督的专门规定，实际上只有 2017 年制定的《城市管理执法办法》第 38 条关于向社会公开监督方式的规定。马怀德教授曾认为，要实现执法机关的公正规范执法，就须解决执法中的权责关系问题，明确执法机关渎职应该承担什么样的责任，建立及时有效的监督保障机制，但目前中央立法还是比较抽象、笼统的。[②] 可见，关于城市执法的监督机制和责任机制，中央立法的规定还不足以铸造管好权力的“笼子”，这就要求地方立法具体规定城市管理执法机关的权责范围，细化对其监督机制的规定。

在行政相对人的各种权利救济机制中，关于监督行政机关公务

① 《中共中央 国务院关于深入推进城市执法体制改革改进城市管理工作的指导意见》第（十六）条：完善监督机制。强化外部监督机制，畅通群众监督渠道、行政复议渠道，城市管理部门和执法人员要主动接受法律监督、行政监督、社会监督。强化内部监督机制，全面落实行政执法责任制，加强城市管理部门内部流程控制，健全责任追究机制、纠错问责机制。强化执法监督工作，坚决排除对执法活动的违规人为干预，防止和克服各种保护主义。

② 马怀德：“健全综合权威规范的行政执法体制”，载《中国党政干部论坛》2013年第12期。

活动的一般机制，已有《中华人民共和国行政诉讼法》《中华人民共和国行政复议法》《中华人民共和国监察法》等全国性法律予以规定。因此，地方立法要探索完善的关于城市执法监督的专门机制，主要是行政诉讼、行政复议、监察以外的监督机制。目前，各地的地方立法普遍规定，实行行政执法责任制和评议考核制，设立工作督察机构对城市执法进行监督检查。这样的规定，一定程度上具有授权有关主管部门（例如法制部门、人事部门）制定具体评议考核内容的规范的意义，但从制度的明确性和“高位协调”的实效意义来看，作为地方立法机关的市人大和市政府应当在其制定的法规、规章中，适当规定具体的监督机制，防止监督责任的虚化。

在地方立法规定的监督机制中，较多地方立法规定了执法机关应向社会公开职责范围、执法主体、执法依据、执法程序、处罚标准、监督途径等[①]，以及规定了行政主管部门和城市管理执法部门之间的书面建议和提请政府纠正的机制[②]。有的监督机制则是个别地方立法的规定，具有先行探索的意义。例如，广州、江门的地方立法中规定了接受检举控告机关的答复期限[③]；深圳、上海的地方立法规定了综合执法的公众评议制度[④]，与此类似，天津的地方立法将公众监督和

① 《广州市城市管理综合执法条例》第39条、《深圳经济特区城市管理综合执法条例》第48条、《上海市城市管理行政执法条例》第37条、《浙江省城市管理相对集中行政处罚权条例》第24条、《四川省城市管理综合行政执法条例》第31条、《长沙市城市管理条例》第41条、《南京市城市治理条例》第80条等。

② 《广州市城市管理综合执法条例》第41条、《深圳经济特区城市管理综合执法条例》第50条、《惠州市城市管理行政执法规定》第37条、第38条，《江门市城市管理综合行政执法办法》第53条、《浙江省城市管理相对集中行政处罚权条例》第27条、《天津市城市管理相对集中行政处罚权规定》第13条、《四川省城市管理综合行政执法条例》第30条、《南宁市城市管理相对集中行政处罚实施办法》第23条等。

③ 《广州市城市管理综合执法条例》第39条、《江门市城市管理综合行政执法办法》第51条。

④ 《深圳经济特区城市管理综合执法条例》第52条、《上海市城市管理行政执法条例》第38条。

信息化手段相结合，规定了区县人民政府应当建立行政执法监督平台，街道办事处和区县行政执法部门应当及时将行政执法检查记录及对违法行为的处理结果上传到行政执法监督平台[①]；成都的地方立法规定了违法案例通报和研究分析机制[②]；南京的地方立法规定了政府应当向人大报告城市治理实施情况[③]。这些机制值得研究并在有条件的地方推广。

四、澳门的特别行政区立法：以组织法与行为法相结合的方式规制城市执法权

根据澳门特区第 13/2009 号法律《关于订定内部规范的法律制度》第 4 条规定，澳门特区自行制定的规范性文件主要包括以下类型：立法会的法律；行政长官的独立行政法规；行政长官的补充性行政法规。此外，根据《澳门基本法》第 8 条，澳门原有的法律、法令、行政法规和其他规范性文件，除同本法相抵触或经澳门特别行政区的立法机关或其他有关机关依照法定程序作出修改者外，予以保留。

具体到城市管理执法领域，澳门的立法呈现出以行政组织法与行政行为法相结合的方式规制执法权的特点。

在组织法方面，澳门城市管理执法的主管部门主要是市政署，其组织法依据是第 9/2018 号法律《设立市政署》和第 25/2018 号行政法规《市政署的组织及运作》，此外，在城市管理中分工合作的各个政府部门通常都有其组织法规定了该部门在城市管理中所具有的职权，例如第 3/2008 号行政法规《交通事务局的组织及运作》、第 34/2018

① 《天津市街道综合执法暂行办法》第31条。

② 《成都市城市管理综合行政执法条例》第43条。

③ 《南京市城市治理条例》第76条

号行政法规《治安警察局的组织及运作》等。

在行政行为法方面，澳门城市管理执法的主要法律依据是第28/2004号行政法规《公共地方总规章》及其《违法行为清单》（第106/2005号行政长官批示）。《公共地方总规章》规定了在公共卫生、环境及生活质素方面、占用公共地方及于公共地方经营方面市民所具有的义务，并相应规定市政署等主管部门对市民遵守义务状况的监察权（即检查权）、处罚权和行政强制权，规定了主管部门的处罚程序。除了该行政法规外，第3/2007号法律《道路交通法》、第12/2013号法律《城市规划法》、第8/2014号法律《预防和控制环境噪声》、第4/2016号法律《动物保护法》等涉及城市管理执法的法律，也含有赋予和规范相关主管部门行使具体事项的行政执法权的规定。在一般层面上，市政署等部门作为行政机关，在实施行政行为时，跟所有的行政机关一样，还受到澳门《行政程序法典》的规制。

从行政法的原理来看，行政组织法、行政行为法甚至行政程序法相结合，才能构成对行政权实现完整的法律规制，确保其依法行政。

第二节　民商事惯例在城市执法中的法源地位[①]

一、问题的提出

要讨论民商事惯例在城市执法中的法源地位，必须运用行政法的基本原理，从一个更宏观的视角去考察这个问题。

《中华人民共和国反不正当竞争法》第2条规定，经营者在生产经营活动中，应当遵守法律和商业道德。关于“公认的商业道德”在

---

① 本节在前期研究成果的基础上修改而成。该前期研究成果是，胡雯姬、黄硕：“论民商事惯例在行政执法中的法源地位”。

民事司法中能否作为法律渊源予以适用，近年来已成为法学界讨论的一个热点问题。[①] 从法律渊源的角度所讨论的公认的商业道德，属于民商事惯例的范畴。从我国目前司法实践情况来看，民商事惯例已经具有司法适用的空间。另外，一些行政法学者倡导日益重视所谓“软法”的作用，用“软法”规范行政机关的行政行为，推进法治政府建设。[②] 民商事惯例属于所界定的“软法”的范围内，那么，由此推导出的一个问题是：行政机关在执法过程中，发现行政相对人违反商业道德等民商事习惯的，能否对其作出行政处罚？行政机关如果作出行政处罚决定，能否适用民商事惯例作为其执法依据？

二、“惯例”及相关概念的界定

从部门法的视角看，法律意义上的“惯例”，可以分为宪法惯例、行政惯例、民商事惯例。宪法惯例跟本章讨论行政执法的问题关系不大，而在讨论民商事惯例在行政执法中的法源地位时将会涉及行政惯例的法源地位问题，因此下文仅分别讨论民商事惯例和行政惯例。

（一）我国立法对惯例的界定

关于民商事惯例，在我国法律位阶的文本中，用语有“习惯”[③]“交易习惯”[④]“风俗习惯”[⑤]“国际惯例”[⑥]“商业惯例”[⑦]等。其中，

---

① 参见董笃笃：“互联网领域‘公认的商业道德’的司法适用”，载《重庆邮电大学学报（社会科学版）》2016年第5期。

② 参见姜明安：“软法在推进国家治理现代化中的作用”，载《求是学刊》2014年第5期。

③ 例如《中华人民共和国民法总则》第10条、第142条，《物权法》第83条、第85条。

④ 例如《合同法》第22条、第26条、第60条、第61条、第92条、第125条、第136条、第293条、第368条；《物权法》第116条；《中华人民共和国民法总则》第140条。

⑤ 例如《宪法》第4条，《民族区域自治法》第10条，《人民警察法》第20条，《消费者权益保护法》第14条等。

⑥ 例如《民法通则》第142条、第150条，《民用航空法》第184条、第190条，《票据法》第95条等。

⑦ 例如《消费者权益保护法》第22条。

改革开放初期的立法主要规定“可以适用国际惯例”，直到《中华人民共和国合同法》制定后民商事习惯才逐渐得到法院的尊重和认可。有学者在统计我国法律、行政法规对民商事习惯作出规定的条文后认为，1998年以来呈现新的发展趋势是，我国当代的制定法不仅在涉及国内少数民族和对外关系的问题上，而且在国内民商事法律关系的调整上开始重视习惯，习惯在当下的立法模式下作为一种补充性法源而存在。[①] 而2017年通过的《中华人民共和国民法总则》（以下简称《民法总则》）第10条规定了“处理民事纠纷，应当依照法律；法律没有规定的，可以适用习惯，但是不得违背公序良俗”，被有的学者认为这是直接确认了习惯法为我国民法的法源，为人民法院适用民商事习惯提供了更明确的法律根据。[②] 在作为行政机关主管部门执法依据的部门规章中，有些规定涉及民商事惯例的（以原国家工商行政管理总局制定的规章居多），其内容主要是将民商事惯例作为认定案件事实或认定行政相对人是否具备了违法构成要件的考虑因素[③]，未直接规定违反民商事惯例的行为应科以行政处罚。

---

① 张哲、张宏扬：“当代中国法律、行政法规中的习惯——基于‘为生活立法’的思考”，载《清华法学》2012年第2期。

② 高其才：“论人民法院对民事习惯法的适用”，载《政法论丛》2018年第5期。

③ 例如，原国家工商总局2010年制定的《工商行政管理机关禁止滥用市场支配地位行为的规定》第6条规定：“禁止具有市场支配地位的经营者没有正当理由搭售商品，或者在交易时附加其他不合理的交易条件：（一）违背交易惯例、消费习惯等或者无视商品的功能，将不同商品强制捆绑销售或者组合销售……”笔者认为是否违背交易惯例、消费习惯是认定经营者“有无正当理由搭售商品”的因素之一，旨在为“有无正当理由”这一不确定法律概念提供解释。

海关总署2013年制定的《中华人民共和国海关审定进出口货物完税价格办法》第18条的规定中，是否符合一般商业惯例，成为是否认定“特殊关系未对进口货物的成交价格产生影响”的考虑因素。

原国家工商总局2015年制定的《关于禁止滥用知识产权排除、限制竞争行为的规定》第9条“具有市场支配地位的经营者没有正当理由，不得在行使知识产权的过程中，实施同时符合下列条件的搭售行为，排除、限制竞争：（一）违背交易惯例、消费习惯等或者无视商品的功能，将不同商品强制捆绑销售或者组合销售……”，第16条“分析认定经营者行使知识产权的行为对竞争的影响，应当考虑下列因素……（四）产业惯例与产业的发展阶段……”，道理亦同。

关于行政惯例（或行政案例、行政执法案例），我国法律、行政法规未作明文规定，部门规章中对其规定仅有1例[①]，此外一些政策性文件中要求各级行政机关加强和完善行政执法案例指导的制度建设。[②]

关于道德，有学者提出“商业惯例是从商业道德中衍生出的竞争行为评价工具”[③]。可以认为，鉴于“道德”这一概念的高度抽象性，惯例是认定道德的具体内容的重要载体之一（但由于道德具有正面的价值指向而惯例则无，因此并非所有惯例都是合乎道德的），在民商事法领域中一定程度上“惯例”和“道德”是互为表里的关联概念。在民商事法领域中，道德有特定含义，区别于个人品德和社会公德，我国法律、行政法规、部门规章的文本中在此意义上所规定的“道德”主要有“职业道德”“商业道德”等表述。①关于职业道德，在法律、行政法规层面，主要规定的是要求公职人员（公务员、法官、检察官、教师、检验鉴定人员、公证员等）遵守职业道德[④]，以及规定特定行业的专业人员（例如律师、执业医师、专利代理师、会计、导游、基金管理人与托管人等）须遵守职业道德[⑤]。从行政法律关系而言，政府与公职人员的关系是具有内部性质的特别行政法律关系，政府对特定行业的专业人员的管理则是具有外部性质的一般行政法律关系，而

① 交通运输部2014年12月制定的《邮政行政执法监督办法》第18条：“实行行政执法案例指导制度。国务院邮政管理部门法制工作机构应当定期组织发布具有典型性或者指导意义的案例，为完善裁量基准和指导行政执法提供参照。”

② 例如中央宣传部、司法部、全国普法办2014年《关于认真学习贯彻落实党的十八届四中全会精神深入开展法治宣传教育的意见》，国务院办公厅2018年《关于全面推行行政执法公示制度执法全过程记录制度重大执法决定法制审核制度的指导意见》等。

③ 蒋舸：“竞争行为正当性评价中的商业惯例因素”，载《法学评论》2019年第2期。

④ 例如《公务员法》《教师法》《高等教育法》《法官法》《检察官法》《食品安全法》《职业病防治法》《招标投标法》《公证法》相关规定等。

⑤ 例如《律师法》第3条、《执业医师法》第3条和第22条、《会计法》第39条、《旅游法》第41条、《证券投资基金法》第9条、《母婴保健法》第34条，《专利代理条例》第4条等。

法律、行政法规并未规定专业人员单纯违反职业道德（不含违反已转化为具体的法律规范的那部分职业道德，后者已构成违法）应科以的行政处罚，像《中华人民共和国律师法》等法律仅授权律师协会制定行业规范、惩戒规则并对违反职业道德者实施惩戒[①]。在一些相应的部门规章中，亦仅规定具有良好的职业道德、无不良记录构成某些行业中特定职位的申请或持续任职条件[②]，有的则规定行业组织要加强对其成员组织或个人的职业道德教育，但未规定对单纯违反职业道德者的罚则。②关于商业道德，目前我国法律、行政法规、部门规章对其规定的显著特点是，绝大多数在本法规范文件的总则中作为一般条款规定经营者（或特定行业的经营者）应当遵守商业道德[③]，而且在法规范文件的“法律责任”（或“罚则”）部分未规定违反该一般条款所应承担的行政责任。包括前述《反不正当竞争法》第 2 条亦有此特点。

（二）我国法院在司法判决和司法解释中对惯例的认定

关于民商事惯例，最高人民法院在 2009 年关于适用《中华人民共和国合同法》的司法解释中已对“交易习惯”作出定义[④]。根据该定义，交易习惯不得违反法律、行政法规的强制性规定，是经常使用且相关当事人知道（或应当知道）的做法；该司法解释中规定提出主

① 《律师法》第23条、第46条。

② 例如《中国银监会外资银行行政许可事项实施办法》（2018）第130条和第131条关于申请担任外资银行董事、高级管理人员和首席代表的条件，《高等学校学术委员会规程》第12条关于高校学术委员会委员免职的情形。

③ 例如《中华人民共和国民法总则》第86条，《反不正当竞争法》第2条，《公司法》第5条，《合伙企业法》第7条，《网络安全法》第9条，《农民专业合作社法》第8条，《电子商务法》第5条；《电信条例》第4条，《个体工商户条例》第5条；《零售商促销行为管理办法》第4条，《网络交易管理办法》第4条，《证券期货经营机构及其工作人员廉洁从业规定》第2条，等等。

④ 《最高人民法院关于适用〈中华人民共和国合同法〉若干问题的解释（二）》（法释〔2009〕5号）第7条。

张的一方当事人对于交易习惯承担举证责任，表明交易习惯是当事人主张的一种事实，而不是法院直接可以适用的法律依据。2018 年最高人民法院以指导意见的形式，进一步明确，交易惯例、民间规约、职业伦理可以作为论据用以论证裁判理由。①

在具体案件的司法判决中，民事诉讼和行政诉讼中都存在运用民商事惯例的案例。先看民事诉讼方面，有学者在上百个案件的实证研究的基础上提出，实务中我国法院积极援引商事习惯判案，在规则确定过程中，法院借助商事习惯解释法律、解释和补充合同及解释公司章程，实现了将商事习惯引入规则的结果。② 从最高人民法院发布的一些民事诉讼典型案例中可以看出，运用民商事惯例的案件不少涉及知识产权、网络交易等专业性强的领域，法院在相关判决中把民商事惯例作为认定案件事实的考量因素。③ 再看行政诉讼方面，在一些案件中，法院引用商业惯例作为认定事实的依据，据此审查行政机关作

① 最高人民法院《关于加强和规范裁判文书释法说理的指导意见》（法发〔2018〕10号）第13条：除依据法律法规、司法解释的规定外，法官可以运用下列论据论证裁判理由，以提高裁判结论的正当性和可接受性：最高人民法院发布的指导性案例；最高人民法院发布的非司法解释类审判业务规范性文件；公理、情理、经验法则、交易惯例、民间规约、职业伦理；立法说明等立法材料；采取历史、体系、比较等法律解释方法时使用的材料；法理及通行学术观点；与法律、司法解释等规范性法律文件不相冲突的其他论据。

② 陈彦晶："商事习惯之司法功能"，载《清华法学》2018年第1期。

③ 例如在漳州市宏宁家化有限公司与漳州片仔癀药业股份有限公司侵犯商标专用权纠纷案〔（2009）民申字第1310号〕中，最高人民法院参考商业惯例等因素来判断被告标注原告商标的行为是否属于善意，最终认定被告的行为足以造成商品来源混淆、构成侵权；又如，在"中国铁路物资沈阳有限公司与天津市长芦盐业总公司买卖合同纠纷案"〔（2015）民二终字第335号〕中，最高人民法院第二巡回法庭结合合同缔结、合同履行、交易模式、交易惯例等各种因素认定表见代理的事实，从而否定原告要求被告支付货款的主张；再如，在"孙利娟诉快尚时装（广州）有限公司、广州优岸美致时装有限公司侵犯著作权纠纷案"〔（2015）粤知法著民终字第177号〕中，广州知识产权法院在考察服装设计领域行业惯例和生活常理的基础上，认定在服装上使用他人美术作品时表明作者身份并不存在客观限制，也不会破坏服装图案的整体美感，且在服装上标注插画师姓名的事例屡见不鲜，从而认定被告侵犯了原告的署名权。

出的行政决定是否事实清楚、证据充分、合法有效。[①]

关于行政惯例，最高人民法院未发布专门的司法解释，涉及行政惯例的案件仅见于行政诉讼。以“广州德发房产建设有限公司诉广州市地方税务局第一稽查局税务处理决定案”〔（2015）行提字第13号〕为典型的一些诉讼案件中，最高人民法院认为，法院对于“不违反法律原则和精神的行政惯例应当予以尊重”[②]，并表明行政惯例的合法性应当受到法院的审查，法院有权不予认可并指正违法的行政惯例[③]，由此明确了行政惯例在行政诉讼中具有参考适用的法源地位。在内容上，这些判决书中所引用的行政惯例，涉及由惯例所确定的行政职权的来源[④]、行政行为作出的程序[⑤]、行政协议的签署形式[⑥]等。正如陈新民教授对上述“德发公司案”判决的批判那样，根据“行政职权法定原则”行政机关职权的来源能否由行政惯例所确定是存在合法性质疑的[⑦]，另外，从学理上所界定的“行政惯例”以及我国推行

---

① 例如在“温州市宏福家具制造有限公司诉中华人民共和国国家知识产权局专利复审委员会外观设计专利权无效行政纠纷案”〔北京市高级人民法院（2003）高行终字第61号〕中，一审法院和二审法院都认为，按照一般商业惯例，同一厂家的产品编号应当是一种产品一个编号，因此原告提交的证据足以证明本案第三人的专利产品在申请日之前就已公开销售，被告驳回原告就第三人专利权无效宣告请求的行政决定证据不足、应予撤销。又如“申某某诉中国证券监督管理委员会行政处罚及行政复议决定案”〔（2018）最高法行申1831号〕中，一审法院及最高人民法院都认为，原告的重仓交易行为异常于交易习惯，且原告没有证据证明其采取异常交易行为的合理性，原告行为构成内幕交易行为，被告对原告作出的行政处罚决定并无不当。

② 参见“广州德发房产建设有限公司诉广州市地方税务局第一稽查局税务处理决定案”〔（2015）行提字第13号〕。

③ 参见“刘明祥与黑龙江省哈尔滨市南岗区人民政府行政强制拆除行为行政纠纷再审案”〔（2017）最高法行申1346号〕。

④ “广州德发房产建设有限公司诉广州市地方税务局第一稽查局税务处理决定案”“钟华诉北京市工商行政管理局通州分局行政不作为案”〔（2014）三中行终字第1251号〕。

⑤ “杭州金某印花有限公司诉中华人民共和国上海吴淞海关（以下简称吴淞海关）行政处罚案”〔（2017）最高法行申4273号〕。

⑥ “刘明祥诉黑龙江省哈尔滨市南岗区人民政府强制拆除行为案”〔（2017）最高法行申1346号〕。

⑦ 陈新民：“论行政惯例的适用问题——评最高人民法院‘广州德发房产建设有限公司诉广州市地方税务局第一稽查局税务处理决定案’判决”，载《法学评论》2018年第5期。

行政执法案例指导制度之目的来看，行政惯例适用于规范行政裁量，而目前法院所引用的行政惯例全部未真正涉及行政裁量的问题。

关于商业道德的案件，目前集中在民事诉讼中，其中有影响力的案件全部涉及如何适用《中华人民共和国反不正当竞争法》（以下简称《反不正当竞争法》）第 2 条的问题。法院在判决中阐述了《反不正当竞争法》第 2 条作为一般条款的适用条件、诚实信用原则与公认的商业道德的关系、商业道德的内涵等观点，认为“对于竞争行为尤其是不属于反不正当竞争法第二章列举规定的行为的正当性，应当以该行为是否违反了诚实信用原则和公认的商业道德作为基本判断标准”。[①]

关于职业道德的案件，目前见于行政诉讼中。在涉及特定行业的专业人员违反职业道德的问题上，各地法院的观点都认为，相对人的违反职业道德的行为未达到行政处罚程度（即未达到违法程度）的，行政机关不予处罚，由此引起的民事纠纷通过民事途径予以解决。[②]

（三）我国学者对惯例及相关概念的界定

姜明安教授主张区分“习惯”和“惯例”的概念，认为习惯主要是调整私法关系的法源，惯例则主要是行政法的渊源[③]；而章剑生教授把“惯例”作为民间惯例和行政惯例的上位概念统一表述两者。[④]民商法学者则使用“商习惯法”或“商事惯例”等表述，似无严格区

---

① 参见“山东省食品进出口公司、山东山孚日水有限公司、山东山孚集团有限公司诉青岛圣克达诚贸易有限公司、马达庆不正当竞争纠纷申请再审案”〔（2009）民申字第1065号〕，以及参见本案以后地方法院陆续作出的“北京百度网讯科技有限公司诉青岛奥商网络技术有限公司等不正当竞争纠纷案”〔（2010）鲁民三终字第5–2号〕，“北京极科极客科技有限公司与北京爱奇艺科技有限公司不正当竞争纠纷上诉案”〔（2014）京知民终字第79号〕等判决书。

② 典型的案件可参见“严忠良与浙江省新闻出版广电局等监督法定职责及行政复议上诉案”〔（2017）浙行终10号〕。

③ 姜明安主编：行政法与行政诉讼法（第六版），北京大学出版社、高等教育出版社2015年版，第62～63页。

④ 章剑生：“论‘行政惯例’在现代行政法法源中的地位”，载《政治与法律》2010年第6期。

分两者。进而，在民商事惯例（习惯）内部，有的学者强调“交易习惯”和“商事习惯”的概念并不等价[①]，另有学者虽承认这两个概念外延不同但认为不必刻意区分两者。[②]

在民事领域，关于习惯法的定义，我国传统的经典定义认为：“习惯法指经有权的国家机关以一定方式认可，赋予其法律规范效力的习惯和惯例。”[③]对民事习惯法（民事惯例）这一定义的争议，主要聚焦于习惯法是否需要经过国家认可，由此分为支持该定义的“国家承认说”和反对之的“确信说”。主张“国家承认说”的学者认为，习惯法＝事实上习惯＋国家强制力，法院的认定和合法性审查、行政机关的授权同样构成国家承认的方式，习惯经过司法实践后会分化为经过司法演化的“习惯法”和作为社会存在的“事实上之惯行”等两种形式。[④]而主张“确信说”的学者认为，习惯法＝事实上习惯＋法的确信，习惯的效力来自一定范围内（并不要求全国范围）人们对这种“普适性规范”的熟悉和信赖，习惯依靠这种信赖力量而成为独立于国家制定的制定法之外的法律，并非基于国家权力而成为法，习惯的存在先于法院判决。[⑤]随着2017年《民法总则》的颁布，相应引出的一个问题是如何理解《民法总则》第10条关于适用习惯的规定，有学者认为第10条使习惯法成为正式法源，为法院直接适用习惯法提供了明确依据。[⑥]上述两种学说的区别对于诉讼实践的影响是，习

① 樊涛：“我国民商事司法中的交易习惯”，载《法律适用》2014年第2期。

② 陈彦晶：“商事习惯之司法功能”，载《清华法学》2018年第1期。

③ 朱景文主编：法理学，中国人民大学出版社2008年版，第329页。

④ 主张“国家承认说”的观点，可参见杨建军：“惯例的法律适用——基于最高人民法院公报案例的考察”，载《法制与社会发展（双月刊）》2009年第2期；杨立新：“网络交易规则研究”，载《甘肃社会科学》2016年第4期。

⑤ 主张“确信说”的观点，可参见罗筱琦：“‘交易习惯’研究”，载《现代法学》2002年第2期；樊涛：“我国民商事司法中的交易习惯”，载《法律适用》2014年第2期；彭诚信：“论〈民法总则〉中习惯的司法适用”，载《法学论坛》2017年第4期。

⑥ 高其才：“论人民法院对民事习惯法的适用”，载《政法论丛》2018年第5期。

惯若未经国家承认则只是一种事实状态，在诉讼中需要当事人举证；习惯若直接是习惯法的，则法院无须当事人举证即可直接适用。

在行政法领域，关于行政惯例的法源地位、效力、适用范围，尽管传统的学说认为大陆法系国家把行政惯例作为法源的情况较少[①]，但随着我国法治政府建设的推进及学者们对行政惯例的探讨日益积累，“承认与适用习惯法在行政法领域已无障碍，只是适用时要考虑法律的界限”。[②]在我国，多数学者认为行政惯例具有非制定法法源（或称不成文法源）的地位，有学者进而认为它是“补充性法源”[③]，亦即承认行政惯例具有规范、基准的实践意义，同时认为法院在诉讼中对于行政惯例只能参考、不能直接依据。[④]行政惯例对行政机关自身及行政相对人具有约束力，对法院则无此约束力，这种约束力来自行政自我规制、平等原则与相对人信赖利益保护原则等。[⑤]行政惯例的适用范围，不少学者认为，它跟裁量基准类似，是一种规制行政裁量权的规范。[⑥]

① 姜明安主编：行政法与行政诉讼法（第六版），北京大学出版社、高等教育出版社2015年版，第63页。

② 杨建顺主编：行政法总论（第二版），北京大学出版社2016年版，第15页。

③ 章剑生：“论‘行政惯例’在现代行政法法源中的地位”，载《政治与法律》2010年第6期。

④ 柳砚涛：“论行政惯例的价值及其制度化路径”，载《当代法学》2013年第5期；柳砚涛：“构建我国行政审判‘参照’惯例制度”，载《中国法学》2017年第3期。

⑤ 参见周佑勇，尹建国：“行政裁量的规范影响因素——以行政惯例与公共政策为中心”，载《湖北社会科学》2008年第7期。

⑥ 陈新民教授对行政惯例的定义即突出它是一种裁量规范：“就行政机关在依据法律行使职权，其中特别涉及裁量权的部分，若行政机关长年对类似案件为一定的裁量，对行政机关与人民，都可以产生一种‘法确性’，基于法律安定性及法治国家之法的预见性（即为法律可预见性），可以要求行政机关今后遇到类似案件，可以期待主管机关作为同样之裁量，此谓行政惯例。”参见陈新民：“论行政惯例的适用问题——评最高人民法院‘广州德发房产建设有限公司诉广州市地方税务局第一稽查局税务处理决定案’判决”，载《法学评论》2018年第5期。类似观点还可参见章志远：“行政惯例如何进入行政裁量过程——对‘钓鱼执法事件’的追问”，载《江苏行政学院学报》2010年第4期；周佑勇：“作为行政自制规范的裁量基准及其效力界定”，载《当代法学》2014年第1期。

（四）小结

综上所述，第一，鉴于我国立法文本上并未严格区分“习惯”与“惯例”，民事习惯亦有用“惯例”作出指称，本章统一用“惯例”作为民商事惯例和行政惯例的上位概念。对民商事惯例内部亦不区分表述民事习惯和商事惯例。且鉴于道德（职业道德、公认的商业道德）与惯例的密切联系①，本章将遵守职业道德（或商业道德）的问题纳入惯例的法源地位中一并考察。

第二，关于民商事惯例（习惯）与习惯法的关系，本书采“国家承认说”。笔者认同的观点是民商事惯例只是一种自治自律的规则形态②，并不当然获得法律效力，只有经过司法机关或行政机关代表国家予以承认后才具有习惯法的地位。这与我国目前缺乏民商事惯例的深入调查、系统汇编的现状是有关系的，民商事惯例通常需要司法机关在“法官造法”的过程中才能认定其内容及其合法性。《民法总则》第 10 条生效后，王利明教授认为“习惯要转化为习惯法，并成为裁判的依据，必须经过合法性判断，即不得违反法律的强制性规定和公序良俗”③，笔者对此的理解是，《民法总则》制定后民商事惯例（习惯）与习惯法仍是不同质的概念，未经过合法性审查的民商事惯例不能直接成为法律渊源。

---

① 有学者认为，习惯与习俗、道德、伦理密切关联，具有鲜明的伦理性，有时人们把习惯称为伦理习惯。参见季金华：“习惯性规则的法治意义”，载《河北法学》2006年第12期。有学者认为，公认的商业道德也称商业惯例，本身就是具有权威性的规则。参见董笃笃：“互联网领域‘公认的商业道德’的司法适用”，载《重庆邮电大学学报（社会科学版）》2016年第5期。最高人民法院王艳芳法官在评析“马达庆与山东省食品公司等不正当竞争纠纷案”的判决时也提出，具体到互联网领域的市场竞争行为，认定其是否具有正当性之标准是该行为是否违背了互联网行业公认的商业道德和商业惯例。参见王艳芳：“〈反不正当竞争法〉在互联网不正当竞争案件中的适用”，载《法律适用》2014年第4期。

② 参见季金华：“习惯性规则的法治意义”，载《河北法学》2006年第12期。

③ 王利明主编：中华人民共和国民法总则详解，中国法制出版社2017年版，第53页。

第三，在我国司法实践中，民商事惯例与行政惯例的司法适用均已不存在障碍。在诉讼中，民商事惯例可以用于解释法律和认定事实；行政惯例经过法院的合法性审查后亦获得法院的尊重。不过关于行政惯例的适用范围，是否限于学理上的规制行政裁量权，法院在现有生效判决中的观点与学者们的理解并不完全吻合。本书从“行政惯例”制度的理论渊源及我国推行行政执法案例指导制度的目的出发，认为行政惯例是在行政裁量范围内所适用的法源。

第四，在我国行政执法机制中，行政惯例作为行政执法的参考依据已无争议。而民商事惯例能否作为行政执法的依据，在日本及我国台湾地区有相关理论①，而我国内地的学者对此的讨论较少②，亦着眼于行政权对民商事惯例的尊重及民商事惯例因此产生对行政权的实质规范作用。对于违反民商事惯例（尤其是违反商业道德）是否应当予以行政处罚，我国内地学者目前缺乏深入探讨，法律实践中也缺乏充分的案例、事例支撑说明这一问题。

因此基于上述法律法规、司法案例及学术文献的回顾结果，笔者聚焦于讨论“行政机关作出行政处罚决定时能否以民商事惯例作为执法依据”。

① 例如，民事习惯在日本只作为行政法的实质渊源而不是形式渊源，公民经长期形成的“习惯性权利”获得行政机关的尊重。参见姜明安主编：行政法与行政诉讼法（第六版），北京大学出版社、高等教育出版社2015年5月版，第62～63页。

② 笔者目前找到的文献中，章剑生教授认为，民间惯例出现在行政过程中，它就具有了规范行政权的功能。参见章剑生：“论‘行政惯例’在现代行政法法源中的地位”，载《政治与法律》2010年第6期。温泽彬博士认为，在行政法中，政府也需要尊重或者考虑民间的习惯，而悖逆惯例的行政行为将引起合法性危机。参见温泽彬：“论行政惯例的背景、价值与现状”，载《政治与法律》2010年第6期。

三、考察行政执法法源的几个视角

接下来笔者拟从以下几个角度考察民商事惯例能否成为行政执法法源的问题。

（一）侵益行政行为的法律保留原则

“行政执法”的词义有外延各不相同的多种定义[①]，其中最狭义的是限于指称行政机关实施行政处罚、行政强制、行政调查的行为，实务中在城市管理等领域的行政执法即专指行政处罚及其配套措施（行政强制、行政调查等）[②]。因此，行政处罚等典型的行政执法行为，其性质无疑是侵益行政行为。

从人民主权和法治行政的原理看，要防止行政权滥用，则须将行政机关的活动置于人民所选举的代议机关（在我国即为全国人民代表大会及其常务委员会）制定的法律统制之下，这就是行政法上的基本原则“法律保留原则”。法律保留原则的适用范围，学说上一直存在争议，从最小范围的“侵害保留说”至最大范围的“全部保留说”之间存在若干学说，然而对于其内核——对人民赋课义务或限制权利的行政行为必须要有狭义之法律的依据，亦即最低限度为“侵害保留说”，学界并无争议。[③]

全国人大及其常委会制定的法律只能是狭义的“法律”，在我国只能是成文法，不包括民商事惯例。前文已述，民商事惯例在我国并非直接的法源，需要经过国家承认方可在特定领域具有法源地位。此中缘由，正如有学者指出的，有些民商事惯例相对于社会变革具有顽

① 参见莫于川、雷振：“中国的行政执法信息公开制度实践考察——一项基于知情权保护视角的实证研究”，载《南开学报》2012年第4期。

② 参见《城市管理执法办法》第2条。

③ 参见【日】南博方著，杨建顺译：行政法（第六版），中国人民大学出版社2009年版，第6～7页。

固保守性、相对于国家统一法具有地方性、行业性，甚至有的习惯本身就是“恶俗”[①]，因此在我国这样一个大陆法传统的国家，民商事惯例并不能代表人民意志，甚至经过法院和行政机关认可的民商事惯例也不具有类似于法律的“全体人民意志的体现”的属性。

因此，根据法律保留原则，具有侵益性的行政处罚不应当以民商事习惯（包括商业道德、职业道德等）作为其法源。

（二）行政法作为“控权法”的属性

笔者就上一段中“民商事惯例即使经过行政机关认可亦不具有法律属性”的论断作更深入的探讨，先从行政机关和行政权的角度去分析。

行政管理法律关系通常是法律调整之下的行政主体在行使行政职权过程中对行政相对人权利义务产生影响的法律关系，在这一法律关系中行政主体处于主导地位，是具有“高权”的一方，这一法律关系显然区别于平等主体之间的民事法律关系。由于行政权容易滥用是人类历史的经验总结，行政法作为调整行政管理关系的法，其性质是“控权法”，即控制和规范行政权的法。[②]在此意义上，涉及行政处罚等事项的行政执法依据，实质不是为行政机关有权去处罚人民提供保障——因为“高权”本身不需要保障，而是为行政机关处罚人民限定了范围、条件、幅度、程序、监督救济机制等“制度的牢笼”，防止乱罚滥罚。

而从其生成机制来看，民商事惯例是一定区域、一定行业的人们基于长期实践和确信而自发生成的一种不成文规则。适用民商事惯例

---

① 王洪平、房绍冲：“民事习惯的动态法典化——民事习惯之司法导入机制研究”，载《法制与社会发展》2007年第1期。

② 姜明安主编：行政法与行政诉讼法（第六版），北京大学出版社、高等教育出版社2015年版，第24页。

的各方，至少在这一法律关系内部的法律地位上，不存在手握“高权”而处于管理地位的一方[①]，进而，民商事惯例提供的是一种协商、合意的规则，本身不含有防止公权力不得侵害私权的机制。至于前文所述的行政机关尊重民商事惯例、不侵犯公民习惯性权利的现象，笔者认为，其基于的是行政法的原理而非基于民商事惯例本身的原理。具体而言，是基于比例原则中行政机关不得过度干预人民自由的内在要求，行政机关作出自我约束、自我规制。推而广之，民商事法律规范适用的范围，总体上是排斥行政机关公权力以行政执法的方式随意介入的；民商事纠纷遇到不可协商、调解的情形，需要公权力介入时，所要求的也是具有居中裁决属性的司法权，以及行政机关职权中具有“准司法权”性质的行政裁决权。因此，民商事惯例适用于民事法律关系，原则上不适用于行政法律关系。

（三）行政行为明确性原则

民商事惯例本身不含有防止公权力滥用的机制，具体而言，主要是指民商事习惯若作为行政执法依据时，难以符合行政行为的明确性原则要求。

关于明确性原则，笔者认为，是立法技术中对法的确定性的要求的必然延伸，亦可以从我国行政法学依法行政原则中“政府依法的明文规定行政”[②]这一要求中推导出来。在我国台湾地区，明确性原则被学者们置于行政法诸项一般原则中的重要地位。明确性原则要求国家公权力行为具有可理解性、可预见性和司法审查可能性，这里的“公

① 正如卡尔·拉伦茨所言，在民事法律关系中，当事人任何一方不得命令或强迫另一方作出或不作出某种行为。参见【德】卡尔·拉伦茨著，王晓晔等译：德国民法通论（上册），法律出版社2003年版，第5页。

② 姜明安主编：行政法与行政诉讼法（第六版），北京大学出版社、高等教育出版社2015年版，第67页。

权力行为”包括立法机关制定的法律本身的抽象规范和行政机关作出的具体的行政行为。明确性原则所要求的规范内容明确，包括规范中的构成要件明确和法律效果明确。该原则的宗旨正是使公民能够预见自己的行为及其后果，防止行政机关滥用权力作出处罚。[①]明确性原则必然涉及不确定法律概念是否合乎其要求的问题，不确定法律概念是行政法中必然存在的现象，亦并非必然违反明确性原则。在我国台湾地区“司法院”释字第545号解释中，法官认为“医师法”中“业务上之不正当行为”这一不确定法律概念在个案中可以通过适当组成的机构通过专业知识和社会通念加以认定、并可通过司法审查确认的，这种情形跟明确性原则并不冲突。

根据行政行为的明确性原则，问题的关键是民商事惯例若作为行政执法的依据，能否具有可理解性和可预见性。在我国，在民商事习惯的来源上，正如有学者所指出的，我国缺少从事交易习惯的调查与收集的专门机构，致使法官在审判过程中不掌握进而不敢适用民商事惯例[②]；在有的案件中，法官对民商事惯例的内容语焉不详，仅仅笼统地说“根据惯例”“违背了惯例”，导致法院适用惯例表现出较大的随意性[③]；在前文文献回顾中列举的一些民事诉讼判决中，有的法官尽管已经提炼出民商事惯例的内容予以表述，不过对于如何提炼出该惯例的过程没有论证（例如来自民商事习惯调查，还是根据行业协会的规则等），而惯例是否存在、惯例的内容又恰恰是双方当事人争议的焦点之一，如何让双方当事人以及公众对判决书中提炼出来的惯例形成习惯法的确信，确实存在问题。在一些新兴的商业领域（如

① 李惠宗：行政法要义，元照出版有限公司2013年版，第97～98页。

② 樊涛：“我国民商事司法中的交易习惯”，载《法律适用》2014年第2期。

③ 参考有学者基于112个适用商事惯例的案件研究结论。参见陈彦晶：“商事习惯之司法功能”，载《清华法学》2018年第1期。

互联网交易），当人们尚且质疑是否已形成公认的商业道德或惯例时[①]，法院判决书中的这种说理，笔者认为，普遍难以令民商事惯例符合行政法的明确性原则。

从司法机关和行政机关的职权性质来看，法官是法律的专家，法官在审查民商事惯例过程中对不确定法律概念的把握能力应当优于行政官员，在法律解释的效力位阶上行政法学的通说亦认为司法解释优于行政解释[②]。而我国的现状是，在不告不理的民事诉讼中法官对民商事惯例的适用情况尚不尽如人意，那么在行政机关可以依职权直接启动实施的行政处罚中，行政机关如果以民商事惯例为依据，能否在行政行为中准确把握惯例的构成要件并令相对人及公民对行为内容形成理解和期待，是值得怀疑的。而依据内容并不明确且无法通过正当程序提炼出明确内容的惯例进行执法，显然极容易导致权力滥用、恣意扩大处罚权的范围。

此外，民商事惯例本身不包含行政处罚的种类和幅度，在性质上也无法单独作为适用依据，即使适用，也必须结合对行政责任有规定的条文一并适用。

（四）行政处罚的目的与一般社会秩序维护

就前文“民商事惯例即使经过行政机关认可亦不具有法律属性”的论断，进而从行政相对人本身的情况予以探讨。

根据我国《行政处罚法》第 1 条对行政处罚目的之阐述，行政处罚旨在维护公共利益和社会秩序。问题的关键，是如何理解这里的“社会秩序”。笔者认为，从行政法比例原则中的必要性原则及禁止过度

---

① 参见兰磊：“比例原则视角下的〈反不正当竞争法〉一般条款解释——以视频网站上广告拦截和快进是否构成不正当竞争为例”，载《东方法学》2015年第3期。

② 姜明安主编：行政法与行政诉讼法（第六版），北京大学出版社、高等教育出版社2015年版，第62页。

干预原则，可以推导出行政机关对于通过民商事法律规范及行业自治规则足以维护其内部秩序的领域，行政主体不应过度干涉其中，以免妨碍市场主体的经营自由和行业协会内部的自治。参考我国台湾地区关于行政罚的分类理论，亦有借鉴意义。在台湾地区，广义的行政罚可分为行政秩序罚（又称狭义的行政罚，相当于我国内地的行政处罚）、惩戒罚等四类；惩戒罚是针对公务员或专门职业人员所作出的制裁，着重于某一职业内部秩序的维护；行政秩序罚不包含惩戒罚。[①] 结合前述我国法律、行政法规及规章中对于违反职业道德的情形未设定应当受到行政处罚的罚则，司法判决中亦有案例认为仅违反职业道德而未达到行政处罚程度者行政机关不予以处罚的并不构成行政不作为，可见，我国《行政处罚法》第 1 条中的“社会秩序”是指通常不包含行业自治内部秩序以外的一般社会秩序。

民事法律关系是平等主体之间的关系，所适用的民事法律规范主要提供的也是一种协商机制，在业已建立行业协会、形成行业自治内部秩序的领域更是可以通过行业自治规则惩戒违反职业道德、商业道德的经营主体或个人，从而恢复被破坏的内部秩序。对此，公权力的介入是要相当谨慎的，即使公权力的介入，首选的也是通过居中裁决来补偿权利受损一方的司法权，而非通过单方面的执法行为作出制裁的行政权。而民商事惯例发生作用的领域，恰是民商事主体间在长期的交易活动中积累和自发形成规则所调整的领域，在此行政机关不宜适用民商事惯例来执法介入。

（五）小结

通过上述四个角度的考察，笔者认为，以行政处罚为典型的行政

① 参见李震山：行政法导论，三民书局2014年版，第378～379页。

执法行为应当严格遵守法律保留原则；行政法律关系中，适用行政法旨在控制和规范行政权的行使，而民商事惯例不具备这样的规范属性，其也缺乏明确认定处罚要件的可理解、可预见的内容；民商事惯例发生作用的领域通常是民商事主体自治性较强的领域，为免侵害民商事主体的交易和经营自由，行政权不宜介入其中。因此，民商事惯例不宜作为行政执法的直接法源。

四、民商事惯例作为行政执法间接性法源所应具备的条件

从比较行政法的视角来看，鉴于行政法所调整的各领域多数是依法律行政强烈支配的领域，且行政立法已经将不少习惯法转化为成文法，因此，类似我国台湾地区和日本，民商事习惯原则上不能成为行政法的渊源，仅在少数情形下具有适用的余地。[①] 从我国内地的情况来看，前文已论证民商事惯例不宜作为行政执法的直接法源，不过在行政执法中能否将民商事惯例作为一种参考素材或“有说服力的论据”[②]，是具有探讨空间的。在前文的学术文献和司法判决回顾中可见，早有学者主张应把民商事惯例作为行政法的非成文法源[③]，而行政诉讼中亦有法源参考民商事惯例用以认定案件事实。笔者认为，当民商事惯例具备特定条件时，行政机关在执法中可予以参考。

在我国台湾地区，有学者提出，民事习惯具有法源效力的应当符

① 从我国台湾地区和日本的经验来看，可以适用民商事习惯法的情形限于公物利用权、国际会计准则、一般同业利润的标准、营建习惯等。参见【日】盐野宏著，杨建顺译：行政法总论，北京大学出版社2008年版，第39页；林明锵：行政法讲义，新学林出版股份有限公司2014年版，第56页。

② 将法源理解为可以作为“有说服力的论据”一说，参见周佑勇：“论作为行政法之法源的行政惯例”，载《政治与法律》2010年第6期。

③ 参见应松年、何海波：“我国行政法的渊源：反思与重述”，载胡建淼主编《公法研究（第二辑）》，商务印书馆2004年版，第15页。

合两个条件之一，即法律明文承认或不违背法令与公序良俗的行政惯例。[①]笔者认为，民商事习惯要成为行政执法的间接性法源，首先必须符合民商事惯例得以成为习惯法所达到的要求，即民法学者们提出的长期反复适用、人民产生确信、不违反法律强制性规定和公序良俗、须为法律未规定的事项等。其次，由于民商事惯例适用于民事诉讼与在行政执法中作为参考是两个不同的过程，在民事诉讼中对民商事惯例是否存在及对其内容具有争议时，可以经过充分准备、举证和法庭辩论后阐明，而行政执法不存在当事人举证的过程（行政相对人尽管有权陈述申辩但其充分程度显然不足以跟举证过程相比），且行政机关对法律的解释效力弱于司法机关，因此，笔者认为，民商事惯例作为行政执法参考时，其有效条件应当严格于司法机关适用民商事惯例的条件。笔者尝试提出，民商事惯例作为行政执法间接性法源，除了应具备其成为民事习惯法的必备条件外，还应具备以下五个条件：

（一）在形式上应转化为行政惯例

前文的文献综述已经指出，行政惯例在我国作为行政执法的参考、或者说是一种补充性法源，在学理上已被认为具有正当性，在实务中亦作为改革经验在各地尝试推广。行政惯例作为行政自我规制理论及平等原则要求之下衍生的一种法源，在适用范围上当然主要用于规制行政裁量，防止行政机关在裁量范围内滥用权力、作出形式合法而实质不合理的决定。民商事惯例在形式上转化为行政惯例的，亦即把原本针对民事主体之间约定俗成的规则转化为针对行政机关执法过程的裁量行为、要求行政机关予以尊重的规则，从而使这样的规则具有“控权”的属性。

---

① 李惠宗：行政法要义，元照出版有限公司2013年版，第95页。

接下来的问题在于，民商事惯例在内容上有无规制行政机关裁量的属性。在传统的德国行政法理论中，行政裁量和对不确定法律概念的判断余地是截然分开的；不过到了当代，两者的区分呈现相对化。[①]在日本行政法中所谓的“要件裁量”，是对法规范所规定的要件如何进行解释以及行政主体认为所认定的事实是否适用于这一法规范而作出判断时进行的裁量，主要涉及的就是不确定法律概念的判断问题，在当代日本行政法学中已经将“效果裁量”和“要件裁量”合称为“广义的行政裁量”。[②]从我国目前参照了民商事惯例的行政诉讼案件来看，一些民商事惯例有助于认定行政执法过程中的事实[③]；在接下来的行政执法实践中，若参考民商事惯例所认定的事实跟行政处罚成文法中的某些不确定法律概念相关联，即民商事惯例可以用于解释某些不确定法律概念而且这种解释经过反复实践证明是合理的、可信的，那么从逻辑上讲，这样的民商事惯例就可以转化为行政惯例，用于规范行政执法机关的要件裁量。

此外，根据我国《行政诉讼法》第 34 条，行政机关作出的行政行为所依据的是其他规范性文件的，行政机关对规范性文件负有举证责任。从我国行政诉讼的司法实践来看，行政惯例在形式上表现为行政机关的其他规范性文件的，其作为行政处罚依据的形式合法性得到法院承认[④]，而不成文惯例的合法性暂未得到承认。因此，转化为行

① 【德】哈特穆特·毛雷尔著，高家伟译：行政法学总论，法律出版社2000年版，第141～144页。

② 杨建顺主编：《行政法总论（第二版）》，北京大学出版社2016年版，第47页。

③ 前引脚注中的“温州市宏福家具制造有限公司诉中华人民共和国国家知识产权局专利复审委员会外观设计专利权无效行政纠纷案”〔北京市高级人民法院（2003）高行终字第61号〕和“申某某诉中国证券监督管理委员会行政处罚及行政复议决定案”〔（2018）最高法行申1831号〕等。

④ 参见“杭州金某印花有限公司诉中华人民共和国上海吴淞海关（以下简称吴淞海关）行政处罚案”〔（2017）最高法行申4273号〕。

政惯例的民商事惯例，亦以行政机关其他规范性文件的形式为宜。在此意义上，民商事惯例已经从不成文法源转化为行政立法的一种形式，实质上已不再是惯例，故笔者认为民商事惯例在这里仅是间接性法源。

（二）内容得以明确

如前述，考察民商事惯例能否作为行政执法依据时，其最大障碍是难以满足行政行为明确性原则。因此，民商事惯例得以成为行政执法参考的，应当通过某些方式使其内容明确化。总结我国学者的相关论述，使惯例明确化的方式，一是有权机关的系统性汇编，一是法院在个案审查中的确认。

如何认定民商事习惯的内容，亦是民事诉讼中的一个难题。通过设立专门机关或赋予有关机关（例如地方志办公室）对当地民商事惯例的调查权，并由有权机关审核所收集的民商事惯例、将合法者汇编成册供法院和行政机关适用法律时参考①，这样的建议由来已久。而党的十八大以来，行政机关要加强行政执法案例指导制度建设，亦有学者建议，各个行政机关应当对本机关本领域的行政惯例进行归纳总结、汇编成册，逐步实现惯例的规范化。②笔者认为，无论是对于行政惯例还是民商事惯例，将其收集、整理、汇编是实现其内容明确化、从而实现其适用规范化的重要手段。行政惯例本来产生于行政机关内部，由于行政规则效力外部化作用才对行政相对人的权利产生影响，行政惯例汇编主要是行政经验总结的过程。而民商事惯例产生于市民社会当中亦即行政相对人之间，对其内容、对其适用范围、对其是否已在人民中产生确信等，需要通过比较深入的社会调查才能实现，民

① 参见罗筱琦：“‘交易习惯’研究”，载《现代法学》2002年第2期。

② 崔卓兰、赵静波：“行政惯例：行政自我规范的实践机制”，载《社会科学战线》2013年第6期。

商事惯例的汇编比起行政惯例汇编预期难度更大。行政执法机关或者其委托的科研机构可以在行政执法案例指导制度逐步完善以后，借鉴行政惯例汇编的经验，系统处理民商事惯例的收集汇编工作。而且应注意到这种惯例收集工作跟民法典制定过程的惯例调查工作不同，行政执法机关或者其委托的科研机构在这里收集的只限于能够及有必要转化为执法依据参考的那些民商事惯例即可。前文已述，民商事惯例成为行政执法间接性法源的，形式上应转化为行政惯例，所以针对执法需要的民商事惯例汇编实质上也是行政惯例汇编的组成部分。在成果形式上，各地政府"智库"（如社会科学院、大学、方志馆等）接受政府委托而形成的调查研究成果，只要能够达到惯例内容明确化要求的，亦可作为参考及作为行政诉讼中证明惯例存在的证据。

司法确认是民商事惯例内容明确化的另一途径。这里的司法确认，更多是指民事诉讼中法官对某一民商事惯例内容及其效力的认定，可供行政执法参照适用。与惯例汇编的途径相比，经过司法确认的民商事惯例的合法性更强，如同有学者指出的司法的过滤与引导功能，"民事习惯之司法构成的作用在于滤掉不合时宜的、不具法源资格的习惯"[①]。不过，鉴于所有的民法法源对于行政法领域而言都只能修正适用、不能完全适用[②]，民事司法所确认的民商事惯例对于行政执法亦只参考，这一途径既非行政执法依据的必要条件，亦非充分条件。此外，为防止法官适用民商事惯例时的恣意甚至仅凭个人好恶[③]，法

① 王洪平、房绍冲："民事习惯的动态法典化——民事习惯之司法导入机制研究"，载《法制与社会发展》2007年第1期。

② 【日】南博方著，杨建顺译：行政法（第六版），中国人民大学出版社2009年版，第1页。

③ 参见有关学者的批评，如：吴太轩、史欣媛："互联网新型不正当竞争案件审理中商业道德的认定规则研究"，载《现代财经》2016年第1期；陈彦晶："商事习惯之司法功能"，载《清华法学》2018年第1期。

院对民商事惯例进行审查时，应当加强说理，包括说明该民商事习惯的内容、来源以及如何获得人民普遍确信。

（三）行政相对人知道或应当知道

民商事惯例若作为行政执法依据的参考，应当为行政相对人所知道，笔者认为理由有二。第一，跟来自行政机关内部的行政惯例不同，民商事惯例本来是来自市民社会，人民普遍确信是惯例得以成立的前提。民众对该民商事惯例的知情、理解以及认同，构成该惯例的民主性基础。若多数民众不知情而政府将自行认定的民商事惯例强加于民众，该惯例作为执法依据的参考不具有正当性。第二，行政惯例作为一种行政规则，本来只具有约束行政机关的内部效力，其规制行政机关执法过程中的裁量的同时对相对人亦产生一定的外部效力，最终旨在保护相对人的信赖利益。“公开并产生宣示效力，是行政惯例得以适用的前提”[①]，因此，对于由民商事惯例转化而来的行政惯例，政府负有信息公开的责任。政府应当建立惯例公布制度，将内容已予以明确化的、完成汇编或经司法确认的惯例通过适当途径向社会公开。

（四）涉及重大公共利益的损害且穷尽行业自治规则的救济

如前文所述，民商事惯例发生作用的领域，以当事人的意思自治为主导，通常涉及行业自治的内部秩序。对于单纯违反职业道德、商业道德但尚未达到违法程度的行为，应当由行业自治规则予以惩戒；造成其他民商事主体损害或损失的，通过民事救济途径予以解决；若双方就赔偿问题无法协商一致，则通过民事诉讼予以解决。司法权是具有谦抑性的，而具有积极主动性的行政权是否介入行业自治内部秩序中，是需要非常谨慎的。前文的文献综述已表明，我国立法未对单

① 周佑勇，尹建国：“行政裁量的规范影响因素——以行政惯例与公共政策为中心”，载《湖北社会科学》2008年第7期。

纯违反职业道德或商业道德的行为设定罚则，例如实践中，律师违反职业道德但未达到违法程度的，由律师协会予以处分，不由司法局作出行政处罚，这默示表明立法者要求行政权对行业自治内部秩序的尊重，这也符合我国目前简政放权的改革思路。

若当事人的行为不仅违反职业道德、商业道德，而且达到违法的程度时，行政机关可以对行政相对人作出行政处罚。不过从处罚依据来看，此时行政机关所依据的是已经被法律条文所吸收、由道德规范上升而来的法律规范，亦即依据法律的明文规定作出处罚，不能认为行政机关是直接依据民商事惯例（例如纯粹的职业道德规范）予以处罚。

什么情形下，民商事惯例可以作为行政处罚的间接性法源？笔者认为：

——当相对人违反行业自治规则的行为同时侵害了内部秩序以外的一般社会秩序中的重大公共利益，穷尽行业自治规则虽可予以惩戒但不足以对其达到惩戒效果；

——该行为从程度上已经不是纯粹违反职业道德（或商业道德）的行为，具有违法行为的应罚性；

——但法律对该行为的具体构成要件缺乏明文规定，只存在包含了不确定法律概念的禁止性规定（例如“一般条款”），由此行政机关存在“要件裁量”的空间；

——参照民商事惯例，可以对禁止性规定的不确定法律概念作出明确解释，且符合上文论及的其他条件的。

同时符合上述条件时，行政机关可以依据该禁止性规定（“一般条款”）并参照民商事惯例，对相对人作出处罚，以防止对公共利益的侵害扩大以及相对人从公共利益的损害中获得不正当利益。

笔者认为，涉及重大公共利益的损害且穷尽行业自治规则的救济，构成民商事惯例作为行政执法间接性法源的实质性条件。

（五）得以接受司法审查以及合宪性审查

民商事惯例转化为行政惯例，且内容明确、相对人知晓、涉及重大公共利益的侵害且穷尽自治规则的救济时，该惯例已具有间接性法源的地位，可以作为执法依据的参考。未接受司法审查（这里特指行政诉讼中的司法审查），并不构成民商事惯例成为间接性法源的生效条件。不过，由于法官是“说最后一句话的人”，无论是民商事惯例或行政惯例都不具备约束法官的效力，只有经过司法审查，它作为行政执法参考依据的效力才最终确定。惯例的位阶相当于其他规范性文件，根据《中华人民共和国行政诉讼法》第64条，法院对于不合法的惯例不作为认定行政行为合法的依据，并可以向行政机关提出司法建议。从权利救济的角度来看，行政机关参考民商事惯例认定相对人的违法事实并据此作出行政处罚决定的，行政机关应当将惯例的内容与成文法依据一并告知行政相对人，从而允许相对人在认为该惯例不合法时得以在行政诉讼中一并向法院提出合法性审查要求。如前文所述，鉴于民商事惯例作为行政执法参考依据所具有的严格条件，笔者认为，法院不仅要审查该惯例的合法性，而且要从民法的角度审查该惯例是否违反公序良俗、是否基于一个地区或行业民众的普遍确信，还要从行政法的角度审查该惯例是否符合行政行为明确性原则要求、行政相对人是否知道或应当知道、是否穷尽了行业自治规则的救济等。

进而，基于基本权利的间接效力，惯例不得侵犯基本权利。据以作出的行政行为侵犯基本权利的，例如基于一些地方仍然存在的无视法治精神和基本权利的“陋习”来认定处罚事实的，可以构成行政行为的无效。对此，不仅法院有权宣告行政行为无效，而且行政机关内部也应当基于宪法思维及尊重和保护人权的原则去排除参考这种“恶例”。

五、城市执法中应排除民商事惯例的适用

基于上述论证，笔者认为，在我国内地，第一，城市执法是典型的侵益行政行为，且与人民生活关系密切，应当严格适用法律保留原则，成文法应当构成城市执法的主要依据；作为补充法源的不成文法，例如裁量基准、典型案例等是行政法成文法的延伸，且应当具有其他规范性文件的形式，不属于民商事惯例的适用。第二，城市执法的标的是现场易于判断的、专业性不强的事项，而民商事惯例的适用通常需要较为复杂的法律解释技巧，不宜交由城市管理执法人员进行适用。第三，在我国内地，城市执法基本上不涉及内部秩序的问题，亦使民商事惯例在城市执法中没有适用的场域。

所以，在我国内地，城市执法应排除民商事惯例的适用。

六、略论民商事惯例在澳门城市执法中的法源地位

澳门法律制度的特色，无疑是深受葡萄牙法律的影响。澳门本地的行政法学理论并不发达，从法的移植和承继的角度看，通过葡萄牙行政法学的理论来解释澳门行政法律制度背后的学理，亦未尝不可。葡萄牙行政法学者们严格区分民商事的惯例（或称习惯）和行政惯例。行政惯例是指“机构及服务在同私人关系上的行为规则，这些规则并未由法律及规章订定，但源自日常的服务或上级的命令。”[①] 行政惯例并非法源，不过由于先例集中了行政经验，因此有学者认为，行政机关无故不遵守行政惯例会构成不当裁量，从而使行政行为具有违法

① 【葡】若泽·曼努埃尔·里贝罗·塞尔武罗·科雷亚著，冯文庄译：行政法原理，法律出版社2017年版，第38页。

性瑕疵[①]，因此笔者认为可理解为补充性法源。至于民商事的习惯，葡萄牙宪法明文剔除习惯作为行政法的法源，这应当是葡萄牙行政法学的主流观点。不过亦有学者提出，习惯基于其长期性和法治性的信念，在立法泛滥的当代，它具有一种道德意义，因此亦不可完全忽视。[②]根据上述学理推断，在澳门城市执法领域中，原则上亦排除民商事惯例的适用。

本章小结

1. 城市根据地方实际情况和当地居民的需求，通过行使地方立法权，对地方事务和城市秩序进行管理，是城市治理的重要方面。

在“一国两制”政治体制下，澳门具有高度自治的立法权，可以自主制定城市管理的法律。澳门城市管理执法领域的立法，呈现出以行政组织法与行政行为法相结合的方式规制执法权的特点，规制制度甚为完善。

而广东各城市在适用城市执法的法律依据上，则要处理好中央立法和地方立法的关系。（1）考察我国关于城市执法的中央立法演进与现状，可以发现，中央立法的顶层设计很重要，不过光靠中央立法无法为城市建立综合执法体制、规范执法行为、完善执法监督等提供充分的法律规范。（2）在处理中央立法和地方立法的关系上，现阶段应着力于加强城市执法的地方立法工作；广东各城市的地方立法应体现当地已有的实践探索成果，回应当地民众的社会关切。（3）广东的地方立法，应明确城市执法的主体及关系，应确定城市综合执法

① 参见【葡】苏乐治著，冯文庄译：行政法，法律出版社2014年版，第234页。

② 参见【葡】苏乐治著，冯文庄译：行政法，法律出版社2014年版，第233～234页。

的职权范围，应规范城市执法的程序，应健全城市执法的监督机制和责任机制。

2. 从侵益行政行为的法律保留原则、行政法作为“控权法”的属性、行政行为明确性原则、行政处罚的目的与一般社会秩序维护等四个视角去考察，我国内地城市执法中应排除民商事惯例作为法源。澳门城市执法原则上亦排除民商事惯例的适用。

第三章

城市执法体制的组织法基础

城市管理执法体制，首先是一个行政组织法的问题。行政职权的授予和转移，根据依法行政原理，都需要法律为依据。在广东，如本书第二章所述，广义上的“法律”应当包括地方立法，广东省和设区的市（包括中山和东莞）应当在不与法律（狭义）、行政法规相抵触的前提下，积极稳妥地运用地方立法权，为城市执法体制改革提供合法性基础。在澳门，特别行政区高度自治，享有《基本法》授予的立法权；特别行政区的立法者完全可以根据本地区城市管理的历史沿革、发展现状和全体市民意志等因素制定法律来确定城市管理执法体制架构和各相关职能部门的权责分工，城市管理执法各机关在法律授权的基础上组织和运作。

根据职权法定原则，法律不仅应当规定相对抽象的城市管理执法体制架构，而且必须规定城市管理执法机关在运作中得以向行政相对人采取的执法措施。所谓“法无授权不可为”，执法措施权限范围的法定，既是保障公民权利不受滥用的执法权所侵犯的必要，也是授予执法机关充分的执法手段以保障行政实效、维护公共秩序的必要。

在广义的组织法[①]意义上，笔者考察广东与澳门的城市执法体制，除了重点探讨城市管理执法机关的设置、权限外，进而还要探讨在执法人员配备和执法经费（装备）配备方面，法律如何为执法机关提供保障。

城市管理执法是一个特别的领域，在广东实施综合执法体制改革、在澳门设置了市政署为主要监管部门的体制下，多个职能部门的协作仍不可避免。希冀赋予单一执法部门巨大的权限来解决城市管理执法的所有问题，既不符合客观条件，也不符合现代法治精神。城市管理执法机制的良好运行，需要顺畅的公务协作机制来支撑。

鉴于此，本章分四节，分别从组织体制、执法措施权限、执法人员和经费保障机制、公务协作机制等方面，探讨城市管理执法体制的组织法问题。

第一节　广东与澳门城市执法的组织体制

一、广东各市：改革过程中的城市管理与城市执法相对分离的综合执法体制

（一）城市执法体制改革的法律原理

如第二章所论述，在综合执法体制下，在横向上，行政主体之间要处理好两种关系：执法权限以什么方式划转给城市管理执法部门；行政主管部门与城市管理执法部门的行政协作关系。在纵向上，城市管理执法部门要处理好上下级的执法权限如何分工的关系。

① 鉴于行政组织必须具备组织机构要素、人的要素和物的要素等三要素，广义的行政组织法，包括三方面：狭义的行政组织法，公务员法，公物法。参见杨建顺主编：行政法总论（第二版），北京大学出版社2016年版，第58页。

1. 行政职权代行模式和委托模式之间的选择

在城市管理执法权限划转的方式上，我国目前实践中分为两种模式，即行政职权代行模式[①]和行政职权委托模式。

行政职权的代行，以代行行政机关的名义作出，其法律责任也归属于代行行政机关。[②]而在城市管理综合执法（或相对集中行使行政处罚权）的体制中，根据《中华人民共和国行政处罚法》，城市管理执法机关行使行政主管部门原有的行政处罚权的，需要经国务院或经国务院授权的省级政府决定；根据《国务院关于进一步推进相对集中行政处罚权工作的决定》，集中行使处罚权的行政机关应当作为独立的行政执法部门，依法独立履行职权并承担相应的法律责任；根据《城市管理执法办法》，综合执法的执法事项范围确定后应当向社会公开。以上特征表明，综合执法体制的制度设计初衷（或者说也是改革的目标）是符合学理上行政职权代行的含义的，行政职权代行模式由于主体资格明确、权力来源具有法律文本依据、授权程序较为规范严格，因此，应当成为城市执法体制改革的首选模式。在广州、中山、杭州、宁波、江门等城市现行有效的城市管理综合执法规范性文件中，明文规定综合执法机关的独立地位[③]；而深圳、北京、上海、长沙、南宁等城市的执法体制改革历程和当地相关政策文件表明，他们亦采取行政职权代行模型。可见，行政职权代行模式是各地的城市执法体制的主流。

行政职权的委托，是指行政机关将其一部分的职权委托给其他行

---

① 行政职权代行，参见杨建顺主编：行政法总论（第二版），北京大学出版社2016年版，第78～79页。本书中，将《行政处罚法》第16条的规定即认定为行政职权代行的情形。

② 杨建顺主编：行政法总论（第二版），北京大学出版社2016年版，第78～79页。

③ 见于《广州市城市管理综合执法条例》第3条，《中山市实施相对集中城市管理行政处罚权规定》第2条，《杭州市城市管理相对集中行政处罚权实施办法》第3条等。

政机关或符合法定条件的社会公权力组织、私人组织行使。在行政委托中，受委托机关（或组织）以委托机关的名义执法，法律责任由委托机关承担，委托机关应当对受委托机关（或组织）的执法行为进行监督。[①] 城市执法体制中采取行政委托模式，主要见于综合执法改革的早期探索。1996 年建设部的《城建监察规定》规定了集中行使的行政处罚权可以通过法律法规授权或行政主管部门委托的方式实施[②]，表明行政职权代行和行政职权委托都是实现城市管理综合执法的体制改革模式。在地方立法层面，广州曾经采取行政职权代行和行政职权委托并行的模式，在规定授权城管监察队伍集中行使处罚权的同时，又规定对集中处罚权范围以外的违法行为，由相关行政主管部门查处，也可以依法委托综合执法队伍查处[③]，为此还颁布了《广州市人民政府关于委托市城市管理综合执法队伍行使部分行政处罚权的通告》（2001 年）；哈尔滨 2000 年颁布的《哈尔滨市人民政府关于实施城市管理综合执法的通告》（今已失效）中，将行政主管部门和城市管理综合执法队伍的关系规定为行政委托。[④] 此外，21 世纪初，西宁市政府将城市园林、市容卫生、城市建设等多个行政主管部门的处罚权

① 参见杨建顺主编：行政法总论（第二版），北京大学出版社2016年版，第66～67页，第78～79页；姜明安主编：行政法与行政诉讼法（第六版），北京大学出版社、高等教育出版社2015年版，第119～122页。

② 1996年修改的《城建监察规定》（今已失效）第3条。此外，根据该《规定》第7条："城建监察队伍的基本职责：……（六）在受委托的范围内，以委托行政机关的名义实施行政处罚。"

③ 1997年《广州市城市管理监察条例》（今已失效）第4条，1998年《广东省人民政府关于设立广州市城市管理综合执法队伍的公告》第2条。

④ 《哈尔滨市人民政府关于实施城市管理综合执法的通告》第1条"市城市管理综合执法支队（辖七个区大队）依照市政、规划、工商、公安交通、环保等部门委托的权限和有关法律、法规、规章的规定，对城市管理中简单直观、现场可以判断、不需要作技术检查和技术鉴定的违法行为实施行政处罚。"第6条"公民、法人或其他组织对城市管理综合执法队伍作出行政处罚决定不服的，可依法向委托部门的一上级机关申请复议或者提起行政诉讼。"上述规定表明，当时哈尔滨城市管理综合执法队伍不具有独立的法律地位，不承担法律责任。

委托于同一个事业组织行使，当地改革的初衷也是相对集中行使处罚权[①]，但由于被委托者是组织而非机关，这种模式实质上并非《行政处罚法》第16条意义上的相对集中行使行政处罚权。通过行政委托使城市管理综合执法机关获得执法权，虽然程序简便，但综合执法机关“名不正、言不顺”，而且不对外承担法律责任，这样显然不利于构建规范执法的长效机制。这种模式存在于改革早期，如今已很少城市采用。不过在城市管理以外的领域，如农业综合执法、文化市场综合执法，行政主管部门与综合执法机构之间建立行政职权的委托关系仍比较广泛。[②]

从地方立法的角度，中央立法在此赋予了地方立法裁量的空间，一个城市仍然可以选择是否建立综合执法体制，以及建立综合执法体制时采用行政职权代行模式还是委托模式。此外，尽管在建立城市管理综合执法体制时，目前多数地方的立法选择把行政主管部门与执法部门的基本法律关系确定为行政职权代行，但并不意味着综合执法机关必须事事亲力亲为，不意味着行政委托的方式在基本法律关系之外就无用于综合执法体制中。首先，在纵向关系上，由于乡镇（街道）执法队是派出机构，不具有独立的法律地位，县（区）综合执法部门和乡镇（街道）执法队的关系即是行政委托关系。更为重要的一点，在深圳、武汉、南京等地的城市执法体制地方立法实践中，综合执法部门可以就综合执法范围内的有关事项依法委托给特定区域的管理机构（或

① 参见国务院法制办2002年3月25日《对西宁市人民政府法制办公室〈关于将城市园林、市容卫生、城市建设等行政主管部门的处罚权委托依法成立的城市广场管理事业组织问题的请示〉的答复》。

② 参见《农业行政处罚程序规定》第4条、第5条，《文化市场综合行政执法管理办法》第3条。

称为窗口地区管理机构）开展具体的综合执法工作。[①]由此，形成了“行政主管部门$\xrightarrow{\text{处罚权代行}}$综合执法部门$\xrightarrow{\text{行政委托}}$特定区域管理机构”的法律关系。[②]可以说，在执法权限的配置上，以行政职权代行作为基本法律关系，以行政委托方式作为补充。

2. 健全本地的行政协助机制

详见本章第四节论述。

3. 城市管理执法机关内部层级的合理分工

自2002年城市执法体制改革在全国范围内开展以来，从层级上看，理顺市、区两级的管理体制一直是这场改革的重点。从原理上讲，有实务界人士提出上下级机构设置上要避免趋同，“在同一系统内，级别较高的行政执法机关的职能主要是法律适用，级别较低的行政执法机关的职能主要是发现、纠正违法行为并认定违法行为的事实”。[③]这一思路体现在2002年《国务院关于进一步推进相对集中行政处罚权工作的决定》（以下简称《决定》）中，该《决定》提出科学配置上下级部门职能，明确市、区两级合理分工，具体执法活动主要由基层执法队伍承担；同年国务院办公厅转发的《关于清理整顿行政执法队伍实行综合行政执法试点工作的意见》中提出，行政执法机构主要在城市和区县设置，省级各部门不再单独设置行政执法机构。随着各

---

① 《深圳经济特区城市管理综合执法条例》第14条：“综合执法部门可以就综合执法范围内的有关事项依法委托符合法定条件的组织在火车站、机场、保税区等区域开展综合执法。”《武汉市城市管理相对集中行政处罚权办法》第3条：“武汉东湖新技术开发区、武汉经济技术开发区、市东湖生态旅游风景区和武汉化学工业区的城市管理执法机构，受市城市管理执法部门的委托，负责本管理区域内的城市管理相对集中行政处罚权的具体实施工作。”《南京市城市治理条例》第8条：“相关开发区管理委员会和风景区、火车站等窗口地区的管理机构，应当按照各自职责负责辖区范围内日常城市管理工作，并可以接受城市管理相关部门委托行使相关职权。”

② 由于行政主管部门与综合执法部门之间的法律关系不是行政委托，从而这种机制避免了“行政委托转委托”违法的风险。

③ 汪永清：“对改革现行行政执法体制的几点思考”，载《中国法学》2000年第1期。

地改革的深入，2015 年《中共中央　国务院关于深入推进城市执法体制改革改进城市管理工作的指导意见》提出，下移执法重心，市辖区能够承担的可以实行区一级执法，执法工作逐步向乡镇延伸。

（二）广州的执法体制改革：先行先试，最早制定地方性法规

从职权法定的角度来看，在广东各地级市的立法当中，截至 2018 年，就城市管理综合执法（或称为相对集中行政处罚权）已制定专门的地方性法规的有广州、深圳、珠海三市，制定专门的地方政府规章的有汕头、佛山、惠州三市，中山、湛江等几个市制定了由市政府发布的其他规范性文件，而有的市尚未制定专门的规范性文件。体制改革的主要成果和相关政策转化为稳定性较强的法律文件，意味着改革的相对成熟，可以说广州 、深圳、珠海的城市执法体制改革在广东具有代表性。

在已经就城市执法体制专门制定地方性法规的广东三个城市中，广州的立法先行，现行《广州市城市管理综合执法条例》的前身是 1997 年制定的地方性法规《广州市城市管理监察条例》，表明广州在改革之初就注意将体制改革成果法定化。

《广州市城市管理综合执法条例》（以下简称《条例》）在“总则”部分规定了广州市城市执法体制是综合执法体制。根据该《条例》相关规定[①]，广州市和各区的城市管理和综合执法局是本级人民政府实施城市管理综合执法的行政机关，具有独立的行政主体资格，对其作出的行政行为承担法律责任；城市管理综合执法机关专门负责综合执法，城乡规划、市政园林等主管部门配合综合执法；城市管理综合执法机关行使市容环境卫生、城市绿化、城乡规划、市政、环境保护

① 具体参见《广州市城市管理综合执法条例》第3条至第7条。

等方面法律、法规、规章规定的行政处罚权，该处罚权集中转移给城市管理综合执法机关后，各主管部门不得再行使相关执法权，再行使的其作出的行政处罚决定无效；执法权转移出去后，主管部门仍依法履行行政管理职责。

而在实践中，广州市设立广州市城市管理和综合执法局，9 个市辖区除南沙区外都设立了区城市管理和综合执法局[①]。城市管理和综合执法局由 20 世纪 90 年代末改革之初的城市管理监察队伍演变过来[②]，如今，无论市、区两级城市管理和综合执法局都不是“审批权与执法权”相分离模式下的纯粹的执法机关，其主要职责中包含了部分城市管理职能。以广州市天河区城市管理和综合执法局的主要职责和内设机构为例，根据 2019 年发布的《广州市天河区城市管理和综合执法局职能配置、内设机构和人员编制规定》，天河区城管局设有市容景观管理科、环境卫生管理科、分类管理科、燃气管理科、设施管理科等，分别负责相关事项的监督管理、规划等；设有执法一科至执法四科，执法一科具有统筹执法的职责，二科至四科分别负责城乡规划，建筑施工和大型户外广告，燃气管理、水务、市政设施、环境保护等方面的执法，此外设执法保障科、执法监督科；在区城管局之下设 21 个街道执法队，是区城管局的派出机构。

在综合执法事项范围上，住建部《城市管理执法办法》第 8 条、第 9 条的规定，笔者认为，属于授权和倡导性规定，具体事项范围由各个城市根据地方实际情况确定。《广州市城市管理综合执法细则》

① 广州市南沙区设立广州市南沙区城市管理局，挂广州市城市管理综合执法局南沙区分局牌子。

② 根据1999年6月1日《广州市人民政府关于推进城市管理综合执法试点工作的决定》，市人民政府设立城市管理综合执法支队，同时挂广州市城市管理综合执法局的牌子，一个机构，两块牌子；区设立城市管理综合执法大队，同时挂城市管理综合执法分局的牌子。

规定了城市管理综合执法机关在以下 11 方面共计 59 项违法行为的执法权：市容环境卫生管理，城乡规划管理，环境保护管理，市政管理，工商行政管理，燃气管理，水务管理，建设工程管理，人民防空工程管理，以及具广州本地特点的两项事项——《广州市白云山风景名胜区保护条例》管理事项，《广州养犬管理条例》管理事项，在此 11 方面事项外还设有扩大城市管理综合执法内容的兜底条款。

（三）深圳的执法体制改革：街道执法模式与特定区域执法事项的行政委托

《深圳经济特区城市管理综合执法条例》在前两章“总则”和“职责范围和管辖”规定了深圳市城市管理执法体制是综合执法体制，并将综合执法定义为“相对集中行使有关城市管理领域的行政处罚权，对有关违法行为统一实施行政执法的行为”[①]。该条例第 4 条、第 5 条明确了市城市管理行政执法部门是综合执法的行政主管部门，区城市管理行政执法部门负责本辖区内的综合执法，街道城市管理行政执法队以区综合执法部门的名义开展综合执法；有关主管部门协助综合执法。如本书第一章所提及，该条例在城市执法体制建构上具有的其中两个亮点是，市、区、街道综合执法队伍的纵向分工，特定区域综合执法事项委托制度。在此具体言之。

根据该条例第 10 条至第 12 条、第 15 条至第 17 条，市城市管理综合执法部门办理全市跨区案件，重大或者复杂案件以及市人民政府交办的案件，区城市管理综合执法部门办理本行政区域内跨街道的案件，重大、复杂案件或者市综合执法部门以及区人民政府交办的案件，街道城市管理行政执法队依法处理纳入综合执法范围的违法行为；街道执法队在查处违法行为过程中，认为确有必要由区综合执法部门管

① 《深圳经济特区城市管理综合执法条例》第2条。

辖的，可以提请区综合执法部门管辖。上述规定，明确了街道执法队是深圳城市管理综合执法的主要主体，除了重大复杂案件、交办案件和提审案件外，大部分执法案件由街道执法队直接处理。以地方性法规来规定各级城市管理执法机关（机构）的职权分工，体现了职权法定原则，在行政组织法并不发达的制度背景下相当可贵。法规把街道执法队确定为城市综合执法的主体，是将深圳自 2006 年以来推进的街道综合执法工作体制改革法定化，在防止不同级别城市管理综合执法部门“多头执法”和推动执法力量下沉到基层均具有积极意义。

根据该条例第 14 条，综合执法部门可以就综合执法范围内的有关事项依法委托符合法定条件的组织在火车站、机场、保税区等区域开展综合执法。在城市管理执法权限划转的行政职权代行模式和行政职权委托模式之间，深圳在选择了合法性更强的行政职权代行模式为基本模式，不过也吸收了行政职权委托模式在特定执法范围中作补充。火车站、机场作为一种公共营造物，城市管理执法机关对其具有管辖权，不过面临的是十分复杂的执法环境，在部分区域和管理流程中还面临一些交通管理的专业问题，这对执法机关实现良好执法的目标构成较大压力。另外，深圳的火车站和机场分别属于广铁集团和深圳市机场集团等大型公司管理运营，公司的管理规范性程度较高，将执法权委托于符合法定条件的组织具有现实可行性条件，合法的权限委托对于弥补城市管理执法人员不足、应对复杂执法环境是有帮助的。该条例第 14 条在实施过程中的合法性保障，关键是看有无相应的委托权限监督机制和行政相对人面对受委托组织执法时向政府的投诉机制。

实践中，由于执法力量下沉至街道一级，深圳的市、区城市管理行政执法部门兼具管理和执法的职责，而且管理职责更为明显。深圳市城市管理和综合执法局的主要职责有负责环境卫生、城市照明、市政公园及道路绿化养护的行业管理，负责组织编制户外广告设施设置专项规划，负责所属城市照明设施的管理工作等，在综合执法上主要承担全市综合协调、监督指导、组织业务培训及考核的职责，以及组织开展全市性专项执法工作，牵头协调跨区、重大、复杂案件的查处。[①]在区城市管理和综合执法局层面，以南山区为例，其在城市管理的职责上跟市城管局相似，在综合执法上主要承担全区综合协调、监督指导、组织业务培训及考核的职责，以及组织开展全区性专项执法工作，牵头协调跨街道、重大、复杂案件的查处[②]；南山区城市管理和综合执法局内设科室9个，负责综合执法的是执法监督科，并无专门的执法队伍设置。

在综合执法事项范围上，《深圳经济特区城市管理综合执法条例》采取一般概括式和列举式相结合的方式界定城市管理执法机关的管辖权限范围。该条例第8条规定，“纳入综合执法职责范围的事项应当符合下列条件之一：（一）城市管理行政部门职责范围内的事项；（二）与市容管理密切相关且属于现场易于判断、不需要专业设备和技术检测手段即可定性的事项。”这一概括式规定，对于我国内地改革中的各城市把握如何合理界定城市管理综合执法范围的一般规律，具有参考价值。该条例第9条规定了深圳综合执法的具体职责范围，包括城市管理（城市容貌、环境卫生、园林绿化、城市照明和灯光夜景设施、爱国卫生、养犬等）、林业管理、道路管理、户外广告

① 参见深圳市城市管理和综合执法局官网的机构职能介绍，http：//cgj.sz.gov.cn/zwgk/jgzn/jggk/，最近浏览日期是2019年5月9日。

② 参见南山区人民政府官网关于南山区城市管理和综合执法局的机构职能介绍，http：//www.szns.gov.cn/xxgk/bmxxgk/qcgj/xxgk/jgzn/zyzn/201710/t20171017_9384128.htm，最近浏览日期是2019年5月9日。

管理、环境保护管理、畜禽屠宰管理、文化市场管理(室外营业性演出)等方面的事项。

(四)珠海的执法体制改革:执法事项范围的概括授权

《珠海经济特区相对集中行政处罚权条例》是规定城市管理综合执法制度为模板，并将其适用于其他行政部门综合执法的地方性法规。[①] 该条例是在废止原《珠海市城市管理相对集中行政处罚权实施办法》的基础上变迁而来的。该条例与原实施办法相比，适用范围从城市管理综合执法扩展为规定市内各个职能部门可能存在的一切综合执法机制。因此，该条例在体例上亦有重大变迁，法律文件中没有再列举城市管理综合执法机关的具体职责范围，对此在第4条采用了“一般概括+决定程序”的规定。“一般概括”是指该条例规定了城市管理综合执法事项的标准是“应当与城市管理密切相关，一般属于现场易于判断、不需要专业设备和技术检测手段即可定性的事项”；“决定程序”是指该条例规定珠海市人民政府可以根据城市管理的需要，对行政处罚权相对集中行使的范围进行调整，报省人民政府批准后公布实施。这样的规定，向珠海市人民政府授予了非常大的自由裁量权。

珠海市城市管理和综合执法局及各区城管局根据该条例第8条设立。[②] 其他相关行政部门具有按照各自职责协同做好城市管理行政执法工作的职责。该条例第7条确定了市、区城管局的纵向分工，按照“区城市管理行政执法部门负责本辖区内城市管理行政执法工作”的规定，珠海在规范层面延续了自2001年以来的以区城管局为主要执法主体

---

① 根据《珠海经济特区相对集中行政处罚权条例》第2条、第3条，本条例适用于本市行政区域内城市管理行政执法部门实施相对集中行政处罚权的活动；本市行政部门依法行使相对集中行政处罚权或者依据本市地方性法规行使其他行政部门行政处罚权的，同时行使法律、法规规定的与行政处罚权有关的行政强制措施。

② 《珠海经济特区相对集中行政处罚权条例》第8条：市、区城市管理行政执法部门按照各自职责，行使相对集中行政处罚权，查处违法行为，并对执法行为承担法律责任。

的体制。实践中，珠海市城管局设执法监督科（机动督察支队），统筹各区城市管理综合执法工作，查处跨区域、重大复杂及上级交办的违法案件。区城管局下设各街道的执法中队。

珠海市城市管理和综合执法局的具体职责范围，现行依据是中共珠海市委办公室、珠海市人民政府办公室于 2019 年 3 月制定并对外公布的《珠海市城市管理和综合执法局职能配置、内设机构和人员编制规定》。从规定来看，珠海市城市管理和综合执法局的职责以综合执法为主，并兼具部分城市管理职责。综合执法职责包括石油天然气管道保护管理、城乡规划管理、生态环境管理、市政管理、城市绿化管理、市容环境卫生管理、公共标志标识管理、气球施放管理、户外广告设施设置管理、房屋管理（室内装修）、燃气及市政地下管线管理、市场监管（户外无照经营、食品餐饮无证经营）、水务管理等 13 方面执法事项及一项兜底条款。城市管理职责包括市政、城市绿化、市容环境卫生、户外广告、燃气、城市地下空间综合利用工程设施、公共标志标识、公共停车场等方面的管理。

（五）体制改革的过程有待处理的问题

我国的城市执法体制目前仍在深化改革的路上，广东各市城市执法体制是其缩影。在中央立法层面，目前仅制定了部门规章《城市管理执法办法》；在地方立法层面，相当多城市尚未就本地的城市执法体制去制定地方性法规或地方政府规章，或者已制定的地方立法在规范层面和实践层面之间存在脱节。正是基于这一点，有学者认为，城市执法体制目前更多是个政策问题，而不是一个成熟的法律问题。

改革之路何去何从？从法学的角度去思考，有一些问题需要中央和地方的立法者们在改革中妥善处理：

一个是处理顶层设计和地方探索的关系。自 20 世纪 90 年代末城市执法体制的改革开启以来，各城市建立综合执法体制已有约 20 年。制度需要谋求安定性，一个城市的执法体制也要结合本地的特点而逐渐获得一种稳定和传承。中央立法宜于处理执法规范化的问题，而具体的执法事项范围等关于体制的问题，则宜于各个城市根据其当地实际情况和传统作出自主选择，并通过地方性法规予以法定化。

一个是如何处理管理权与执法权的问题。城市执法体制改革的初衷，是将综合执法权授予一个行政机关集中行使，中央的政策文件亦数次强调不得将综合执法权授予一个机关的内设机构，从而在组织上实现城市管理权和城市执法权的分离。而随着城管大部制的改革实施，一些管理职能并入了原来的执法机关当中，城市管理和执法机关兼具综合执法权和部分城市事务的管理权。如何看待城管大部制？其实这是一个政策选择问题。选择哪种政策，是否具有合法性，笔者认为，关键是要看是否最终有利于实现职权法定，在组织法上解决多头执法的问题；要看是否最终有利于实现执法规范化，防止因权力过于集中而导致滥用。

一个是城市管理执法机关在执法中遇到作为执法根据的法规范的冲突问题。如果存在冲突的法规范是法律、行政法规、部门规章，需要按照《中华人民共和国立法法》的程序提交有权机关决定法规范如何适用。如果存在冲突存在于该城市职能部门制定的规范性文件或裁量基准之间，这种情况下，如果城市存在一个多部门参与的专门共商城市管理执法问题的城市管理（城市治理）委员会及相应商讨机制，将有利于规则冲突问题的解决。

二、澳门：以市政署为主要监管部门、多部门依照法定职权共同监管的城市管理执法体制

第 28/2004 号行政法规《公共地方总规章》是澳门特区城市管理执法的主要法律依据。根据《公共地方总规章》第 36 条第一款，监察《公共地方总规章》的遵守情况及科处本法规所定处罚，属市政署的职权，但按有关组织法的规定属其他公共部门职权的特定情况者除外。据此，笔者认为，澳门的城市管理执法体制，是一种以市政署为主要监管部门、多部门依照法定职权共同监管的体制。

正如本书引言的"基本概念界定"中所说的，我国内地语境中的"城市管理"与澳门语境中的"市政管理"存在差异。从我国内地语境来看，"城市管理"的范围，不仅包括澳门语境下"市政管理"所涉及的环境、卫生、占用、广告等事项，还应包括某些涉及交通（例如违规泊车）、城市规划（例如非法建筑）等事项。在澳门，对于这些事项，由第 3/2007 号法律《道路交通法》、第 12/2013 号法律《城市规划法》、第 8/2014 号法律《预防和控制环境噪声》等法例中的相关规定予以管理。因此，从城市管理的角度看，澳门的城市管理执法主体不是单一主体，从事务分工来看，多数事项是由市政署监管，环境保护局、卫生局、土地工务运输局、交通事务局、治安警察局等多部门依照法定职权对职权范围内涉及城市管理的事项分别监管，此外各部门皆有职责配合市政署开展监管工作，形成共同监管的机制。

具体分析澳门的城市管理执法体制，可以概括出以下特点：

（一）执行市政管理执法职责的机构是具有行政与财政自治权的公务法人

在澳门，执行市政管理和执法职责，亦即监察"主要包括在公共卫生、食品安全、动植物监管、坟场管理及须作出通知、取得行政准

照或许可的行为、项目及活动等方面”[①]相关范畴的适用规范的遵守情况的机构，是市政署。根据组织法的规定，“市政署为具有法律人格、行政、财政及财产自治权的公务法人”，“市政署受澳门特别行政区政府委托，依法为居民提供文化、康乐、环境卫生等方面的服务，并就有关上述事务向澳门特别行政区政府提供咨询意见。”“市政署的监督实体为行政长官。”[②]因此，在组织法关系上，澳门特区政府及行政长官与市政署的关系，不是上下级的直接领导关系，而是监督关系。

澳门行政法基本上承继了葡萄牙行政法学的基本理论。在我国内地的行政法学中，行政主体与行政机关的含义基本上是同一的，尤其是姑且不论“法律、法规、规章授权的组织”的情况下。与我国内地行政法学的行政主体理论不同的是，在葡萄牙行政法学中，行政主体是法人，“法人透过机关而作为”，“为此法人具备或多或少之机关。机关是为每个实体之组织部门”。[③]机关是构成法人的要素，在此意义上，机关又称为“法人机关”。机关是行使行政职能和权力的中心，但机关行为的法律效果和法律责任归属于公法法人——即行政主体。[④]根据这一理论，如果执行市政管理和执法的职权授予澳门特区政府内设的一个职能部门[⑤]，由于该部门的法律地位是机关，该部门与特区政府是隶属和领导的关系，则该部门执法行为的法律效果归属于特区

---

① 参见第9/2018号法律《设立市政署》第3条。

② 第9/2018号法律《设立市政署》第2条、第4条。

③ 【葡】苏乐治著，冯文庄译：行政法，法律出版社2014年版，第117～118页。

④ 【葡】若泽·曼努埃尔·里贝罗·塞尔武罗·科雷亚著，冯文庄译：行政法原理，法律出版社2017年版，第84页。

⑤ 例如，行使城市管理某些事项执法职权的治安警察局，根据第14/2018号法律《治安警察局》第2条对其性质的界定，“治安警察局为澳门特别行政区内部保安系统中的一支保安部队，按法律规定行使刑事警察机关的本身职权。”

政府。而目前澳门组织法制度中，市政管理和执法的职权授予了本身具有法律主体人格的公务法人——市政署，市政署并不隶属于特区政府、而仅是受其监督，因此，市政署应当对其执法行为自行承担法律责任。另外，由于市政署作为公务法人具有行政和财政上的自治权，故而在执法人员配置和经费保障上亦有相对灵活的制度设置（详见本章第三节）。

（二）市政管理以委员会方式运作，管理决策权和执法权同属于市政署

市政署设两个机关，分别是市政管理委员会和市政咨询委员会。市政咨询委员会是提供咨询意见的咨询机关（详见本书第六章），市政管理的决策权和执法权等实质权力都归属于市政管理委员会。

根据相关组织法的规定，市政管理委员会为市政署的管理机关，负责对市政署为居民提供文化、康乐、环境卫生等方面的服务作出决议，并确保有关决议的执行。市政管理委员会具职权领导市政署在运作及履行提供服务的职责方面的所有工作。市政管理委员会由一名主席、两名副主席及不多于 5 名委员组成。市政管理委员会成员从具备公民品德、公共管理经验及能力的澳门特别行政区永久性居民中委任。市政管理委员会主席、副主席及委员任期最长为 3 年，可续期。市政管理委员会主席的主要职权是代表市政管理委员会，主持市政管理委员会会议，协调市政管理委员会的活动并确保有关决议的执行，向市政咨询委员会报告等。市政管理委员会的运作，以会议形式进行。市政管理委员会的会议分为平常大会及特别大会，其中，市政管理委员会按管理需要每周举行至少一次平常大会。市政管理委员会的会议具有行政决策的职能。按照法定期限，市政管理委员会应在收到私人提交的申请书或请求书之日起最多四十五天内，就其职权范围内的事宜作出决议及决定，但特别法另有规定者除外。[①]

上述规定表明，市政管理委员会本身是一个最多由 8 人组成的合议制机关，是市政署的领导机关和承担对外职责的机关，获得组织法同时授予的管理决策权和执法权。

然而问题是，一个仅有 8 人且以会议方式运作的机关，如何处理纷繁复杂的城市执法问题？澳门组织法通过行政授权的理论作出制度安排。在葡萄牙行政法学理论中，授权是指“有权限实施某个或某些法律行为之机关容许由法律指定之另一机关或行政人员同样可实施该行为。”授权的三个条件是“容许授权之法律的存在，授权实体与获授权实体间之关系，授权之行为”。[②]在一般行政法层面，澳门《行政程序法典》第 37 条规定了授权的一般规则：“一、通常有权限对某项事宜作出决定之行政机关，得透过一授权行为，容许另一机关或行政当局人员作出关于该事宜之行政行为，但以法律赋予该行政机关有此资格者为限。二、不论有否赋予资格之法律，有权限对某项事宜作出决定之行政机关得随时藉一授权行为，容许其直接下级、助理或代任人作出关于该事宜之一般管理行为。三、上款之规定亦适用于合议机关授权予其主席之情况，但赋予资格之专门法律对各机关间之权限另有特别分配者除外。”在市政管理的专门组织法层面，第 25/2018 号行政法规《市政署的组织及运作》第 4 条规定，关于市政管理委员会的职权，“除第 9/2018 号法律第四条第二款（三）及（四）项所指的事宜，就市政署运作而制定的内部规范及规章，以及取得市政署日常运作所需的不动产外，市政管理委员会可将其职权授予其成

① 参见第9/2018号法律《设立市政署》第7～10条，第25/2018号行政法规《市政署的组织及运作》第5条、第62～65条。

② 【葡】若泽・曼努埃尔・里贝罗・塞尔武罗・科雷亚著，冯文庄译：行政法原理，法律出版社2017年版，第114～115页。

员，该授权亦可转授予市政署组织附属单位的相关人员。”第5条规定，“市政管理委员会主席可将其职权授予或转授予该委员会的其他成员或市政署组织附属单位的相关人员。”在具体的行政行为法层面，第28/2004号行政法规《公共地方总规章》第36条规定，市政管理委员会主席“有科处处罚及倘有之附加处罚的职权，其可按关于授权的规定将该职权转授予管理委员会其他成员”。因此，市政管理委员会将执法权授予其他单位，符合授权要件，具有合法性。获得授权的单位，根据组织法的规定，称为“组织附属单位”，直属于市政管理委员会，承担市场流通食品安全、动物监管、街市事务、小贩事务、环境卫生、非法建筑等多项城市管理事务的检查和执法职责。[①]

（三）严格贯彻行政主体职权法定原则，多部门分工监管与共同监管相兼容

1. 职权法定，多部门分工监管

葡萄牙行政法学者科雷亚在论述职权法定原则时曾说：“为得出行政行为人是否有权限之结论，只要查验是否存在一条法律规范授予他此种职能权力。”根据合法性原则，“只有由法律赋予之权限。”[②]

澳门关于城市管理执法的立法，可谓严格贯彻了行政主体职权法定原则。体现在两方面：

第一，在行政组织法方面，市政管理委员会及其下属的厅、处的

① 根据第25/2018号行政法规《市政署的组织及运作》第9条，市政管理委员会的组织附属单位包括：（一）综合服务及质量监察厅；（二）文康及公民教育厅；（三）食品安全厅；（四）卫生监督厅；（五）环境卫生及执照厅；（六）园林绿化厅；（七）市政建设厅；（八）道路渠务厅；（九）技术辅助厅；（十）行政辅助厅；（十一）财务管理厅；（十二）组织及信息厅；（十三）化验处；（十四）法律及公证处。各厅下设处。例如，第21条规定，卫生监督厅下设动物检疫监管处、街市事务处、小贩事务处。

② 【葡】若泽·曼努埃尔·里贝罗·塞尔武罗·科雷亚著，冯文庄译：行政法原理，法律出版社2017年版，分别见于第208页、第90页。

每一项管理事务职权都由行政法规予以设定。

第 25/2018 号行政法规《市政署的组织及运作》第 4 条规定，市政管理委员会主要具有下列职权：（一）文康及公民教育范畴，主要包括举办文康及小区庆祝活动，提供文康设施，以及推动公民教育的培训及宣传工作；（二）食品安全范畴，主要包括监管及检测在市场流通的食品，以及供人饮用的水的质量；（三）环境卫生范畴，主要包括确保市政署管理的公共地方的清洁及卫生，保养及维修排水网、公共浴室及公厕，监察家庭固体废料的清运及市政署管理的公共设施或向公众开放设施的水的质量，以及监管坟场及安葬事务；（四）动物监管及植物卫生范畴，主要包括动植物卫生检疫及管理，以及管理市政购房及其他同类设施的运作；（五）发出行政准照范畴，主要包括发出有关经营市集及小贩区、在公共街道刊登广告及宣传品、售卖及饲养动物、出售源自动植物的易变坏食品及非瓶装饮品，以及从事兽医业的准照；（六）监管及建设由市政署管理的公共地方范畴，主要包括监察在该等公共地方须遵守的一般行为守则，建设及更新公共设施及场地，清除不当阻碍该等公共地方的对象，命名公共地方，编订门牌号码，保养及维修由市政署管理的道路及其他同类设施，以及设置及保养绿化区、公园及其他同类设施……（十一）行使法律或规章的规定，又或监督实体的决定所赋予的其他与市政范畴相关的职权。

《市政署的组织及运作》第三章“组织附属单位及职权”，自第 10 条至第 57 条以四十余条文详细规定了市政管理委员会下属的每个厅及厅下设的每个处所具有的各项职权（相关介绍详见本章第二节）。

此外，涉及城市管理的政府职能部门，例如交通事务局、治安警察局，其组织法中也有类似的明确列举的职权规定。[①]

第二，在行政行为法方面，各个部门行政法的立法中，都有一条关于职权的规定，规定由哪个或哪几个部门负责监察本法的实施情况；如果涉及几个部门的，各部门如何分工负责。澳门各行政机关或公务法人对城市管理事项分工大体如下：

——前述《公共地方总规章》第 36 条第一款规定，监察《公共地方总规章》的遵守情况及科处本法规所定处罚，属市政署的职权。

——第 4/2016 号法律《动物保护法》第 34 条规定，市政署负责监察本法律的遵守情况，市政署有权采取措施制止和惩罚饲主未履行义务导致动物对公共卫生或公共安全构成危险的行为。

——第 35/2003 号行政法规《公共泊车服务》第 13 条规定，土地工务运输局的职权为：规范以停车及泊车为目的而对任何公共道路的使用，但不妨碍法律所赋予有关交通整治的职权；治安警察局可主动或应土地工务运输局或营运实体的要求，监察违反本规章规定的情况。

——第 12/2013 号法律《城市规划法》第 46 条规定，土地工务运输局具职权就本法律规定的行政违法行为科处罚款提起程序和组成卷宗，土地工务运输局局长具职权就行政违法行为科处罚款。

——第 8/2014 号法律《预防和控制环境噪音》第 11 条规定，环

① 第3/2008号行政法规《交通事务局的组织及运作》第3条规定，交通事务局的职责为：……（十）监察供公众使用的停车场及公共道路收费泊车位的运作，并监督有关的经营活动；……（二十九）与治安警察局合作，移走违例停泊、阻碍公众通行或弃置于公共道路的车辆；……

第34/2018号行政法规《治安警察局的组织及运作》第34条规定，交通警务处的职权主要包括：（一）安排行动监察及打击交通违法行为；（二）根据法律、规章性规定或所接收的指示，指挥及组织交通；（三）依法监察车辆与行人的通行；（四）监察一切车辆及其驾驶员；（五）依法将车辆锁扣、解锁及移走；（六）对违反交通事务范围内的法律规定的行为作出笔录，并建议科处罚款；（七）应主管实体的要求及在法律规定的情况下扣押车辆；（八）计划及统筹各交通警司处范围内的行动。

境保护局负责监察对“住宅楼宇更改保养及维修工程、土木建筑工程及工作所使用的设备、空调及通风设备、表演娱乐及类似活动、工商业及服务业的噪声限制”等规定的遵守情况；治安警察局负责监察对“住宅楼宇中日常生活活动及宠物、公共地方的噪声限制”等规定的遵守情况。[①] 第 14 条规定，环境保护局局长具职权科处本法律所定的行政违法行为的处罚。

——第 5/2011 号法律《预防及控制吸烟制度》第 25 条规定，科处第二十三条所定的罚款及第二十四条所定的附加处罚，属卫生局局长的职权。第 28 条规定，卫生局、民政总署、博彩监察协调局及治安警察局在所属职责范围内，具职权监察对本法律的遵守情况。

——第 7/89/M 号法律《订定广告活动之制度事宜》第 31 条规定，违反药品广告规定的罚款，由卫生局负责；违反旅游广告规定的罚款，由旅游局负责；违反广告安装规定的罚款，由市政署负责；属其他情况的罚款，由经济局负责。

在这种存在多部门分工监管的情况下，若出现职权冲突，将可能导致监管各方的互相推诿。为此，澳门《行政程序法典》设置了职权冲突的司法解决和行政解决机制。第 44 条第二款规定，如职责之冲突涉及不同法人之机关，则借司法上诉，由行政法院解决之。[②] 第三款规定，权限之冲突，由对发生冲突之各机关行使监管权之上级机关中最低一级之机关解决之。第 45 条第一款规定，对于权限之冲突，任何利害关系人得向有权限对有关程序作决定之实体提出附理由说明

---

① 分别对应的是该法第3条至第10条。

② 第9/1999号法律《司法组织纲要法》（2019年根据第4/2019号法律重新公布）第30条第五款同样规定了行政法院具有审理职权冲突的权限：“五、在行政、税务及海关上的司法争讼方面，行政法院尚有管辖权审理：（一）对引致不同公法人的机关出现职责冲突的行为提起上诉的案件；……”

之申请，而请求解决之；发生冲突之机关在知悉该冲突后，应立即依职权要求解决之。

2. 共同监管

严格的职权法定和多部门分工，亦容易产生副作用，例如公务人员在执勤过程中发现不属于自己职权范围内的违法现象，可能产生“事不关已高高挂起”的消极心理。为此需要相应的机制弥补这样的漏洞。澳门将违法案件的来源分为两种，分别是公务人员目睹的违法和市民检举的违法。在城市管理领域，对于公务人员目睹的违法，《公共地方总规章》专门设置了公务移交的机制。该法规第 36 条第二款规定，如行政当局或警察当局人员目睹本法规规定可处罚的事实，应按情况撰写有关的实况笔录或第五十二条所指的文件，并将之送交科处处罚的主管实体，但对目睹的事实适用刑法规定的情况除外。笔者认为，该规定构成了职权法定的各项规定的“润滑剂”，使得多部门分工监管机制和共同监管机制得以兼容，某种意义上来说，澳门行政当局的各个部门和公务法人，在城市管理事务中都具有参与权。

此外，澳门法律制度中良好的公务协作机制（详见本章第四节）和行政执法—刑事司法衔接机制（详见第六章），亦是共同监管体制的体现和保障。

（四）传统的“公共营造物”亦纳入城市管理执法的空间范围

作为澳门市政管理基本法律依据的《公共地方总规章》，其空间意义上的适用范围是“公共地方”。《核准公共地方总规章》第 3 条对“公共地方”的含义界定为：公共地方“包括公共设施及主要供公众使用并属澳门特别行政区或澳门特别行政区其他公法人所有的地方或区域，如行人道、广场、公共道路、公园、沙滩及自然保护区等”，亦即公共地方是公共设施和公众使用地方（区域）的总和；同一个条文对“公共设施”含义的界定为“归澳门特别行政区或澳门特别行政区其他公法人所有或使用、供公共部门运作或设有供公众使用的设备的楼宇、楼宇的独立单位及有围隔的区域，如图书馆、博物馆、展览厅、体育馆、游泳池及小型动物园等”，亦即把图书馆、博物馆等传统大陆法意义上的“公共营造物”亦纳入市政管理的范围，而传统的“公共营造物”是通过制定具有内部性质的行政规则来实现自我管理和规范其与使用人的权利义务关系的，排除于政府与市民之间的一般行政法律关系之外①。

第二节 法律赋予城市执法部门的执法措施权限

一、广东各市在城市管理执法措施设定上的地方特点

执法措施，包括行政处罚措施、行政强制执行的措施、即时强制措施和强制调查措施等，在学理上可称为“保障行政实效性的制度”②，是在行政相对人不自觉履行义务时采取的直接或间接强制其履行义务的手段，以便使得行政管理达到预期效果。

（一）广东各市设定执法措施的权限范围

根据法制统一的要求，国家制定了《中华人民共和国行政处罚法》（以下简称《行政处罚法》）和《中华人民共和国行政强制法》（以下简称《行政强制法》），规定行政处罚、行政强制的种类，并确定和限制了地方性法规有权设置的执法措施的种类。与具有高度自治的

① 传统上，营造物的使用关系是按照特别权力关系理论来把握的，其特殊性在于其自主性和专门性。参见【日】南博方著，杨建顺译：行政法（第六版），中国人民大学出版社2009年版，第23～24页。

② 参见【日】南博方著，杨建顺译：行政法（第六版），中国人民大学出版社2009年版，第121页；杨建顺主编：行政法总论（第二版），北京大学出版社2016年版，第189页。

立法权的香港、澳门不同，广东各城市的城市管理执法部门有权采取的执法措施，首先是全国适用的法律、行政法规，由于广东多数城市管理实行综合执法，这里适用的法律、行政法规包括《行政处罚法》《行政强制法》以及执法事项所涉及的方面如市容和环境卫生、环境保护、交通等依据的法律、行政法规；除此之外，且在不抵触法律、行政法规的前提下，各个城市才可通过地方性法规设定法律授权范围内的执法措施并予以适用，地方政府规章在特定情形下可以设定警告或一定数量罚款的处罚措施。其他规范性文件不得设定执法措施。

根据《行政处罚法》和《行政强制法》相关规定[①]，在行政处罚措施上，地方性法规可以设定警告，罚款，没收违法所得、没收非法财物，责令停产停业，暂扣许可证、执照，法律、行政法规规定的其他行政处罚等种类，地方政府规章在尚未制定法律法规的前提下可以设定警告或者一定数量罚款的行政处罚；在行政强制措施（即时强制、强制调查）上，地方性法规在尚未制定法律、行政法规的前提下可以设定查封场所、设施或者财物，扣押财物等种类；在行政强制执行的措施上，地方性法规无权设定。此外，对于法律、行政法规已设定的执法措施，地方性法规可以作出具体规定。上述规定，构成广东各市在城市管理执法措施设定（或作出具体规定）的权限范围。

而值得注意的是，根据《中华人民共和国立法法》（以下简称《立法法》）第 74 条、第 90 条，深圳、珠海、汕头作为经济特区，有权制定经济特区法规，对法律、行政法规、地方性法规作变通规定。这是广东省的城市执法体制建设跟我国内地其他城市相比所具有的一个特色。

① 《行政处罚法》第8条至第13条，《行政强制法》第9条至第13条。

（二）广东各市城市管理执法措施的创新

根据广州、深圳等地的地方立法实践，在《立法法》《行政处罚法》《行政强制法》等授权范围内，广东各市所规定的具有一定创新性的城市管理执法措施列举如下：

第一，对违法占用公共场所设摊经营、兜售物品的，优先采用劝告手段，仅在特定情形下或仅对特定区域的劝告不改的违法经营者采取扣押措施。根据《广州市城市管理综合执法条例》第 22 条第（三）项，对违法经营的小贩，扣押措施的标的是其使用的工具和经营、兜售的物品；扣押前必经的程序是劝告其自行改正；对拒不改正者，亦非必须采取强制措施，可采取扣押的条件须符合两者之一：或经市民多次投诉；或执法区域是重要区域。“重要区域”是指城市主干道两侧、城市广场、机场、火车站、汽车客运站场、客运码头、会展中心、商业步行街、各级党政机关周边等。

第二，对逾期不履行处罚决定的当事人安排其参加社会服务。行政强制执行的措施，原则上只能由法律规定。而这一措施是《深圳经济特区城市管理综合执法条例》根据《立法法》授予经济特区法规的权力而作出的变通规定。根据该条例第 32 条第（二）项，安排当事人参加综合执法部门安排的社会服务的措施，须同时具备两个条件：当事人确有经济困难无法缴纳行政处罚的罚款；依当事人自愿申请。从比较法的角度，深圳这一制度借鉴了我国内地以外法域的相关制度，例如我国澳门特区第 28/2004 号行政法规《公共地方总规章》规定的取代罚款的自愿措施“参与社会服务制度”，在我国内地的法制中具有先行性。

第三，将当事人违法信息录入个人信用记录系统。这也是《深圳经济特区城市管理综合执法条例》在执行措施上作出的变通规定。根据该条例第32条第（四）项，城市管理的综合执法部门对当事人逾期不履行行政处罚决定的，可以通知社会保险、保障性住房、市场监管、金融监管、公共征信等机构将当事人违法信息录入个人信用记录系统。近几年，执法机关与其他机构或企事业单位运用个人信用记录对违法当事人实施联合惩戒，已成为新型的执法措施。在城市管理执法领域，经常存在违法当事人违法情节不重、罚款金额不大、但屡教不改、拒不配合的“老赖”现象，而联合惩戒措施的实施对解决这一现象具有积极意义。

第四，电话语音提示和通知通信企业中止对当事人服务。小广告“牛皮癣”是城市管理执法中的老大难问题，对此，北京、南京、杭州等城市曾经使用过网络电话自动追呼（俗称“呼死你”）的制裁手段，在取得较好治理效果的同时，也面临法无授权、过度限制公民通信自由等合法性问题。广州、江门等地的地方性法规对运用通信手段制裁违法当事人的措施作出了规定，从而基本解决了法律授权的问题。在制裁内容上，以《广州市城市管理综合执法条例》第22条第（四）项的规定为例，对拒不改正的违法当事人，“可以通过宣传品中的通讯号码对当事人实施语音提示，要求当事人在规定期限内接受处理；当事人逾期未按要求接受处理的，可以书面通知通信企业按照与当事人订立的合同中止服务。”[①] 上述规定跟网络电话自动追呼手段相比，呈现了一定程度的规制缓和。其一是电话语音提示体现了处罚与教育相结合的原则。其二由通信企业通过合同方式实施中止服务，捋顺了公法和私法之间的关系。

第五，通知供电、供水企业中止用于施工的供电、供水。根据《行

① 《江门市城市市容和环境卫生管理条例》第28条亦有类似规定。

政强制法》的规定，行政机关不得对居民生活采取停止供水、供电、供热、供燃气等方式迫使当事人履行相关行政决定。因此，采取停水停电措施的范围、条件应当受限制，同时亦不能因噎废食。广州、珠海等地的地方性法规，对违法施工（珠海还包括违法室内装修的情形）拒不改正的，可以书面通知供电、供水企业按照与当事人订立的合同中止用于施工的供电、供水；违法施工行为纠正后，应当在二十四小时内书面通知供电、供水企业恢复供电、供水。[①]

二、澳门城市执法中保障行政实效性的制度及其特点

（一）制度概述

澳门城市管理执法部门的执法权限，在组织法和行政行为法中共同予以规定。组织法中主要规定市政署具有执法职权的每个处就哪些事项具有检查和处罚权，行为法中则规定行政相对人的哪些行为应予以处罚及行政机关对此予以处罚的权限范围（措施、幅度等）。

一是关于行政检查（或行政调查），在澳门称为“监察”。第9/2018号法律《设立市政署》第21条、第22条赋予市政署执法人员以监察的一般权力，规定行政相对人的合作义务和警察的公务协作义务：“具监察职务的市政署人员在受监察活动的地点或营业场所执行职务并适当表明身份时，有关活动、地点或场所的发起人、所有人或负责人，以及其经理、管理人员、领导、主管或代表，有义务作出下列行为：（一）允许上述市政署人员进入上述地点或场所，并在其内逗留至完成监察工作为止；（二）出示及提供为执行本法律规定的监

① 参见《广州市城市管理综合执法条例》第22条第（二）项，《珠海经济特区相对集中行政处罚权条例》第24条。

察职责所需的文件及其他数据，并对受监察的货物及产品的检查提供便利。”“具监察职务的市政署人员在执行监察职务时，享有公共当局的权力，并可依法要求警察当局及行政当局提供所需的协助，尤其是在执行职务时遇到反对或抗拒的情况。”

二是关于行政处罚，在澳门，行政相对人在城市管理领域的违法，只要尚未构成犯罪的，皆属于“行政上之违法行为”。澳门“行政上之违法行为”，是指“单纯违反或不遵守法律或规章之预防性规定之不法事实，而该事实不具轻微违反性质，且规定之处罚属金钱上之行政处罚，称为罚款。”“在任何情况下，均不得对行政上之违法行为规定任何剥夺或限制人身自由之处分。”[①] 这一行政处罚制度继受自葡萄牙，与日本等大陆法国家的“行政上的秩序罚（义务违反罚款）”[②] 的制度设计相似，即行政处罚主要就是指罚款而并不包括行政拘留的措施，这是与《中华人民共和国行政处罚法》的制度设计存在区别的。

具体到城市管理领域，根据第 28/2004 号行政法规《公共地方总规章》第 38 条、第 48 条，对违反市政管理的违法行为进行处罚的种类包括：（1）预先订定的定额罚款；（2）预先订定上下限的罚款；（3）参与社会服务制度；（4）非剥夺人身自由的附加处罚。其中参与社会服务制度是一定情形下取代罚款的市民的自愿措施，可以视为罚款的变种。附加处罚是除罚款外尚可按违法者的过错程度同时科处的处罚，包括（1）丧失用于或预备用于实施违法行为的对象；（2）剥夺取得由公共实体或部门发放的津贴或利益的权利；（3）关

① 第52/99/M号法令《行政上之违法行为之一般制度及程序》第2条、第6条。

② 参见【日】南博方著，杨建顺译：行政法（第六版），中国人民大学出版社2009年版，第123页。

闭有关场所，但仅限于须具备行政当局给予的许可、准照或执照方可营运者；（4）中止有关许可、准照或执照的效力。可见，澳门城市管理执法以罚款措施为主要内容。

三是关于行政强制。行政强制的一个理论基础是行政行为的执行力。不过，葡萄牙行政法学者就执行力是否属于行政行为的效力有不同观点。苏乐治认为，“行政行为之即时强制执行并非一个一般原则，或有一个广泛之适用范围。”“无论如何，行政直接强制执行力不应视为行政行为之一般特性，相反只适用于例外情况。”① 而科雷亚将行政行为的公定力称为“预见执行特权”，即“借单方行为，及为着执行的效力，令公共实体的权利肯定及不容置疑，豁免预先向法院要求宣告之裁判”，从而由行政行为的公定力推导出行政行为的执行力是其必然要素；进而，科雷亚认为，“强制性是所有行政行为之关键要素。”“在行政行为内，强制性必定存在。倘欠缺强制性，我们面对的并非是行政行为。”②

澳门《行政程序法典》最终采纳的是后一种观点，其第 136 条明确规定，“行政行为在产生效力后即具有执行力。”“对于因一行政行为而产生之义务及限制，行政当局得强制要求履行该等义务及遵守该等限制而无须事先求助于法院，但该要求必须以法律容许之方式及方法为之。”从而，包括城市管理领域在内的行政执法采取的是“行政机关强制执行模式”，这跟我国现行《行政强制法》采取的“法院强制执行为主的模式”是存在区别的。

澳门《行政程序法典》还授予行政机关一项与城市管理执法密切

① 【葡】苏乐治著，冯文庄译：行政法，法律出版社2014年版，第104 ~ 105页。

② 【葡】若泽·曼努埃尔·里贝罗·塞尔武罗·科雷亚著，冯文庄译：行政法原理，法律出版社2017年版，第23页、第184 ~ 185页。

相关的强制措施实施权——临时措施之采取。《行政程序法典》第83条规定，“如有理由恐防不采取临时措施将对有关之公共利益造成严重或难以弥补之损害，有权限作出最终决定之机关得主动或应利害关系人之申请，在程序中之任何阶段命令采取必要之临时措施。”“命令采取或更改任何临时措施之决定，应说明理由，并定出该措施之有效期间。”

（二）制度特点

概观澳门城市执法中保障行政实效性的制度，笔者尝试将其概括为四点：

第一，城市管理的执法权分散于各部门，不存在相对统一的综合执法队伍，基本上遵循“谁发照，谁检查（监察），谁处罚”的原则配置执法权。

澳门的城市管理执法权分散，不仅体现在除了在市政署以外的其他几个部门依照法定职权也有执法权，而且体现在作为主要监管部门的市政署内部，执法权也根据管理事项的不同而分散配置在不同的厅、处之中，澳门市政署本身也没有一支相对统一的类似于广州、中山等城市的综合执法队伍。

典型的是法律赋予市政署各厅、各处的执法措施权限配置。根据第25/2018号行政法规《市政署的组织及运作》第9条至第57条，具有城市管理执法权的处及其相应权限，笔者梳理如下：

——食品安全厅管理规划处：执行与食品安全相关的法律或法规，并采取预防及控制措施，以及就相关法律或法规所定的行政违法行为提起程序及组成卷宗，但明确由其他公共部门或市政署其他附属单位负责的事宜则除外；执行监察食品安全的工作；监管在市场流通的食品，特别是对生产经营食品的地点或场所进行监管；

——卫生监督厅动物检疫监管处：采取适当措施，以防止无领取牌照、对公众构成危险或危害公众健康的动物在公共地方及分层建筑物的共同部分流浪；

——卫生监督厅街市事务处：执行有关街市方面的法规及规章，主要包括旨在维护公众健康的法规及规章；采取适当措施，防止疾病在街市出现、传播及蔓延；

——卫生监督厅小贩事务处：监察小贩的经营情况，维持小贩的经营秩序，并执行有关法规及规章的规定；设立临时市集，发出有关准照，并进行监察；

——环境卫生及执照厅环境卫生及执照监察处：对环境卫生及执照厅行政执照处发出准照或许可相关的活动、项目及场所的有关法律或法规的遵守情况进行监察；监察市政署管理的公共地方的清洁；监察环境状况，主要包括有关气体、液体的排放等情况；监察在公共街道或延伸至公共街道的广告及宣传品的装置情况；监察公共及私人坟场的使用情况；

——市政建设厅建设处：实施及监察属市政署负责的新工程；清除在市政署管理的公共地方及公共街道的不当障碍物，并拆卸非法建筑物；

此外，综合服务及质量监察厅质量监察处有权计划及监察市政署各附属单位的工作，应当理解为有权协调各厅、处的执法行动。

在执法权限配置的考虑上，大致还可概括出澳门的制度存在“谁发照，谁检查（监察），谁处罚”原则。《公共地方总规章》第 48 条规定，对于处以关闭有关场所的附加处罚，或处以中止有关许可、准照或执照的效力的附加处罚的，科处处罚的实体必须为发给许可、准照或执照的主管实体。这是体现这一原则的一般规定。在具体规定上，例如，市政署组织附属单位中，前述对流浪动物有执法权的动物检疫监管处，同时是有权对饲养动物（犬马）发出准照的部门；有权监管小贩经营的小贩事务处，同时是有权向在公共地方及公共街道活动的小贩等发出准照的部门；在监察证照相关的活动、项目及场所、监察环境状况和公共地方清洁等方面有执法权的环境卫生及执照监察处，本身虽然没有发出准照的权力，该处某种意义上是一支专门的执法队伍，不过该处执法所针对的行政相对人的证照是由与该处同属于环境卫生及执照厅的行政执照处发出的，从厅的层面看，也是体现了“谁发照，谁检查（监察），谁处罚”原则。

第二，作为上述“谁发照，谁检查（监察），谁处罚”原则的例外，检查（监察）权有时与处罚权适当分离，从而形成多部门共同参与城市管理、共同监管的机制。

由于城市管理涉及的事项纷繁芜杂，澳门通过逐一列明管理事项并将事项管理权分别授予各执法主体（或厅、处）的规定尽管已经相当细致，但政府完全依照职权法定原则“各人自扫门前雪”，所达到的城市治理效果必然不尽如人意。而且在澳门，城市管理执法人员数量毕竟有限，如何深入大街小巷、城市每个角落监察城市治理状况？这也会令城市管理执法人员捉襟见肘、有心无力。

本章第一节已论述，澳门城市管理具有共同监管的特点，《公共地方总规章》第 36 条第二款规定了如行政当局或警察当局人员目睹本法规规定可处罚的事实，应按情况撰写有关的实况笔录或相关文件并将之送交科处处罚的主管实体。这实际上是在城市管理方面检查（监察）权与处罚权适当分离的制度设计。那么，在关于公共地方市政管理的范围内，可以说，全澳门特区的公务人员都具有目睹意义上的检查权[①]，在此意义上说全澳门特区的公务人员都是“城管人员”。

除了涉及市政管理的《公共地方总规章》，另外一些涉及城市管理的法律也设置有检查（监察）权与处罚权适当分离的制度，尤其在涉及道路、吸烟、噪声等多个部门都有职权介入的事务，检查权的分散与处罚权的统一相结合，也有利于处罚的公正。例如，根据第8/2014号法律《预防和控制环境噪声》第11条和第14条，环境保护局、治安警察局分别有权监察噪音限制规定的遵守情况，而实施行政处罚的职权仅属于环境保护局局长。又如，根据第5/2011号法律《预防及控制吸烟制度》第24条和第28条，卫生局、市政署、博彩监察协调局、治安警察局在各自职责范围内有权监察本法的执行情况，但科处罚款及附加处罚的职权仅属卫生局局长。

第三，针对城市管理不同事务的特点，法律赋予执法部门多样性的强制措施，从而为城市执法部门提供比较充分的手段保障。

行政即时强制的措施，主要有限制人身自由、查封、扣押、冻结等，以及其他行政强制措施。而城市管理执法所面对的事务林林总总，违法行为又常常具有即时性、多发性、不固定性，如何对症下药地采取强制措施及时预防和制止违法行为、防止侵害扩大，立法者如何通过单行立法（部门行政法）恰当地设置这类统称为“其他行政强制措施”的执法手段，保障充分赋予执法部门权限和手段，就大有学问。

在这方面，澳门城市管理执法的一些制度设计是具有借鉴意义的。

例如，第4/2016号法律《动物保护法》第14条规定：“如动物对公共卫生或公共安全构成危险，或为保护动物的目的，市政署可采

① 当然，检查权从对相对人造成影响深浅的程度来看也有不同层次，目睹是最浅、最简单的检查权，有权目睹违法而检查不意味着可以在没有目睹显而易见之违法事实的情况下进入场所、查阅资料等检查，后者对市民造成较深层次影响的检查权不能恣意行使。

取或命令饲主采取下列一项或多项措施，且不影响尚有的行政或刑事处罚：（一）扣押动物；（二）隔离检疫；（三）将动物移离澳门特别行政区；（四）注射疫苗；（五）作出身份标识；（六）强制执行食宿及清洁的特定准则；（七）限制活动或对活动设定条件；（八）绝育；（九）在指定地点长期隔离；（十）将动物放归原生环境或适当的生存地点；（十一）销毁动物的尸体；（十二）中止或废止按本法律发给的许可；（十三）以人道方式终止动物的生命。”

又如，第12/2013号法律《城市规划法》第33条规定，主管行政机关“仅在预见或恐防可能发生的变更对社会造成的损害大于采取预防措施所造成的损害，且在列明有关依据的情况下，方可在已决定编制、检讨或修改城市规划的地区制定预防措施，以避免因在该地区实际存在的状况被变更而可能妨碍有关城市规划的编制或修改。”“预防措施可包括：（一）暂时中止规划条件图的发出程序；（二）暂时中止根据八月二十一日第79/85/M号法令核准的《都市建筑总章程》的规定发给工程准照的程序；（三）禁止、限制尤其下列作业，或规定有关作业须遵守具约束力的意见书的指示：（1）建筑物的土木建筑、扩建、更改或重建工程，但仅须进行预先通知程序的工程除外；（2）现有建筑物的拆卸工程；（3）土地重整的作业。”对于违反城市规划或违反预防措施的工程，土地工务运输局有权命令禁制、拆卸有关工程，以及当有需要时，命令将土地恢复至其在施工前的条件状况，且不影响罚款的科处[①]。

第四，当城市管理执法遇到抵抗时，可通过要求公务协助来请求治安警察局实施对人身的直接强制措施。

① 第12/2013号法律《城市规划法》第51条。

对反抗执法的行政相对人即时采取的具有物理力量的措施，即对人身的直接强制措施。城市管理执法人员面对暴力抗法现象时，由谁采取直接强制措施，是一个如何合理配置执法权的重要问题。该权限配置恰当的，在执法实践中能迅速有效制止违法现象及其侵害、影响的扩大，而且这里说的“有效的制止手段”也是指合乎比例的、对相对人侵害较小的手段，这样也有利于保障相对人的人身权和防止公权力粗暴执法。

澳门第9/2018号法律《设立市政署》第22条规定：“具监察职务的市政署人员在执行监察职务时……可依法要求警察当局及行政当局提供所需的协助，尤其是在执行职务时遇到反对或抗拒的情况。”而第14/2018号法律《治安警察局》第6条所规定的治安警察局的职权中，“确保尊重法治，并维持公共秩序、安全及安宁”和“当公共部门及其他公法实体，以及有关工作人员为担任其职务而要求协助时，予以协助”这两项规定，亦可推导出治安警察局具有应其他部门请求而实施对人身的直接强制措施的权力。城市管理执法部门执法遇到抵抗时，请求治安警察局协助是“可以”而非“应当”，相关部门的请求亦构成治安警察局启动实施直接强制措施的权力之要件，由此推导出，实施直接强制措施的权力并非必然由治安警察局垄断，市政署等部门亦有自行实施直接强制的法律空间。不过，根据澳门法律相关规定，相对人抵抗执法的将构成违令罪，而制裁犯罪的刑事诉讼程序必然需要警察的介入，因此，当城市管理执法遇到抵抗时，治安警察局实施对人身的直接强制措施应当为制度常态。（关于公务协作机制，及关于行政执法与刑事司法的衔接机制，分别详见本章第四节和第六章）

第三节　执法人员和经费的保障机制

一、广东关于加强城市管理执法队伍建设和保障经费投入的制度

执法监督和执法保障是同时不可忽视的两面。鉴于我国行政执法同时存在的权力滥用和执法手段不足的问题尚未根本解决[①]，而城市管理执法是旨在维护和改善城市空间秩序、实现城市公共利益的活动，加强执法监督、防止权力滥用不能构成忽视执法保障机制建设的理由。2015年，中共中央国务院《关于深化推进城市执法体制改革改进城市管理工作的指导意见》中从人员配备、人员管理、人才培养、协管队伍、经费投入等方面，提出加强城市管理执法队伍建设和保障经费投入的要求。从行政组织法的角度，这是公务员法和公物法应当规定的内容，加强城市管理执法队伍的人员保障和经费保障应当通过法律规定制度化。

（一）中央与广东省的立法保障

在中央立法层面，《城市管理执法办法》规定，在人员保障方面，城市管理执法人员应当持证上岗，应当定期接受培训；可以配置城市管理执法协管人员，配合执法人员从事执法辅助事务。在经费、装备等保障方面，城市管理执法主管部门应当按照规定配置执法执勤用车以及调查取证设施、通信设施等装备配备；城市管理执法应当保障必要的工作经费，工作经费按规定已列入同级财政预算；城市管理领域应当建立数字化城市管理平台。[②]2016年中共中央办公厅、国务院办

---

① 杨建顺：行政强制法18讲，中国法制出版社2011年版，第26～27页。

② 参见《城市管理执法办法》第16条至第23条。

公厅印发的其他规范性文件《行政执法类公务员管理规定（试行）》在执法人员管理方面的规定亦可为城市管理执法人员保障提供制度性依据。

执法人员和经费保障机制，涉及国家公务员制度和预算制度等，某种意义上是一个宏观问题，需要中央立法作出一些统一规定。不过也要看到，中央的上述立法是一种框架性立法，切实的执法保障制度需要地方立法根据本地公务员管理水平、财政水平、执法权限的纵向分工机制等实际情况予以落实。

广东在省级立法层面，制定了地方性法规《广东省行政执法队伍管理条例》，规定“行政执法队伍的执法人员必须符合以下条件：（一）有良好的政治素质和思想道德品行；（二）熟悉相关的法律、法规、规章和本部门业务的知识；（三）具有高中毕业以上的文化程度”，规定“行政执法人员执行公务时，应当出示省人民政府统一制发的行政执法证件或者国家法律、行政法规规定的执法证件”，规定行政执法人员必须接受综合法律知识培训和专业法律知识培训。[①]这在执法人员准入和培训上作出了比中央立法更细致的规定。

（二）深圳、广州等地的执法人员和经费保障机制

在市级立法层面，并不是每个城市都将执法保障的相关内容在地方立法中予以规定。在广东，深圳根据国家公务员分类管理的要求制定了《深圳市行政机关行政执法类公务员管理办法》，在《深圳经济特区城市管理综合执法条例》中对执法保障亦有专章规定，制度较为完善；此外，广州、江门等地的地方立法也有一些相应规定。

广东深圳、广州等地的执法人员和经费保障机制，其中具有借鉴

① 《广东省行政执法队伍管理条例》第12条、第13条。

意义的，笔者尝试概括为以下几点内容：

第一，规定各级政府具有为城市管理执法部门配备充分装备的义务[①]，有的城市规定了专项经费。执法装备的配备水平，应该达到满足执法工作需要、保障一线执法人员人身安全的程度。从加强保障的角度，规定专项经费[②]更有利于维持稳定渐进的装备水平。

第二，规定街道执法队的人员编制，推动执法人员向基层下沉。例如《深圳经济特区城市管理综合执法条例》第35条关于合理配置执法力量的规定，“市、区人民政府及街道办事处应当加强对综合执法工作的领导、支持和保障。不得挪用、挤占街道执法队的人员编制。”在深圳，对职级较高的公务员还实行职数管理，限制职级较高执法类公务员的数量[③]，此亦有利于确保较大数量的执法类公务员留在基层。

第三，对执法类公务员实施精细化管理，为执法人员提供明确的职业生涯预期。深圳积极推行公务员管理体制改革，《深圳市行政机关行政执法类公务员管理办法》作出了大量上位法所没有的具体规定。其中，将执法类公务员职位根据不同执法领域、工作内容和管理需要，划分为若干职组；各职组可按照不同职位特点和人员素质要求，进一步划分为若干职系。执法类公务员所在主管部门应当根据工作实际，编制职位说明书，并要求职位说明书保持相对稳定，其内容应当由所

---

① 例如，《广州市城市管理综合执法条例》第11条，《深圳经济特区城市管理综合执法条例》第36条。

② 例如《江门市城市管理综合行政执法办法》第7条规定，“各级政府应当……建立城市管理综合执法经费保障机制和安全保障机制，改善办公和装备条件，保障市容市貌整治专项经费，为执法人员的人身安全提供保障。”

③ 行政执法类公务员，根据任职条件、年功和工作业绩要求，划分为7个职级。《深圳市行政机关行政执法类公务员管理办法》第8条规定，“一、二级执法员实行任职条件和职数管理，职数由所在主管部门统筹使用。其中，一级执法员职数不超过本部门行政执法类公务员编制总数的3.5%，二级执法员职数不超过本部门行政执法类公务员编制总数的18%，均按照‘四舍五入’原则计算。”

在主管部门主动向社会公开。市公务员主管部门根据行政执法类公务员职组、职系的职位特点制定相应管理办法，实施精细化管理。①

第四，细化执法人员培训内容的规定。例如，规定专门业务培训的培训内容以法律专业知识、基本执法要求、办案文书制作以及职位职责要求的其他知识、能力为主，有针对性地提高行政执法类公务员的业务工作能力。并规定培训情况、学习成绩作为对其考核的内容和任职、晋升的依据之一。②

第五，要求市公务员主管部门按照本市实际情况，制定行政执法类公务员薪级与职级的对应关系，以及薪级按年度考核结果正常晋升和因职务升降相应调整的具体办法；制定行政执法类公务员的住房保障、医疗保障、保健等福利制度。③

（三）如何走向更充分的保障？——现行机制应予完善的地方

对执法人员配备和经费投入要实现充分的保障，首先要明确这不是一个单纯的法律问题。地方财政能力、执法人员整体素质、城市居民守法观念等因素的制约，都可能使得法律制度的实施“巧妇难为无米之炊”。我们所探讨的是，如何尝试完善机制，在现有制约之下努力实现资源的相对良好配置。笔者尝试谈以下几点看法：

第一，执法权限的纵向分工（即执法事项的级别管辖）体制改革应当有助于推动执法人员和经费保障机制的完善。稳步推进街道执法模式，并相应地推进执法人、财、物等执法力量向基层下沉，防止执法队伍过度文官化，是对一线执法的有力保障。

第二，应当建立和完善持久、系统、精细化的执法人员培训制度，

---

① 参见《深圳市行政机关行政执法类公务员管理办法》第5条、第6条、第9条。

② 参见《深圳市行政机关行政执法类公务员管理办法》第18条、第19条。

③ 参见《深圳市行政机关行政执法类公务员管理办法》第41条至第44条。

在考核机制上鼓励执法人员参加培训，不能走过场。培训应当成为提高人员素质的有效工具。虽然城市管理执法事项具有易于判断、专业性不强的特点，但综合执法事项的庞杂则要求执法人员具备多种技能，熟悉多领域的法律规范，培训不应受到忽视。而且，执法队伍中人员流动过于频繁必然不利于队伍整体素质的积淀，培训也应当发挥培养执法人员的职业归属感的作用，增强执法队伍稳定性。

第三，探索运用保险制度，化解执法人员的职业风险尤其是执法中的人身危害风险对执法人员带来的损失。

第四，大力推进信息化网络化建设，在一些执法事项上有效节约和优化配置人力资源，以大数据方面的技术进步推动执法实效性增强。例如在城市执法中，运用和推广日益成熟的电子警察和人脸身份识别技术，建设各部门共享的执法信息平台，优化公务协作机制，加大联合惩戒的力度。

二、澳门市政监察人员的保障机制和财政管理制度

由于市政署是澳门城市管理的主要监管部门，这里以市政署为例探讨澳门城市管理执法的人员和经费保障机制。

市政署是一个具有行政自治权和财政自治权的公务法人，跟澳门特区政府内设的职能部门相比，其具有相对独立性，这是我们理解澳门城市管理执法在人员和经费方面的保障机制的基础。正是市政署的这种自治性，使得他在人事管理和财政管理上具有灵活性和特殊性。

（一）市政署监察人员的法律地位

市政署的执法人员，在澳门称为“具监察职务的市政署人员”。由于市政管理委员会主席本身具有执法权，而该执法权可以授予市政署内组织附属单位和各个工作人员。因此从对现有法律规定的理解来

看，澳门市政署内部似应不存在执法人员和非执法人员的资格上的区别，仅存在是否从事执法职务的分工区别。

在市政署人事制度上，第 9/2018 号法律《设立市政署》第 20 条是关于市政管理委员会成员及主管人员（厅长、处长）的特别规定，上述人员具有编制[①]，委任以定期委任方式作出，适用特别法律。可见，市政署工作人员可以分为领导人员和非领导人员。本节讨论的执法人员是指不处于领导职位的普通执法人员。

普通执法人员（监察人员）的法律地位，从以下几方面分析：

1. 不具有编制，目前适用个人劳动合同制度

根据第 9/2018 号法律《设立市政署》第 19 条，市政署的人员制度为市政署人员通则内的个人劳动合同制度；市政署人员的招聘、甄选、聘用及社会保障制度受市政署人员通则约束；此外，其他公共部门的工作人员可以通过征用、派驻等制度在市政署内担任职务。而笔者检索澳门印务局“澳门法例资料查询系统”，并未发现“市政署人员通则”或关于市政署人员人事管理制度的专门立法，该通则或许目前尚未制定。因此，澳门市政署普通执法人员目前适用的是个人劳动合同制度，亦即原则上都是没有编制的工作人员[②]。

2. 除了临时工作人员外，市政监察人员应当定位为专业技术人员

根据《第 6/2009 号行政长官批示》的要求，立法会制定第 12/2015 号法律《公共部门劳动合同制度》，使公共部门跟其工作人员的法律关系，区别于普通雇主与雇员适用第 7/2008 号法律《劳动关

① 参见第25/2018号行政法规《市政署的组织及运作》附表1。

② 根据第25/2018号行政法规《市政署的组织及运作》第79条及附表1，市政署现有的留给普通工作人员（如技术员、市政机构管理员、技术辅助人员等）的编制，是2018年改制前原民政总署工作人员的编制。对于这类编制，当职位出缺时，编制取消。因此，市政署新招聘的普通工作人员并无编制。

系法》建立的劳动关系，且公共部门以合同聘用的工作人员相对于私人部门雇员而言处于较有利地位。[①]

适用《公共部门劳动合同制度》的公共部门包括市政署一类的公务法人。[②] 该法第 3 条规定，公共部门劳动合同分为行政任用合同和个人劳动合同；以合同方式任用工作人员在公共部门担任职务，应采用行政任用合同；但在下列情况下方可采用个人劳动合同：（一）担任顾问或专业技术职务；或（二）为满足临时性或紧急性的需求。因此，个人劳动合同是公共部门劳动合同的一种例外情形，仅适用于两种特殊情况。

关于聘用工作人员担任顾问或专业技术职务，《公共部门劳动合同制度》第 17 条、第 18 条规定，仅在专业人员短缺或拟聘用的人员具特别才能的情况下，方可以个人劳动合同制度聘用工作人员担任此职务；聘用须经行政长官许可；这种个人劳动合同可续期。

关于临时性或紧急性的需求，亦即市政署可能需要招聘“临时工”的情况，《公共部门劳动合同制度》第 19 条至第 21 条规定，招聘部门须向监督实体[③] 说明任用的紧急性及需求，应聘人员原则上需经过考试甄选；任用工作人员以满足临时性或紧急性需求的合同的期间不可超过一年，合同不可续期，且合同终止后的三个月内公共部门不可与同一名工作人员订立新个人劳动合同。上述规定表明，市政署即使招聘“临时工”，在制度上也有较严格限制，而且合同的续期禁止规定也可预防市政署通过使用“临时工”执法成为常态。何况，市政监察人员数量不受编制限制，亦无大量使用“临时工”的必要。

---

① 根据《第6/2009号行政长官批示》，各公共部门和实体中以个人劳动合同制度任用的工作人员，适用第7/2008号法律（劳动关系法）内订定的对其较为有利的规定。

② 第12/2015号法律《公共部门劳动合同制度》第1条。

③ 市政署的监督实体是行政长官及行政法务司司长。

将《设立市政署》第 19 条与《公共部门劳动合同制度》上述规定结合理解，在市政署人员通则未制定之前，既然市政署人员制度主要采用个人劳动合同制度，那么订立个人劳动合同的工作人员应当是定位为担任专业技术职务的人员。

3. 不完全适用《澳门公共行政工作人员通则》

2015 年《公共部门劳动合同制度》制定后，第 87/89/M 号法令核准的《澳门公共行政工作人员通则》（以下简称《通则》）相应修改。该《通则》第 1 条、第 2 条对于适用范围的规定是，“本通则适用于包括自治机关及自治基金组织在内之澳门行政当局公共部门之人员。”“为适用本法规的规定，公务员及服务人员均视为公共行政工作人员。”“以确定委任或定期委任作出的任用赋予公务员的资格。”“以临时委任或行政任用合同制度作出的任用赋予服务人员的资格。”又，《公共部门劳动合同制度》第 22 条规定，受聘担任顾问或专业技术职务的工作人员，须受经十二月二十一日第 87/89/M 号法令核准的《澳门公共行政工作人员通则》第六编规定的纪律制度规范。

从上述几条规定来看，市政署内部，除了领导人员、征用人员、派驻人员、签订行政任用合同的人员外，其他签订个人劳动合同的人员（主要是专业技术人员），他们除了要一律遵守《澳门公共行政工作人员通则》的纪律制度外，原则上不适用《澳门公共行政工作人员通则》其他规定——包括报酬、补助、职务保障等规定。

（二）市政署监察人员的职务保障问题

对于实行个人劳动合同制度的市政署执法人员而言，尽管同样受到《澳门公共行政工作人员通则》的纪律制度制约，防范编制外公务人员恣意执法的风险；不过，《澳门公共行政工作人员通则》本身未将订立个人劳动合同的市政署执法人员纳入其适用范围，亦产生了公务员职务保障和相关福利制度不适用于个人劳动合同制工作人员的问题，从而会影响他们的履职积极性。十多年前，就有学者提出，在澳门公职法律制度中，由于区分了编制内人员和编制外人员，且个人劳动合同在公共行政范畴没有统一的制度规范，则容易产生受聘人员的权利义务有明显差别。[①]2015 年制定的《公共部门劳动合同制度》一定程度解决了个人劳动合同无统一制度的问题，但在职务保障问题上，上述学者的批评依然有道理。例如，《澳门公共行政工作人员通则》所规定的在职时意外的保障制度[②]和公务人员无偿获得卫生护理的权益[③]，若不适用于个人劳动合同制度的工作人员，则如何解除他们执法的后顾之忧？最终可能导致他们执法上的懈怠不作为。

从目前澳门的法律制度来看，立法者尝试在单行立法中弥补存在的漏洞。第 8/2006 号法律《公务人员公积金制度》规定，以个人劳动合同聘任的公务人员，同样可于公积金制度登记；供款人（公务人员）终止职务时，有权选择收取退休金或抚恤金（如因在职意外、职业病、作出人道行为或社会奉献而死亡或失去工作能力的，可以取得退休金），在满足法定条件时公务人员本人及其家属取得退休人员卫生护理权，终止职务前仍租赁公共房屋的可保留其租赁有关房屋的权利；出现在职意外时，无论是否终止职务，公共行政工作人员的一般法所定的因在职时意外而缺勤制度，适用于公积金制度供款人。[④]第 20/2017 号行政法规《公务人员投诉处理的管理制度》规定了包括以个人劳动合同制度任用的人员在内的公务人员，同等有权向公务人员

① 蒋朝阳：略论澳门公职法律制度的改进，载蒋朝阳《澳门基本法与澳门特别行政区法治研究》，社会科学文献出版社2016年版，第302～303页。

② 见该《通则》第110条至第120条。

③ 见该《通则》第145条至第155条。

④ 分别参见第8/2006号法律《公务人员公积金制度》第3条、第13条、第18条至第20条，第23条。

投诉处理管理委员会投诉其上级和所在的公共部门，以便改善工作关系和人力资源管理。①

上述单行制度有助于促进一视同仁对待市政署监察人员。不过，市政署内部同时存在编制内人员、行政任用合同聘任人员、个人劳动合同聘任人员等不同类型的公务人员，如何公平而充分地实现公务人员职务保障，应当是依法有待制定的市政署人员通则要解决的难题。

（三）市政署的经费保障

澳门市政署具有财政及财产自治权。根据组织法规定，这一财政及财产自治权，主要反映在市政管理委员会的下列职权：编制及议决年度活动计划及有关修改，以及本身预算及预算修改的建议；编制及议决年度活动报告及管理账目的建议；按照本身预算，取得收入及作出开支；管理本身财产。由于是相对独立于政府的公务法人，市政署除了政府预算拨款外，有其本身的收入，这些收入不必上缴特区政府“国库”。市政署根据本身预算运用的资源来自四方面：（1）本身收入；（2）特区总预算的拨款；（3）预算执行结余；（4）因提供服务所产生，或法律、规章、合同、法院裁判或监督实体的决定指明属其所有的其他资源。此外，行政长官可例外订定给予市政署的特别预算拨款，尤其是为应付公共灾难的情况。这里的“本身收入”，包括：收取与发出准照或提供服务有关的费用、收费及价金的所得；法律或规章规定归市政署的罚款所得；出售的所得及本身财产的收益；遗产、遗赠、赠与及从其他慷慨行为中的所得；根据法律或规章规定，又或合同应属其所有的任何其他收益。②

其中值得注意的是市政署依法或依规取得罚款所得。根据第

① 参见第20/2017号行政法规《公务人员投诉处理的管理制度》第2条、第3条。

② 第9/2018号法律《设立市政署》第24～27条。

28/2004 号行政法规《公共地方总规章》第 57 条，执行本法在市政署处罚职权范围内所科罚款的所得，为市政署的收入。第 5/2013 号法律《食品安全法》和第 4/2016 号法律《动物保护法》亦有类似规定。[①] 相比之下，特区政府内设的职能部门收缴的罚款或执法费用，归属特区政府所得，职能部门不能私分、截留。而当一些法律法规的执法部门涉及市政署和特区政府内设职能部门等多个部门时，法律法规则要规定罚款(或费用)收入如何分配。例如第 3/2007 号法律《道路交通法》第 127 条规定，移走非法停泊车辆而令车辆所有人清缴的费用，收入如下分配：如车辆由市政署移走及存放，归属市政署；如属公共泊车服务的情况，归属营运实体（公共停车场等）；其他情况，归属特区政府。第 142 条规定，对触犯本法律的行政违法行为科处的罚款所得，属澳门特别行政区的收入；但在检验车辆、驾驶教学及驾驶考试的事宜上征收的罚款所得，属市政署的收入。

市政署设财务管理厅，负责管理市政署的财务，管理常设基金及营运基金，管理、保养及维修属市政署的车辆，并管理有关工场、设备、库存物料及燃料，自行采购资产等。市政管理委员会具职权作出在市政署本身预算内载明的开支。[②]

市政署的财政及财产自治权，使其在执法中收取的罚款和费用归其所有，并能自行决定采购执法装备设备，可以说，这样的制度能够为市政署履行城市管理执法职权提供相当充分的经费保障。不过，这样的制度也会存在以罚款创收的寻租空间，存在滋生腐败的风险。因此，在维持市政署财政及财产自治权的同时，如何设计严格的监督制

① 第5/2013号法律《食品安全法》第24条：“因本法律规定的行政违法行为而科处的罚款所得，属民政总署的收入。”第4/2016号法律《动物保护法》第39条：“根据本法律的规定所科处的罚款及征收的费用所得，属民政总署的收入。”原民政总署即现市政署。

② 第25/2018号行政法规《市政署的组织及运作》第50～52条，第71条。

度尤其是财务监督制度，非常关键（详见第四章的探讨）。

第四节　城市执法的公务协作机制

一、广东的公务协作机制

城市执法体制的改革旨在实现特定领域的行业管理权限和执法权限的分离。但这种分离并不意味着原来的行政主管部门可以甩手不管，可以向执法部门“甩包袱”。多个地方的实践情况表明，城市管理执法部门承担的职责过重、主管部门与执法部门工作脱节，这一问题成为执法体制运行不顺的重要症结。住房建设、环境、工商等行政主管部门与综合执法部门的良性协作，是改革后的城市执法体制运行顺畅的关键。而《城市管理执法办法》及中央相关的政策性文件对于这样的行政协助机制只是作出了原则性规定，如执法信息互通共享机制、行政主管部门和综合执法部门之间的双向移送案件机制等[①]。

笔者认为，行政主管部门和综合执法部门之间的行政协助机制，必须通过地方立法予以具体规定和落实健全，因为行政协助的制度设计受制于一个地方的综合执法改革广度深度、电子政府平台建设水平、政府内部组织结构等因素，只可因地制宜，目前难以依赖中央立法统一规定。而实践中，广州、深圳、珠海、上海、浙江省、南京等地的城市管理综合执法立法均以专章或专节规定了“执法协作”，对行政主管部门的具体协助义务、共享信息的范围、主管部门提供专业意见、调查取证协助、重大专项执法协助、公安机关协助、协助的工作期限、督促措施、行政主管部门的后续管理等进行了制度探索，为相应的地

① 参见《城市管理执法办法》第35条、第37条。

方立法研究积累了素材。

广东各市关于城市综合执法的地方立法中普遍规定了公务协作的内容。将这些规定概括起来，主要有以下几个方面[①]：

（一）信息互通共享机制

《城市管理执法办法》第35条规定城市管理执法主管部门应当与有关部门建立行政执法信息互通共享机制。从广东的地方立法实践来看，可以这样描述这一机制：

这里需要互通共享的信息，可以包括：①相关行政机关实施与城市管理综合执法有关的行政许可事项和监督管理信息；②城市管理综合执法机关实施行政处罚的情况和在执法中发现应当告知相关行政机关的信息；③与城市管理综合执法有关的专项整治行动信息；④其他需要共享的重要信息。[②]

由此，这一机制可以细分为以下工作内容：

一是行政主管部门应当将与综合执法事项相关的行政许可信息（如颁发牌照、审批项目等）向城市管理执法部门备案。[③]有的城市（例如佛山）还规定了送交备案的时限。

二是城市管理执法部门应当将作出的行政处罚决定，定期按照案

① 在实施综合执法体制改革后，对于一些专业性较强的领域，或者职责范围无法界定清晰的领域，综合执法部门和行政主管部门联合执法的机制和现象仍然存在，甚至较为常见。但由于联合执法机制政策性较强，即使全国范围内，地方立法很少亦很难作出规定，因此这里不把联合执法机制作为一种公务协作的法律制度予以讨论。

② 参见《广州市城市管理综合执法条例》第31条。

③ 参见《中山市实施相对集中城市管理行政处罚权规定》第8条，《深圳经济特区城市管理综合执法条例》第42条，《佛山市实施相对集中行政处罚权暂行规定》第111条，《惠州市城市管理行政执法规定》第24条，《汕头市实施城市管理相对集中行政处罚权规定》第25条，《湛江市城市管理行政执法规定》第6条等。

件类型分别报送同级相关行政主管部门备案。[①] 有的城市（例如湛江）还规定，城市管理执法部门作出的处罚决定违法或不当的，有关行政主管部门有权提请市人民政府予以纠正。

三是城市管理执法部门向行政主管部门查询信息。城市管理执法部门在查处违法行为时需要向其他行政主管部门查询、复印档案等有关资料的，其他部门应当配合。[②]

四是城市管理执法部门可以请求行政主管部门提供专业意见，包括法律意见。由于这一请求通常发生在行政执法过程中，使行政行为成为一个多阶段行政行为，为保障该执法过程中的行政相对人的利益，立法通常规定了行政主管部门提供专业意见的时限，以免延误整个行政行为。例如，《珠海经济特区相对集中行政处罚权条例》第 30 条规定，“城市管理行政执法部门……需要征询相关管理部门专业意见的，相关管理部门应当自收到协助函件之日起五日内出具书面意见，情况复杂，需要延期的，应当以书面形式说明理由并明确答复期限，不得推诿塞责，妨碍案件调查或者变相收取服务费用。”广州、深圳、江门等城市的立法亦有类似规定，答复时限为 5 ~ 7 个工作日不等。[③]《江门市城市管理综合行政执法办法》第 43 条还规定，“查处违反城乡规划、住房城乡建设、园林管理等方面法律、法规、规章规定行为的案件，需城乡规划、住房城乡建设、园林等部门提出适法认定的，由

---

① 参见《中山市实施相对集中城市管理行政处罚权规定》第8条，《佛山市实施相对集中行政处罚权暂行规定》第111条，《惠州市城市管理行政执法规定》第28条，《汕头市实施城市管理相对集中行政处罚权规定》第25条，《湛江市城市管理行政执法规定》第6条等。

② 参见《广州市城市管理综合执法条例》第32条，《深圳经济特区城市管理综合执法条例》第42条，《珠海经济特区相对集中行政处罚权条例》第30条，《江门市城市管理综合行政执法办法》第41条。

③ 参见《广州市城市管理综合执法条例》第32条，《深圳经济特区城市管理综合执法条例》第42条，《江门市城市管理综合行政执法办法》第41条。

城市综合管理部门发函提请相关部门作出适法认定。城乡规划、住房城乡建设、园林等部门对其移交的案件，应作出适法认定。”在综合执法体制下，城市管理和城市执法权发生相对分离某种意义上也意味着法律解释与法律适用存在一定的分离，而行政主管部门对具体问题向城市管理执法部门出具的法律意见，有助于抵消这一副作用，帮助城市管理执法部门准确适用法律。

（二）案件相互移送机制

案件相互移送机制是城市管理综合执法体制的必然要求。综合执法意味着行政主管部门的部分执法权转移到城市管理综合执法部门手中，而剩余未经授权的执法权仍保留于行政主管部门。执法权限转移到城市管理执法部门后，原行政主管部门不得行使该执法权限，否则执法行为无效。而尽管地方立法多采用了事项列举的方式予以明确，但综合执法的职责范围仍具有一定的模糊性，案件相互移送是维护职权法定原则、防止越权无效的机制。

因此，广东各市的地方立法普遍规定了城市管理综合执法部门和行政主管部门的案件相互移送机制。例如，《深圳经济特区城市管理综合执法条例》第 41 条规定，“综合执法部门在履行职责过程中发现其他违法行为的，应当按照有关规定移送有关行政部门查处。”“有关行政部门在执法过程中，发现已纳入综合执法范围的违法行为，应当按照有关规定移送综合执法部门查处。”《珠海经济特区相对集中行政处罚权条例》第 28 条规定，“城市管理行政执法部门与相关行政部门建立案件转办和办理情况反馈制度。按照各自职责确定案件管辖范围，不属于本行政部门管辖的案件，应当移送有管辖权的行政部门。”[①]

① 此外，《广州市城市管理综合执法条例》第35条、《中山市实施相对集中城市管理行政处罚权规定》第6条、《惠州市城市管理行政执法规定》第25条、《江门市城市管理综合行政执法办法》第45条、第46条也有近似规定。

为防止案件相互移送机制变成职能部门之间互相推诿的借口，有的城市（如深圳、江门）的立法规定，城市管理综合执法部门和相关行政主管部门无正当理由，不得拒绝接受移送的案件。“不得拒绝”的规定仅解决个案问题，作为配套机制，应当建立职权范围争议裁决机制。例如《广州市城市管理综合执法条例》第7条规定，“城市管理综合执法机关与相关行政机关对职责范围发生争议的，由市、区人民政府处理”，具有参考意义。

（三）公安机关协助执法

在城市管理执法中，部分强制措施的实施权并未赋予城市管理执法部门，例如对涉嫌违法的场所破门而入的权力，需要公安机关通过实施该措施协助执法；有的情形，城市管理执法部门虽可实施强制措施，但遇到相对人暴力抗法的，宜由公安机关协助执法，维持秩序。

在广东，对于公安机关协助执法的机制，有的城市的地方立法规定得较为简略。相对而言，深圳、珠海的规定较为完善。[①]结合实践，这一机制的内容可概括为：

一是明确公安机关具有支持、协助和配合城市管理综合执法部门依法开展综合执法的职责。公安机关应当指定有关机构，协助和配合综合执法部门开展执法。

二是明确公安机关协助执法的条件，第一，是行政相对人出现拒绝、阻碍城市管理综合执法人员执法活动的行为，尤其是暴力、威胁的方式抗法的行为。有的地方立法（例如珠海）特别规定了对集中清拆违法建筑和存在较大执法困难的违法建筑强制拆除行动，公安机关应当协助执法。第二，是违法的行政相对人拒绝提供或者无法提供身

---

① 参见《深圳经济特区城市管理综合执法条例》第37～39条，《珠海经济特区相对集中行政处罚权条例》第31条、第32条。

份证明信息的，综合执法人员可以联系公安机关进行现场协助，公安机关对仍拒绝提供身份证明信息的可采取强制措施。

三是作为协助执法的配套机制，各城市应当建立公安机关与城市管理执法部门之间证据、信息联通的协作机制。

此外，鉴于目前尚无规定，法律应当规定城市管理执法机关向公安机关请求协助执法的请求权与提请的程序。

（四）综合执法的后续措施

从行政过程论的角度，执法未必是解决城市管理问题的最终手段，对于有的多发性问题，应当疏导与执法相结合，实行源头治理。广东有的城市已经注重这一点并在地方立法中加以规定。例如，《深圳经济特区城市管理综合执法条例》第 44 条规定，“有关行政部门应当加强与综合执法部门的协作，履行违法行为查处后的后续管理工作。”“对于违法行为多发的领域和环节，综合执法部门应当通报给有关行政部门。有关行政部门应当进行分析、研究，完善制度建设。”《江门市城市管理综合行政执法办法》第 47 条规定，城市管理执法机关执法时，如行政相对人拒绝配合调查取证、拒绝履行行政决定的，相关主管部门“在实施行业管理、资质审查、证照年审及日常监管等行政行为时，可以采取如下相应的制约和处理措施：（一）住房城乡建设部门对违法违规装修房屋、改变原产权证件登记内容的权利人，在其未履行城市综合管理机关行政决定前，不予办理房屋抵押、转让的有关手续；（二）对违法违规装修房屋的权利人，经责令改正仍拒不改正的，城市综合管理机关可依法要求供水、供电等单位予以协助；（三）工商行政管理部门对利用违法违规建（构）筑物、危险房屋或者改变建筑物使用功能进行经营活动的经营者，依照有关法律法规予以处理；（四）工商行政管理部门对未按工商登记核准的场所进行经营活动，经多次责令改正仍拒不改正的经营者，依照有关法律法规予以处理。”

除了上述公务协作机制外，《深圳经济特区城市管理综合执法条例》第 40 条规定，“人民法院可以依法成立或者指定专门法庭或者专业审判庭,负责处理综合执法诉讼和强制执行。”这是一个授权条款，为法院探索改革举措留下合法性空间。从公务协作的角度分析，由专门法庭或专业审判庭负责处理综合执法的强制执行问题，可以在实践中探索更符合城市管理的执行方式，在实效上也预期能加快法院处理城市管理执法机关执行申请的效率。

二、澳门的公务协作机制

（一）治安警察局协助城市执法的合作义务

在组织法上，第 9/2018 号法律《设立市政署》第 22 条规定了市政署作为城市管理执法部门所具有的公务协助请求权：“具监察职务的市政署人员在执行监察职务时，享有公共当局的权力，并可依法要求警察当局及行政当局提供所需的协助，尤其是在执行职务时遇到反对或抗拒的情况。”类似的规定，亦在与城市管理执法事务相关的行政行为法中得到反复重申。①

在城市管理执法中，治安警察局有两重地位。在噪声限制、防治吸烟、交通管理（处置违规停泊车）等方面，治安警察局具有管理和

① 第5/2011号法律《预防及控制吸烟制度》第28条第二款规定，“非属治安警察局的监察人员享有公共当局的权力，并可依法要求治安警察局提供必要的合作，尤其在执行职务时遇到反对或抗拒的情况。”第8/2014号法律《预防和控制环境噪声》第11条第三款规定，“非属治安警察局的监察人员享有公共当局的权力，并可依法要求治安警察局提供必要的合作，尤其在执行职务时遇到反对或抗拒的情况。”第4/2016号法律《动物保护法》第34条第二款规定，“民政总署监察人员在执行本法律的规定时，享有公共当局的权力……并可依法要求治安警察局提供协助，特别在执行职务时遇到反对或抗拒的情况。”等。

执法权[①]；同时，与城市管理执法等部门的公务协助请求权相对应，由于治安警察局被赋予了实施直接强制措施的警察权，治安警察局在组织法上具有合作义务。在第 14/2018 号法律《治安警察局》第 6 条关于治安警察局的职权中，“当公共部门及其他公法实体，以及有关工作人员为担任其职务而要求协助时，予以协助”，这一规定亦体现了治安警察局的两重地位和提供合作的权责。关于“合作义务”，第 14/2018 号法律《治安警察局》第 10 条第一款规定，“在不影响治安警察局行动的法定优先权的情况下，按法律规定，与澳门特别行政区其他保安部队及部门以及其他公共当局合作。”第 34/2018 号行政法规《治安警察局的组织及运作》第 2 条重申，“为确保内部公共安全及个人权利与自由的行使，治安警察局在其职权范围内依法与其他公共行政部门合作。”

上述法律规定，笔者认为，在立法导向上是引导由警察统一实施对人身的直接强制措施，加强城市执法的效率和效果。因此，在澳门，治安警察局的公务协作，并非可有可无的机制，它是城市执法过程中的重要一环。

（二）城市执法部门可请求的其他公务协助

从澳门特区的法律规定来看，除了请求治安警察局实施警察权外，城市管理执法部门还可从以下方面请求取得其他部门的公务协助：

1. 身份等数据的提供。第 52/99/M 号法令《行政上之违法行为之一般制度及程序》第 12 条规定，“怀疑出现任何行政上之违法行为时，有权限之行政当局得要求违法者提供身分数据及居所数据”，“如违

① 第14/2018号法律《治安警察局》第6条第二款：“二、治安警察局亦有以下职权：……（七）根据法律赋予的职权，监察法律规定的遵守，作实况笔录以及在有需要时科处规定的罚款；……”以及第5/2011号法律《预防及控制吸烟制度》第28条第一款，第8/2014号法律《预防和控制环境噪声》第11条第二款。

法者拒绝提供上述数据，有权限之行政当局得请求治安警察厅或水警稽查队之军事化人员要求违法者提供。”第4/2016号法律《动物保护法》第34条第二款规定，市政署监察人员在执行本法律的规定时，可要求违法者提供其姓名及地址，以及出示身份证明文件，并可依法要求治安警察局提供协助。第37条规定，市政署执行本法时，得以单挂号信的方式通知利害关系人，为此身份证明局、商业及动产登记局及治安警察局应在市政署要求时向其提供通讯地址、住所等数据。

2. 技术辅助。例如，第8/2014号法律《预防和控制环境噪声》第11条第五款规定，环境保护局可要求具备条件进行声学鉴定的公共或私人部门及机构，提供行使有关职权所需的技术辅助。

（三）城市执法机构之间的案卷移交机制

如本章第一节所述，澳门城市管理执法机制具有共同监管的特点，公务人员目睹违法可以构成处罚违法行为的立案启动条件。那么，目睹违法的执法机构及公务人员提起处罚程序，并向有处罚权的城市执法部门移交线索或案卷，成为实现“共同监管”的必要环节。

第28/2004号行政法规《公共地方总规章》第52条规定了城市执法的案卷移交一般程序：如具有监察权力的行政当局人员或警察当局人员目睹本法规所处罚的行为，可实时提起处罚程序、缮立控诉书，以及将之通知违法者；控诉书是透过填写预先印制的文件而缮立，其内须包含违法者的身份认别资料、违法者住所、违法事实描述、所违反的法律规定、至少一名目击证人的认别资料等15项资料。

在本章第二节所述的检查（监察）权与处罚权适度分离的执法事务上，案卷移交是必经程序。例如第8/2014号法律《预防和控制环境噪音》第15条关于实况笔录的规定，“由治安警察局监察人员缮立的关于违反第七条及第十条规定的实况笔录，应送交环境保护局。”

通过完善案卷移交的机制，笔者认为，一方面可防止执法责任的互相推诿；另一方面，涉及多部门执法的事务，通过这种“流水作业”方式取代联合执法方式，也可降低执法成本。

（四）城市执法机构的联合行动

关于城市执法机构的“联合执法”，澳门法例中称为“联合行动”。据笔者检索澳门法例，关于联合行动的法律规定很少，主要见于警察、保安和民防等领域。在城市管理执法领域中，笔者仅见一例，在第5/2011号法律《预防及控制吸烟制度》提及。[①] 由此判断，联合执法似非澳门城市执法机构之间公务协作的一种主要方式。

本章小结

城市管理执法体制涉及行政职权的分配、授予和转移，职权法定原则应当是体制建构的基础性原则。城市管理执法机关的职权范围和有权采取的执法措施应当都具有法律依据。

1. 在组织体制上，广东各城市经历着从分散执法到综合执法的体制改革。（1）相对集中行使执法权，使行政主管部门与城市管理执法部门之间出现了行业管理权限和执法权限某种程度上的分离。行政主管部门与城市管理执法部门之间的权限转移与行政协作关系，以及城市管理执法部门系统内上下级（市、区、街道）的执法权限如何分工的关系，是地方行政组织法应予规定的重要内容。（2）地方立法

① 第5/2011号法律《预防及控制吸烟制度》第28条第七款，“只要监察人员要求，公共或私人实体必须在本法律的范围内提供合作，尤其是在控烟联合行动方面。”结合第一款，这里的“控烟联合行动”应当是卫生局、市政署、博彩监察协调局及治安警察局等部门共同负责。此外，第34/2011号行政法规《修改卫生局的组织及运作》增加规定第25-A条，“预防及控制吸烟办公室具有下列职权：……b）协调控制吸烟的联合行动；……”

在城市执法组织体制选择上所具有的立法裁量空间，成为广东各市体制差异化的原因。体制改革实践中，更多的城市应当在条件成熟时制定地方性法规将城市执法体制法定化。（3）在已经制定地方性法规的广州、深圳、珠海三市，深圳的街道执法模式和特定区域执法事项的行政委托制度具有积极的代表性意义。（4）不过，城市执法机关的具体职权范围，即其执法事项的权责清单，应当如何明确化、法定化、制定程序规范化，如何尽量避免这一清单频繁变动而令执法人员无所适从，如何尽量避免这一清单的膨胀超过了城市执法机关的执法能力负荷，如何尽量避免这一清单的随意修改而使实践层面和地方立法的规范层面严重脱节、有悖职权法定原则？这表明体制改革的探索仍在进行时。

澳门的城市管理，并未采用综合执法的体制，然而多头执法扰民、执法权滥用现象在澳门并不突出。（1）澳门的城市管理执法事务由多个职能部门分别负责，澳门的市政署承担了其中大部分的管理执法事务，其体制下，职权配置分散之中又见相对侧重。相关职能部门的管理权和执法权基本上合一，是澳门城市管理执法体制区别于广东各城市综合执法体制的本质特征。（2）澳门的城市管理执法体制，是一种以市政署为主要监管部门、多部门依照法定职权共同监管的体制。市政署以外的各部门除依照法定职权对职权范围内涉及城市管理的事项分别监管外，各部门皆有职责配合市政署开展监管工作（其具体机制是公务员目睹违法及公务移交）。由此，澳门形成既严守职权法定原则、多部门分工监管与共同监管又得以相兼容的机制。

城市管理执法体制之间并无优劣。体制的选择，关键是最终能贯彻职权法定原则，符合城市实际情况，保障良好的城市治理秩序，保障行政相对人的权利不受滥用的执法权所侵犯。综合执法的体制改革必将深入进行，直到其发展为适应当地治理的成熟的法律制度。

2. 在保障行政实效性制度（执法措施设定）上，（1）《行政处罚法》和《行政强制法》严格限制行政处罚和行政强制措施的设定权，城市执法可采取的措施主要依据上位法的规定，广东各市的地方立法在此的立法裁量空间不大。广州等地的地方立法设定了通知供电、供水企业中止用于施工的供电、供水，电话语音提示和通知通信企业中止对当事人服务等措施，亦属机制创新的探索。（2）澳门城市管理执法以罚款措施为主要内容，强制执行采“行政机关强制执行模式”，法律针对城市管理不同事务的特点而赋予城市管理执法机关多样性的强制措施，当城市管理执法遇到抵抗时可请求治安警察局实施对人身的直接强制措施来保障执法效果。（3）反观广东，深圳运用经济特区立法权，在经济特区法规中设定对逾期不履行处罚决定的当事人安排其参加社会服务、将当事人违法信息录入个人信用记录系统等措施，借鉴了域外制度，在机制创新上具有更大的尝试空间。经济特区立法权为广东与澳门比较研究成果的实践提供了制度可能。

3. 在执法人员和经费的保障机制上，（1）从比较法的角度看，澳门市政署是享有财政自治权的公务法人，收费、罚款等属于市政署的收入；市政署跟其工作人员（执法人员）之间原则上适用个人劳动合同制度，人员聘用灵活；其工作人员适用公务员的纪律制度规范。澳门这样的制度无疑更有利于为城市管理执法机关提供充分的人力财力保障。（2）然而，公务员制度须与一个国家（地区）的法治状况相适应。广东各城市的执法保障机制建构的前提，与我国内地各城市所面临的是同样的问题——执法权力滥用和执法手段不足并存，执法规范化和执法保障皆须兼顾。与澳门特区的制度相反，适用于我国内地的《城市管理执法办法》严格规定罚款、没收违法所得须全额上缴，不得作为经费来源。这是法治政府建设现状使然。如何实现充分的执法保障，不是一个纯粹的法律机制问题。（3）广东深圳、广州等城市在执法保障体制建构方面的经验探索，例如推进执法人、财、物等执法力量向基层（街道）下沉，在公务员分类管理基础上对执法类公务员实施精细化管理，完善执法人员培训制度等，具有现实意义。

4. 在公务协作机制上，（1）澳门的制度首要的是强调城市管理执法机关与警察的合作，澳门法律规定的排除相对人反抗可以请求警察协助。澳门则在共同监管机制下规定了案卷移交机制。（2）综合执法体制改革意味着管理权和执行权一定程度的分离，因此行政主管部门与综合执法部门之间的执法协作，成为广东各城市关于城市管理执法的地方立法的必要内容。执法协作的制度建构受制于一个城市的综合执法改革广度深度、电子政府平台建设水平、政府内部组织结构等因素，只可因地制宜。广东各城市的执法协作机制包括信息互通共享、案件相互移送、公安机关协助执法、综合执法的后续措施等。

城市执法规范化的配套机制（一）——执法责任制和监督制

执法责任制和监督制，是通过监督城市管理执法机关的执法行为的合法性，追究执法机关及其公务员违法执法行为的责任，从而保障行政相对人的权益不受执法者的非法侵害，或使相对人已遭非法侵害的权益获得救济。在法律性质上，执法责任制和监督制具有行政救济的性质。从监督主体来划分，包括人民代表大会（在澳门则为立法会）的监督、某些独立机构（如中华人民共和国国家监察委员会）的监督、行政首长或上级行政机关的监督、司法机关的司法审查等。由于司法审查（司法救济、司法监督）一般作专门讨论，本章仅讨论粤澳两地对城市管理执法机关的非司法监督的机制。

第一节　广东城市管理的执法责任制和监督制：多种监督方式并举

在我国现行体制中，对城市管理执法机关的监督问责主体，主要包括地方人大、作为行使国家监察职能专责机关的监察委员会、城市管理执法机关的同级人民政府以及上级城市管理执法机关。人民政府及上级城市管理执法机关行使这种监督权的学理基础，是他们对被监督的城市管理执法机关具有指挥权。目前在监督问责机制建构上，重点亦是这种意义上同级人民政府及上级机关对执法机关的监督。

中国共产党中央委员会在2014年的十八届四中全会作出《中共中央关于全面推进依法治国若干重大问题的决定》，提出“建立重大决策终身责任追究制度及责任倒查机制”，“全面落实行政执法责任制”，“加强执法监督”，为如何建立健全我国城市执法规范化机制提供了政策指引。2015年中共中央国务院《关于深入推进城市执法体制改革改进城市管理工作的指导意见》进一步专门提出，要“强化外部监督机制，畅通群众监督渠道、行政复议渠道，城市管理部门和执法人员要主动接受法律监督、行政监督、社会监督。强化内部监督机制，全面落实行政执法责任制，加强城市管理部门内部流程控制，健全责任追究机制、纠错问责机制。”2017年制定的《城市管理执法办法》专章规定了“执法监督”，主要内容是规定了城市管理执法机关应当向社会公布投诉、举报的监督方式，规定了城市管理执法机关违法而应受到责令改正、通报批评的情形。[①]

上述政策和中央立法，可以说是概括性、框架性的。要编织好对执法权实施有效监督的精细的“制度的笼子”，需要地方立法的积极作为。广东城市管理的执法责任制和监督制，目前的主要法律依据即是广东省及其下属各地级市制定的地方性法规、地方政府规章或其他规范性文件。

① 参见《城市管理执法办法》第38条、第39条。

一、全省适用的执法责任制和监督机制

广东省制定的地方性法规《广东省行政执法责任制条例》《广东省行政执法监督条例》《广东省各级人民政府行政执法监督条例》，是对包括城市管理领域在内的各领域行政执法活动实施非司法监督的法律依据。根据广东省地方立法的界定，“行政执法监督”，从行政监督法律关系的双方主体上看，包含两种情况，其一是县级以上人民政府对其所属行政执法部门、法律法规授权的组织以及下级人民政府的行政执法实施监督，其二是上级行政执法部门对下级行政执法部门的行政执法实施监督[①]；从范围来看，行政执法监督的范围，包括行政执法的合法性，行政执法责任制，重大行政执法决定法制审核、行政执法全过程记录、行政执法和刑事司法衔接、纠错问责等制度的落实情况，以及法律、法规、规章规定的其他事项。[②]而“行政执法责任制”，是指依法确认行政执法主体资格、明确行政执法职责、实施行政执法评议考核和落实行政执法责任等规范、监督行政执法活动的制度。[③]依据上述定义，并结合中央文件的表述，执法责任制是一种内部监督机制，是广义上的行政执法监督机制的下位概念；而狭义的监督机制是外部监督机制。

广东省的地方立法要求各级政府对行政执法建立日常监督和专项监督相结合、多种监督方式并举的监督机制。日常监督包括对行政执法人员持证上岗管理，办理对行政执法的投诉、举报等。专项监督包括法律、法规、规章实施情况的执法检查，行政执法评价、行政执法案卷评查、行政执法违法案例通报、行政执法督察等。[④]

---

① 《广东省行政执法监督条例》第4条。
② 《广东省行政执法监督条例》第10条。
③ 《广东省行政执法责任制条例》第2条。
④ 《广东省行政执法监督条例》第18条、第21条。

（一）执法责任制

根据《广东省行政执法责任制条例》，执法责任制的内容包括：（1）行政执法人员应具备法定条件接受综合法律知识培训和专业知识培训，经考试合格并依法取得行政执法证件后，方可上岗执法。持证执法旨在令具体的执法人员得以接受公众公开监督。（2）实行岗位责任制。岗位责任制是指将行政执法主体的法定职权分解到具体执法机构和执法岗位的制度，是对行政组织法的职权法定原则的具体落实，旨在监督执法人员是否依法履行岗位职责，是否存在玩忽职守、滥用行政执法权的情形。（3）行政执法机关应当将本单位法定的执法依据、职责、范围、标准、程序，以及委托执法事项等内容向社会公开，接受社会监督。（4）行政执法行为的相关文书、监督检查记录、证据材料应及时归档，制作案卷。

监督行政执法机关及其执法人员是否合法合格履行了职责，采取的监督方式主要有两种。第一，定期组织开展行政执法评议考核，评议考核结果应当作为领导成员、行政执法人员工作绩效评估、职务调整和奖惩的依据。评议考核机关应当采取召开座谈会、发放评议卡、设立公众意见箱、开通评议专线电话、聘请监督评议员、举行民意测验等方式征求社会公众的意见。[①]第二，开展监督检查，尤其是应当定期组织行政执法案卷评查，以及通过各种方式听取社会公众对落实行政执法责任制工作的意见。[②]

执法责任制的实效性，主要在于其责任追究措施。《广东省行政执法责任制条例》分别规定了行政执法主体、行政执法人员应当追究

① 《广东省行政执法责任制条例》第24条、第29条、第31条。

② 《广东省行政执法责任制条例》第33条、第38条。

执法责任的法定情形及相应处理措施。[①] 以执法人员为例，其应当追究行政执法责任的情形包括：（1）不按照规定持证上岗执法的；（2）不依法履行岗位职责，玩忽职守、滥用行政执法权的；（3）违反法定程序实施行政执法的；（4）粗暴、野蛮执法的；（5）对控告、检举的公民、法人或者其他组织打击报复的；（6）在行政执法过程中，存在侵害国家利益、公共利益或者当事人合法权益的其他行为的。对此，除了可给予行政处分外，该《条例》还规定了相应处理措施：根据年度考核情况、过错形式、危害大小、情节轻重，给予责令书面检查、批评教育、取消年度评比先进资格、暂扣行政执法证件、离岗培训、调离执法岗位、取消行政执法资格等处理。这些处理措施，适应行政执法的特点，针对性强，有助于增强监督机制的实效性。

（二）重大行政处罚决定备案制

重大行政处罚决定是对行政相对人侵益性重大的行政行为，从权利保护和救济的角度看，作出这样的行政决定应当谨慎。通过将重大行政处罚决定提交备案审查，符合行政公正性原则[②]，是确保决定合法性和合理性的良好机制。

根据广东相关地方性法规的规定，作为职能部门的城市管理执法机关，作出责令停产停业、吊销许可证或者执照、较大数额罚款等重大行政处罚决定，应当自作出行政处罚决定之日起十五日内报本级人民政府备案。县级以上人民政府对报送备案的处罚决定，应当于收到备案报告之日起六十日内审查完毕。经审查发现有违反法律、法规、

---

① 参见《广东省行政执法责任制条例》第40条至第44条。

② 行政公正性原则，包含了作出行政行为时合理考虑相关因素和不专断的要求。参见姜明安主编：行政法与行政诉讼法（第六版），北京大学出版社、高等教育出版社2015年版，第79页。

规章的，依法责令纠正或者予以撤销。[①]

从全省的立法来看，法规范中仍使用了“重大”“较大数额”等不确定法律概念，省地方性法规授权各地级市制定具体规定以更好落实这一制度。各城市关于城市管理执法的地方立法中，以《汕头市实施城市管理相对集中行政处罚权规定》为典型，其第16条作出的具体规定是，“行政执法部门作出下列行政处罚或强制措施的，必须集体讨论决定，并报同级人民政府法制部门备案：（一）责令停产停业的；（二）吊销许可证或执照的；（三）对个人罚款1000元以上，对法人或其他组织罚款3000元以上的；（四）没收非法所得3000元以上的；（五）强制拆除面积在60平方米以上的；（六）其他情节复杂或者作出较重的行政处罚的”；“其中区行政执法部门作出罚款或者没收非法所得10000元以上的行政处罚、强制拆除面积在100平方米以上的行政强制措施，应先报市行政执法部门批准。”

（三）执法检查、督察的机制

根据《广东省行政执法监督条例》第27条的授权，行政执法监督工作人员开展执法检查、督察时，可以采取的措施包括：查阅、调取行政执法案卷和其他有关材料；询问行政执法人员、行政相对人和其他相关人员，并制作询问笔录；组织实地调查、勘验，或者进行必要的录音、录像、拍照等；委托符合法定条件的社会组织进行鉴定、评估、检测、勘验；组织召开座谈会、论证会，听取行政相对人、专家、学者的意见；法律、法规、规章规定的其他措施。

作为执法检查、督察的处理结果，《广东省行政执法监督条例》规定了《行政执法督察建议书》和《行政执法督察决定书》两种形式。

---

① 参见《广东省行政执法责任制条例》第20条，《广东省各级人民政府行政执法监督条例》第8条、第9条、第13条。

两种处理形式都是以发现行政执法主体存在法定违法情形为前提，这些情形包括执法主体、执法权限、执法程序不合法，执法决定不合法或者明显不当，不履行或者不正确履行法定职责，未落实规范行政执法的制度，借执法牟取私利，粗暴、野蛮等不文明执法等。[①]一般情况下，政府法制机构发现上述违法情形时，可以发出《行政执法督察建议书》，提出限期整改的建议，行政执法主体应当自收到《行政执法督察建议书》之日起三十日内整改落实，并向提出建议的政府法制机构报送整改落实情况；对逾期拒不整改或者情节严重的，政府法制机构可以报请本级人民政府发出《行政执法督察决定书》，予以纠正或者责令改正，行政执法主体应当自收到《行政执法督察决定书》之日起立即执行，并在三十日内向发出决定的政府法制机构报送执行情况。除了发出上述建议书或决定书外，《广东省行政执行监督条例》还授予行政执法监督机构约谈执法主体负责人、向社会公众公布情况或处理结果、采取问责措施（例如责令公开道歉、停职检查、引咎辞职、责令辞职、罢免、处分等）等职权。[②]

二、广东各地级市探索创新的执法责任和监督机制

根据《城市管理执法办法》及《广东省行政执法责任制条例》《广东省行政执法监督条例》等上位法的规定，广州、中山、深圳、佛山、珠海、惠州、江门、汕头、湛江等地在关于城市管理综合执法的地方性法规（或地方政府规章、其他规范性文件）中，都有执法责任制和监督制的专门规定。概括起来，广东省各地级市对城市执法机关的执法监督机制主要有：

---

① 参见《广东省行政执法监督条例》第32条。

② 参见《广东省行政执法监督条例》第35条、第37条、第39条、第40条。

——执法检查、评议考核、督办督察、责任追究的内部监督机制；

——行政相对人的检举、控告；

——相关行政机关（尤其是城市管理的行政主管部门）发现城市管理综合执法机关有违法或不作为的情形时，向其提出书面建议；

——同级人民政府或上级城市管理综合执法机关的责令改正。

除了上述在各地级市普遍建立起来的执法责任和监督机制外，近十年来，广州、中山、深圳等城市探索建立了一些具有创新意义的执法责任和监督机制，可供其他城市借鉴。

（一）广州的行政执法责任追究机制

2008 年，广州制定《广州市行政执法责任追究办法》，对执法责任制作出了细化规定。该《办法》具体规定了每种行政行为应当追究行政执法责任的情形，更精确地界定了行政执法的问责范围。例如，实施行政处罚过程中的下列行为，应当追究行政执法责任：（1）没有法定的行政处罚依据的；（2）擅自改变行政处罚种类、幅度的；（3）违反法定的行政处罚程序的；（4）违法委托实施行政处罚的；（5）不按规定出具处罚文书和财政部门统一印发的处罚单据的；（6）未尽妥善管理义务，违法使用、损毁或者遗失被扣押财物的；（7）依法应当举行听证而不举行听证的；（8）对涉嫌犯罪案件、应当依法移交司法机关处理而不移交的；（9）对应当予以制止和处罚的违法行为不予制止、处罚的；（10）其他违法实施行政处罚行为的。又如，实施行政检查过程中的下列行为，应当追究行政执法责任：（1）未出示有效资格证件实施检查的；（2）不按法定程序、权限、时限实施检查的；（3）放弃、推诿、拖延、拒绝履行检查职责的；（4）对检查中发现的违法行为予以隐瞒、包庇、袒护、纵容，或者不予制止和纠正的；（5）其他违反规定实施行政检查行为的。[①]

如前述，《广东省行政执法责任制条例》规定了根据危害大小、情节轻重对存在违法情形的执法人员采取处理措施。《广州市行政执法责任追究办法》第32条作出了处理措施等级的具体规定：情节较轻的，给予批评教育、责令作出书面检查、通报批评或者离岗培训的处理，可以并处警告或者记过的行政处分；情节较重的，给予离岗培训、调离执法岗位或者取消执法资格的处理，可以并处记过、记大过、降级或者撤职的行政处分；情节严重的，给予取消执法资格、予以辞退或者责令引咎辞职的处理，可以并处撤职或者开除的行政处分。

（二）中山的行政处罚权力网上运行监督机制

中山的行政处罚权力网上运行监督机制正式建立于2014年。这一机制依托于中山市执法监督系统，该系统是集网上办理行政处罚案件、网上查询、投诉和网上执法监督于一体的电子政务平台，它运用网络信息技术，对行政执法机关的行政处罚行为进行流程化管理，公开行政处罚自由裁量标准、行政处罚结果和行政执法人员资格等有关信息，对行政处罚行为进行全过程监督。该系统建立市级、部门级及镇区级三级执法监督平台，由中山市法制局负责该系统管理、维护和实施的监督管理工作，并对全市行政执法活动进行监督检查。根据《中山市行政处罚权力网上运行监督管理暂行办法》的规定，市属各级行政执法机关（含受委托行政机关和法律法规授权组织）实施行政处罚权力应在执法监督系统内运行，除涉密案件外，行政执法机关应当使用市执法监督系统办理行政处罚案件；办理行政处罚案件涉及行政强

① 《广州市行政执法责任追究办法》第8条、第15条。

制执法的需纳入市执法监督系统运行。

该机制要求执法机关必须实行网上办案，办理行政处罚案件从案源登记到调查取证、审查、告知（听证）、决定执行、案件移送、案结归档、行政复议申请、案卷评查等全过程，均须在市执法监督系统内完成。[①]执法人员须按照规定程序和时限规范操作。从实践效果来看，一旦出现执法异常现象，例如网上办案的一线执法人员徇私将应当处罚的案件违规撤销立案的，或者违规不执行处罚标准乱罚款的，执法监督系统会自动亮灯提醒，执法监督人员随即发现异常情况，系统也会作留痕记录。[②]从而，违规执法行为暴露在阳光之下，行政执法人员不能肆无忌惮滥用职权。

行政处罚权力网上运行监督机制对行政处罚案件办理实行网上全程实时监督，监督内容包括：（1）执法主体资格、法定权限、执法证件、办案人员法定人数等行政执法主体方面情况；（2）重大行政处罚措施、案源登记、受理情况、案由变更、案件撤销、办案超时、案件移送等行政处罚实体方面情况；（3）立案、调查、告知、听证、审核、决定、送达、执行等行政处罚程序方面情况；（4）行政处罚种类和裁量标准适用、处罚幅度、处罚依据等行政处罚裁量方面情况。对于规定的10种执法异常情况[③]，系统自动亮灯提醒后，执法人员对此必须如实详细说明理由或原因，对其理由或原因的真实性、合法性有异议的，市法制局、监察局和各市级行政执法部门按照职责分工调查处理。对案件办理时间超过规定时限、未按照规定时限要求录入案源信息、规

① 《中山市行政处罚权力网上运行监督管理暂行办法》第9条。

② 参见《中山行政执法监督系统助力法制审核》，载法制网2018年5月22日，http：//www.legaldaily.com.cn/index/content/2018-05/22/content_7550276.htm?node=20908。

③ 即不予受理、不予立案、变更案由、撤销立案、变更或不执行处罚标准、不告知提起行政复议、行政诉讼权利或申请听证权利、依法应组织听证而不组织听证、处罚主体资格不当、应移送而不移送和群众投诉。参见《中山市行政处罚权力网上运行监督管理暂行办法》第19条。

避数据实时传输、证据和材料输入不完整等11种违反执法监督系统要求的情形，市法制局通过市执法监督系统向相关行政执法机关发出督办意见，督促整改。

除了依据执法监督系统提醒而采取监督措施外，市法制局还可依职权主动采取调阅案卷、现场查询、回访行政相对人等方式对执法办案情况进行监督检查，对违规执法的执法机关发出《纠错建议书》或者提请市人民政府发出《行政执法督察决定书》。

中山的行政处罚权力网上运行监督机制，是把“将权力放在阳光之下”的行政公开原则跟网络信息系统的现代技术手段相结合而形成的创新性监督机制。科技的进步推动了监督手段的进步，它使得主张行政过程论的法学家们所设想的“过程监督”具备了技术上更成熟的可能。

（三）深圳的城市管理综合执法公众评议制度和行政执法督察制度

深圳的执法监督机制，具有比较鲜明的公众知情、公众参与的色彩。

深圳的城市管理综合执法公众评议制度，是将现代行政法中的直接民主原理，即行政相对人参与行政过程的原理运用到城市管理执法过程的制度建构。根据《深圳经济特区城市管理综合执法条例》第52条的规定，对重大、复杂、社会影响大或者争议大的案件，在作出行政处罚决定前，综合执法部门可以邀请人大代表、政协委员、市民代表等组成公众评议团对案件进行评议，评议结论应当作为行政处罚决定的重要参考。

在深圳，城市管理综合执法部门设立的督察机构负责行政执法监督机制的建立和运行。深圳的行政执法督察制度[①]，在监督人员的选任及制度运作上，同样体现和贯彻了公众直接参与的原则。

其一，行政执法督察员可以由市、区人民政府或经市、区人民政府委托的行政执法督察机构根据工作需要聘请有关人士担任。督察员持《深圳市人民政府行政执法督察证》，在行政执法督察机构的指导下履行职责。[②]行政执法督察机构的工作方式主要有：依据有关规定接受行政相对人对行政机关执法行为的投诉；接受执法机关书面报告法律（法规、规章）的执行情况；定期对行政机关的执法案卷进行评查；对执法行为可能存在违法或不当的，进行个案督察；对重大问题、比较普遍的问题进行专项督察；到执法现场了解情况；联合其他有关部门开展行政执法监督工作。[③]行政执法督察机构作出处理结果的形式，分为《行政执法督察决定书》[④]和《行政执法督察意见书》[⑤]，决定书和意见书对于执法机关均具有执行效力。

其二，深圳市建立了特邀行政执法监督员制度。特邀行政执法监督员是市政府从本市各行业、各领域社会公众中聘请的兼职从事行政

---

① 根据《深圳经济特区城市管理综合执法条例》第49条，督察机构负责建立和完善行政执法监督机制，实行执法过错责任追究制度。而《深圳市人民政府行政执法督察办法》第2条对“行政执法督察”的定义，是指市人民政府对所属行政机关、各区人民政府以及各区人民政府对所属行政机关实施行政执法活动、履行法定职责的情况进行检查、监督和纠正的活动。因此，“行政执法督察”是执法监督制的一种，其监督主体是市人民政府或区人民政府。

② 《深圳市人民政府行政执法督察办法》第5条。

③ 《深圳市人民政府行政执法督察办法》第10条至第16条。

④ 根据《深圳市人民政府行政执法督察办法》第25条、第26条，《行政执法督察决定书》适用于重大、复杂案件，需要给予有关单位或者有关人员通报批评等处理决定的案件，市、区人民政府交办的案件。其决定内容可以包括：责令有关行政机关纠正违法或者不当的行政行为；撤销有关行政机关违法或者不当的行政行为；责令有关行政机关履行法定职责；给予有关行政机关及其责任人员通报批评等处理决定；移交行政监察机关追究有关人员的行政责任等。

⑤ 根据《深圳市人民政府行政执法督察办法》第28条、第29条，《行政执法督察意见书》适用于《行政执法督察决定书》规定事项以外的一般情况。其决定内容可以包括：责令有关行政机关纠正违法或者不当的行政行为；责令有关行政机关履行法定职责；暂扣有关人员行政执法证件或者取消其执法资格等。

执法监督工作的人员，须具备较强的法治意识和监督意识、具备与履行职责相应的工作能力、热心支持行政执法监督工作、年满十八周岁、不超过六十五周岁等条件，以公开招聘形式选拔，报请市政府批准后向社会公布。[①]特邀行政执法监督员的职责是在市政府法制机构组织下，对深圳各级行政执法机关及其行政执法人员履行行政执法工作职责情况依法进行监督，包括针对加强和改进行政执法工作向市政府法制机构提出意见和建议，该意见和建议由市政府法制机构统一收集并向有关行政执法机关反馈；针对关系群众切身利益的重点执法领域向市政府法制机构提出监督动议；参加本市行政执法现场观摩、行政执法监督检查、行政执法案卷评查以及行政执法专题调查评估活动；对本市各级行政执法机关及其行政执法人员进行询问，查阅有关文件和资料；反映群众对本市各级行政执法机关及其行政执法人员的意见、建议等。[②]

第二节　澳门的城市执法责任制和监督制：以财政与人事监督为主的有限监督

由于澳门的城市管理执法体制，是以市政署为主要监管部门、多部门依照法定职权共同监管的城市管理执法体制，因此，本章分析澳门的城市执法责任制和监督制时，首先论述对市政署专有的执法监督机制和责任制；其次论述市政署及其他相关的城市管理执法部门（环境保护局、卫生局、土地工务运输局、交通事务局等）作为一般意义上的行政机关，其执法人员作为一般意义上的公务人员，应当受到何种监督和承担何种纪律责任。

① 参见《深圳市特邀行政执法监督员管理办法》第2条、第4条、第5条。
② 《深圳市特邀行政执法监督员管理办法》第6条、第12条。

一、对市政署的专门监督机制和追责机制

澳门市政署的特殊性在于，它是具有行政自治权和财务自治权的公务法人；行政长官与市政署的关系，不是领导与隶属的关系，而是监督与被监督的关系。在澳门及葡萄牙行政法学理论中，这里的“监督”，或称“行政监督”，有其特定含义：是指“赋予一法人介入另一自主法人管理之权力——准许或批准其行为，或例外地变更其行为，撤销其行为或中止其行为，监督其服务或填充法律义务之疏忽——目的是协调被监督者本身之利益，由监察机关代表更为普遍之利益。”① 亦即“行政监督”特指监督实体对自治机关（例如公务法人）的监督。而且，“这种监督仅指合法性”②；监督不包括对市政管理过程中的强制性执行行为的监督③；它通常是财政意义上的监督，在葡萄牙行政法学中称为“监察监督”④，至于财政监督以外的手段（如更正性监督、代替性监督等）属于例外和罕见的情形。

因此，公务法人的地位，决定了澳门政府对市政署的监督，是一种有限监督、财政与人事监督。对于行政处罚、行政强制等城市执法行为，澳门行政机关基本不涉及对这些行为的非司法监督——市民质疑这些行为的合法性的，只能直接诉诸司法救济途径。

（一）行政长官及行政法务司司长的监督

第 9/2018 号法律《设立市政署》第 4 条明确规定，市政署的监

---

① 【葡】若泽・曼努埃尔・里贝罗・塞尔武罗・科雷亚著，冯文庄译：行政法原理，法律出版社2017年版，第106页。

② 【葡】若泽・曼努埃尔・里贝罗・塞尔武罗・科雷亚著，冯文庄译：行政法原理，法律出版社2017年版，第112页。

③ “对行政行为之自治性及确定之了解要求由具行政自治之公法人实施之强制性执行行政行为必定及只可向行政法院提起上诉。”见【葡】若泽・曼努埃尔・里贝罗・塞尔武罗・科雷亚著，冯文庄译：行政法原理，法律出版社2017年版，第109页。

④ 【葡】若泽・曼努埃尔・里贝罗・塞尔武罗・科雷亚著，冯文庄译：行政法原理，法律出版社2017年版，第111页。

督实体为行政长官。行政长官在行使其监督权时，主要有权作出下列行为：（1）委任市政署的机关的成员及免除其职务；（2）命令市政署的机关提供其认为需要的数据；（3）核准下列事项：①年度活动计划及有关修改；②本身预算及预算修改；③年度活动报告及管理账目；④超过监督实体为市政署所定的限额的开支；⑤转让不动产或设定负担；⑥市政署所收取的费用、收费及价金的金额；（4）确认市政管理委员会有关下列事宜的决议：①市政署的人员通则及其修改；②市政署车队的专门规章；（5）行使本法律、其他法规及规章所定的其他职权。该条还规定，行政长官对上述（3）及（4）项所指行为的合法性及适当性进行监管。显然，行政长官的合法性合理性监管权力限于财政、人事两方面事宜，并未包括行政执法行为的监管。

根据《设立市政署》第 4 条第四款及第 6/1999 号行政法规《政府部门及实体的组织、职权与运作》第 2 条，行政长官有权将监督权授予行政法务司司长，市政署受行政法务司司长监督。但行政长官对市政署机关成员的任免权不可授予行政法务司司长。

行政长官和行政法务司司长对市政署的监督，主要方式是要求市政署市政管理委员会提交关于年度活动计划、预算、年度活动报告、超额开支、转让不动产、收入等方面的财务文件，以及市政咨询委员会、财政及财产监察委员会就上述财务文件所出具的相关意见书，以供监督实体进行审核。

（二）财政及财产监察委员会的监督

财政及财产监察委员会是专门设立以监察市政署的财政及财产的机构。[①] 在市政署的前身民政总署，监察委员会是其三个下设机构之

① 第25/2018号行政法规《市政署的组织及运作》第72条。

一[①]；而市政署设立后，其下设机构仅包括市政管理委员会和市政咨询委员会两者，财政及财产监察委员会不再隶属于市政署，可见该监察委员会地位和独立性的提升。

根据第 25/2018 号行政法规《市政署的组织及运作》第 73 条，财政及财产监察委员会主要具有下列职权：定期审查市政署的财政运作及财产状况，并查核会计、簿册、记录及文件，以及核实有关财产的价值；查核涉及财政决议的执行情况；就市政管理委员会编制的市政署的本身预算、预算修改及管理账目，以及市政管理委员会编制其职权范围内的年度活动报告发出意见书；就市政署不动产的取得、转让及设定负担发出意见书；就市政管理委员会提出的有关财政及财产事宜，主要包括对规范发出准照及提供服务有关的费用、收费及价金的制度等事宜发出意见书。

财政及财产监察委员会由一名主席及两名委员组成。该三名成员的任职资格是，从具备审计及财务经验或足够的专业能力的澳门特别行政区永久性居民中委任，其中一名为财政局的代表。[②]

财政及财产监察委员会的监督行为并不具有强制力。根据《市政署的组织及运作》第 73 条，财政及财产监察委员会行使财政监察权的方式是向市政管理委员会提出意见及建议。不过，结合《市政署的组织及运作》第 4 条的规定来看，对于财政及财产监察委员会就本身预算及预算修改、年度活动报告及管理账目，以及市政署所收取的费用、收费及价金的金额发出的意见书，市政管理委员会必须一同提交给特区行政长官。因此，笔者认为，财政及财产监察委员会的监督权至少具有两方面的意义：第一，作为配套机制，为行政长官及行政法

① 《民政总署章程》（已废止）第5条。

② 第25/2018号行政法规《市政署的组织及运作》第74条。

务司司长更有效行使监督权提供参考意见；第二，由于在程序上意见书在提交行政长官前先行交给了市政署，亦有督促市政署自我监督、自我纠错、不可滥用财政自治权的作用。

（三）目前尚未建立的“监督上诉”

根据澳门《行政程序法典》第 145 条，私人不服行政行为并要求废止或变更该行政行为的，有权向作出行为者提出声明异议（相当于我国内地的“复核”）；或有权提出诉愿（相当于我国内地的“行政复议”），受理诉愿的主体是作出行为者之上级，或作出行为者所属之合议机关、又或授权者或转授权者。

对于市政署的执法行为，由于“得对任何行政行为提出声明异议，但法律另有规定者除外”[①]，行政相对人固然可以向市政署本身声明异议。不过，声明异议制度只是一种自我监督意义上的复核机制，不是真正意义上的监督机制。

至于提起诉愿，诉愿的受理主体是作出行为者的上级，但市政署作为具有行政自治权的公务法人是不存在上级机关的，因此不服市政署的执法行为时，不可对之提起诉愿。根据澳门《行政程序法典》第 164 条规定，这种情形下可能获得行政救济的途径，只能提起“监督上诉”——“监督上诉之目标为受监督或监管之公法人所作之行政行为。”“仅在法律明文规定之情况下，方可提起监督上诉。”作为针对自治法人的一种监督途径，监督上诉的权限受到诸多限制，包括受行政监督之机关所作之行政行为，仅在法律明文容许之情况下，监督机关方得废止之[②]；仅在法律赋予有代替权之监督权力时，且在该权

① 《行政程序法典》第148条。

② 《行政程序法典》第131条。

力范围内，方得变更或代替被上诉所针对之行为[①]。因此，《行政程序法典》将监督上诉称为“不真正诉愿”[②]。

由于监督上诉的提起及该监督权的行使以法律存在明文规定为必要条件，而笔者检索“澳门法例资料查询系统”并未发现关于市政管理执法领域可以进行监督上诉的明文规定。由此判断，对市政署执法行为的“监督上诉”，是目前尚未建立、仅存有理论上或然性的监督和救济途径。

二、一般意义上的监督制与责任制

综上三种专门监督机制，对于市政署的执法责任机制和监督机制，是一种以财政与人事监督为主的有限监督，执法行为合法性基本上被排除于行政监督和救济范围之外（只能寻求司法救济）。

在专门监督之外，澳门法例中普遍适用于公务员和行政机关的法律规范，只要没有排除适用于公务法人或自治法人的，同样适用于市政署及其公务人员。这些制度构成对澳门城市管理执法机关及其公务人员的一般意义上的监督制和责任制。

（一）一般公务人员的纪律责任

此前第三章已述，第87/89/M号法令核准的《澳门公共行政工作人员通则》第六编纪律制度适用于澳门公务员及服务人员，也适用于市政署的签订个人劳动合同的工作人员。

1. 纪律责任

澳门公务人员的纪律责任，是指公务员及服务人员自就职日起，

① 《行政程序法典》第164条。

② “一机关对属同一法人之另一机关行使监管权，而两者并无行政等级关系时，向行使监管权之机关所提起之诉愿，视为不真正诉愿。”见《行政程序法典》第163条。

又或自签订合同或开始职务之日起，须对本身作出之违纪行为向上级负纪律责任。这里的“违纪行为”是指公务员或服务人员作出之违反其须遵守之一般义务或特别义务之过错事实。①

澳门公务人员要承担的一般义务，是指《澳门公共行政工作人员通则》第279条所规定的九项义务：无私；热心；服从；忠诚；保密；有礼；勤谨；守时；不从事不得兼任之活动。笔者认为，其中的“无私”与“有礼”是跟城市管理执法联系最密切的两项义务。从第279条的界定来看，“无私”是指“不因执行职务而直接或间接收取非法律赋予之金钱或其他利益，持公正无私及独立之态度对待任何性质之私人利益及压力，以尊重市民间之平等”，由此可以推导出城市管理执法人员应当公平公正执法，合理运用执法裁量权作出不偏不倚的决定，同案同判；“有礼”是指“以尊重、有教养之态度对待公共部门之使用者、同事、上级及下属”，由此可以推导出城市管理执法人员应当文明执法、规范执法，不得使用非法手段、采取侵害基本人权的强制措施进行执法。

违反义务的行为即违纪行为，构成了可予处分的事实。《澳门公共行政工作人员通则》第312条至第315条以概括加列举的方式，列举说明了公务人员可予处分的违纪情形。其中，与城市管理执法相关的一些违纪行为，应当承担纪律责任，例如，不遵守上级命令，但未造成严重后果者，不礼貌对待上级、下属、同事或公众者，可科处罚款处分；显示出对规范其工作之主要规定缺乏认识，且对行政当局或第三人造成损害者，严重违抗上级，尤其在公众面前或在公众地方以令人蒙羞之方式违抗者，可科处停职处分；在工作地点或在工作时伤

① 参见第87/89/M号法令《澳门公共行政工作人员通则》第280条、第281条。

害、侮辱或严重不尊重上级、同事、下属或第三人者，作出严重违抗或不守纪律之行为，又或煽动作出该等行为者，担任职务时作出明显违反宪定制度及原则之行为者，可科处强迫退休或撤职处分。

2. 对公务人员的处分措施及效力

根据《澳门公共行政工作人员通则》第 300 条，澳门公务人员的纪律处分措施有五种，从轻到重依次是：书面申诫；罚款；停职；强迫退休；撤职。对于已退休的公务人员在退休前的违纪行为，还可处以使其丧失一定期限的退休金来代替处分。

停职处分的效力，是导致被处分公务人员不得担任官职或职务，并中止有关之职务联系，以及丧失为报酬、年资及退休之效力而计算在停职期间之日数之权利；导致自处分完结时起一年内丧失享受年假之权能；导致自处分完结时起一年或两年内不得晋阶及晋升。

强迫退休处分的效力，是导致被处分公务人员的被强制退休，且仅在收到处分通知之日起十八个月后，方得收取退休金。

撤职处分的效力，导致被处分公务人员丧失一切权利。①

3. 处分程序

澳门的纪律惩戒权限实行分级管辖。根据《澳门公共行政工作人员通则》第 320 条至第 322 条，所有公务员及服务人员对其下属均有科处书面申诫处分之权限；科处罚款处分属司长或等同司长官职之据位人之权限；科处停职、强迫退休及撤职处分属特区行政长官之权限。

澳门对公务人员的纪律处分程序独立于刑事程序。纪律处分程序严谨细致，在《澳门公共行政工作人员通则》第 287 条至第 299 条、第 325 条至第 358 条中详细明确规定，可以说，具有准司法程序的性质。

---

① 参见第87/89/M号法令《澳门公共行政工作人员通则》第309条至第311条。

在制度设计上，该纪律处分程序的特色至少包括：一是设置有预审程序，由中立无私的预审员采取简易调查及措施认定事实；二是保障了可能被处分公务人员的知情权、辩护权和上诉权，例如嫌疑人有权查阅控诉书和卷宗，有权聘请律师辩护等。

从市民监督执法人员的角度来看，《澳门公共行政工作人员通则》第 290 条规定，任何人获悉一公务员或服务人员作出违纪行为，得向该公务员或服务人员之任一上级举报；公务员或服务人员应举报所获悉之违纪行为，或当本身具有权限时，应命令提起纪律程序；公务员接获口头举报或投诉时，须将之转成笔录。

纪律程序提起后，接下来是预审程序。值得一提的是，预审员的委任，强调其专业性（尤其是法律能力）和中立性，具体而言，“提起纪律程序之实体应从在技术上具适当能力，且职级等同或高于嫌疑人之公务员或服务人员中委任一预审员，又或委任行政当局任何一名属高级技术员之法律专家为预审员，而不论其职级或联系方式为何，只要其并非与嫌疑人任职于同一组织单位”；如因程序中之情节所需，行政长官得委任嫌疑人所属部门以外之公务员、服务人员或与行政当局无联系之人为预审员。[①] 而且，为保证预审员的中立，对其适用回避制度，凡有人基于法定理由或其他重大理由质疑预审员的公正无私，则预审员须回避。[②] 这样的委任制度设计，有利于尽可能避免市民就

① 第87/89/M号法令《澳门公共行政工作人员通则》第326条。

② 第87/89/M号法令《澳门公共行政工作人员通则》第327条规定的回避理由包括：a）曾直接或间接因违纪行为而被伤害或损害；b）与嫌疑人、举报人、任何被伤害之公务员、服务人员或个人，又或与该等人以共同经济方式生活之人有直系血亲或至旁系第三亲等之亲属关系；c）预审员及嫌疑人或举报人为在法院待决之程序中之当事人；d）为嫌疑人、举报人或彼等之直系血亲或至旁系第三亲等之亲属之债权人或债务人；e）嫌疑人与预审员之间，或预审员与举报人或被害人之间有强烈敌意或亲密关系；f）预审员为被害人之下属或职级低于被害人；g）曾就嫌疑人所作之对程序有重要影响之事实适用之法律提供意见或报告。

监督程序存在“官官相护”情形的疑虑，保障监督的公正性。

另外，法律赋予预审员充分的调查措施保障，包括：听取举报人及其为每一事实指出之最多三名证人之声明；进行检查及采取其他证明措施；听取嫌疑人之声明，并得安排其与证人或举报人对质；有权限为搜集证据而采取保全措施，尤其命令扣押物品及保存与违纪行为有关之线索；可建议行政长官对可能严重违纪的嫌疑公务人员采取“防范性停职”措施，防止违纪损害后果的扩大或阻碍纪律调查。这些权力的授予，有利于预审员查清违纪事实，制裁执法人员的违纪执法行为，有效监督执法行为规范化。

（二）领导人员的工作表现评审和特定责任

根据市政署的组织法[①]和第 15/2009 号法律《领导及主管人员通则的基本规定》第 1 条、第 2 条，市政署市政管理委员会及其组织附属单位的厅长、处长属于澳门特区公共行政自治机关的领导及主管人员，适用《领导及主管人员通则的基本规定》对他们的监督和问责。

根据该规定，领导人员每年须接受工作表现评审。具体操作是，于每段工作时间将届满一年的九十日前，政府各司长应就与其有等级从属关系或受其监督的部门及实体的领导人员的工作表现，向行政长官提交报告；这份报告应载有所有对评审有关人员的工作表现属重要的信息，特别是有关该等人员在领导所属部门、执行上级所订定的指示及落实既定目标方面的能力。对领导人员的工作表现评审具有人事效力，由于领导人员皆以定期委任的方式任职，工作表现评审结果是作为他们定期委任是否续期、是否立即终止定期委任等重要人事决定的依据。[②]

① 尤其根据第25/2018号行政法规《市政署的组织及运作》附表1。

② 参见第15/2009号法律《领导及主管人员通则的基本规定》第14条。

对市政署市政管理委员会成员等领导人员，《领导及主管人员通则的基本规定》所规定的制裁性问责措施，主要有两项：

一是第16条规定的在任期尚未届满时终止其定期委任。导致定期委任终止的法定情形，与城市管理执法可能相关的，包括：因不遵守确保公共行政公正无私的规则；因实施违纪行为而被科处罚款或更重的处分；因违反领导人员的特定责任等。此外，领导人员在工作表现评审中若只获得“满意”及以下等级的评语[①]，他们的定期委任也将被终止。

二是第23条规定的谴责。根据第23条规定，“领导人员在其部门的职责范围内，有责任忠诚地协助政府制定所属领域的政策，以及组织及领导其部门，以便与监督实体紧密合作，确保政策的执行”，这就是“领导人员的特定责任”。领导人员如违反其特定责任，以致影响已采取的政策或其执行，经行政长官批示，可被作出“谴责”的制裁。谴责的方式有两种，或是公开告诫，或是属特别须予谴责的情况时，可被免职且不获补偿。无论哪种方式，谴责的批示公布于《澳门特别行政区公报》，因此是一种典型的领导人员问责制。

（三）廉政公署就行政申诉事务的监督

澳门廉政公署成立于1999年12月20日澳门回归祖国后，是受著名的香港廉政公署影响而建立的机构。而与香港廉政公署相比，澳门廉政公署亦发展出了自身的制度特色，除了反贪倡廉以外，它还处理行政申诉有关事宜。[②]因此，澳门廉政公署在行政监督制度上具有特别意义。

---

① 根据第8/2004号法律《公共行政工作人员工作表现评核原则》第4条第二款，按工作人员表现的优劣程度，给予的评语分为“优异”“十分满意”“满意”“不大满意”或“不满意”。

② 赵琳琳：澳门司法制度新论，社会科学文献出版社2015年版，第137～138页。

澳门廉政公署具有独立的法律地位，享有职能、行政、财政及财产上的自治权，不受立法机关、行政机关和法院影响，只对行政长官负责。其职责可以概括为两方面，一是针对在公共部门及私营部门活动范围内的贪污犯罪及与贪污相关联的欺诈犯罪进行防止及调查的行动；二是执行行政申诉工作，以促使人的权利、自由、保障及正当利益得到保护，并透过法定途径及其他非正式途径，确保行使公权力的合法性及公共行政的公正与效率。其中，行政申诉的工作范围广泛，涵盖公共行政部门、公法人、公共企业或公司资本中过半数属公共资本的企业、公共服务承批人及公产的特许经营人的活动。为执行行政申诉的职责，澳门廉政公署被赋予的权限和措施包括：进行履行其职责所需的一切调查及侦查行为；不论有否通知，进入任何公共实体范围查察，查阅文件，听取有关公务员所述或要求提供认为适当的资料；进行及要求进行项目调查、全面调查、调查措施或其他旨在查明公共实体与私人关系的范围内的行政行为及程序合法性的措施；将其查清的违法行为迹象，向有权限采取纪律行动的实体检举；因应情况所需，跟进在有权限实体进行的刑事或纪律程序；建议行政长官作出规范性行为，以改善公共部门的运作及对依法行政的遵守，尤其消除各种有利于贪污及实施不法或道德上应受责备的行为的因素；建议行政长官采取行政措施，以改善公共行政当局提供的服务等。①

与其他监督机制相比，澳门廉政公署的监督最大的特点是程序独立和主动。其主动性在于，廉政公署依职权主动行使其职能，不必依申请；其独立性在于，廉政公署的工作独立于一切法定的行政申诉途径及司法申诉途径，且不中止或不中断任何性质的期间，同时，其他

① 参见第10/2000号法律《澳门特别行政区廉政公署组织法》第2条、第2-A条、第3条、第4条，第3/2009号行政法规《廉政公署部门的组织及运作》第1条。

监督实体在刑事程序和纪律程序的过程中又具有依法跟廉政公署开展合作的特别义务，包括将相关资料提供给廉政公署、回应后者的要求、最终决定知照后者等。[①]

澳门廉政公署内设行政申诉局，专门处理行政申诉工作，其职权主要包括：分析及处理针对在行使公共权力时作出的不公正、违法或不当的行为的投诉及举报；研究及建议发出关于采取简化行政程序及改善公共部门运作的措施的劝谕；研究及分析有助预防及避免在行使公共权力时作出不公正、违法及不当的行为，以及在公共部门及私营部门实施贪污犯罪及与贪污相关联的欺诈犯罪的措施。行政申诉局下设行政申诉厅和审查及研究厅，其中，行政申诉厅有权接受投诉及接受举报、给予咨询意见、对违法行政行为调查取证、以非正式途径与被举报的部门接触以督促其纠正违法的或不当的行政行为或行政程序、采取廉政专员（廉政公署的领导）授予的权力等。在行政申诉的范围内，澳门廉政公署还设有廉政专员（主持该委员会）、行政申诉局局长、廉政专员指定的顾问及技术人员、行政申诉厅厅长、审查及研究厅厅长、卷宗调查员、其他工作人员等组成的技术审议委员会，专门就行政申诉中的复杂问题发表不具约束力的意见。[②]

从澳门廉政公署的法律地位及其上述监督的组织和运作制度来看，澳门廉政公署对行政机关的监督措施深入而广泛；不过，正如有学者对其的批评，其监督处理措施不具有强制力，这大为影响了其监督的实效性和权威性。[③]目前，澳门廉政公署的这种定位，更多类似

---

① 参见第10/2000号法律《澳门特别行政区廉政公署组织法》第6条、第9条、第10条，第3/2009号行政法规《廉政公署部门的组织及运作》第2条。

② 参见第3/2009号行政法规《廉政公署部门的组织及运作》第22条、第23条、第25条，第25-A条。

③ 参见赵琳琳：澳门司法制度新论，社会科学文献出版社2015年版，第159页。

于行政长官的“耳目”和“智囊”，其对城市管理执法机关的监督，更像是本节第一部分所论述的行政长官及行政法务司司长监督制度的配套制度。

综述本节，笔者认为，在目前澳门法例所建构的对市政署的监督和问责制度体系中，其关键和枢纽，是行政长官及行政法务司司长对市政署的监督；而财政及财产监察委员会的监督、市政署领导人员的工作表现评审和特定责任、廉政公署就行政申诉事务的监督，都是围绕着这一“枢纽”、为了强化这一“枢纽”的运作实效而展开的配套机制运作。这些配套的监督机制，也具有督促和规制的作用，但本身不能对市政署这一公务法人产生独立的制裁效果。

本章小结

对城市管理执法机关的非司法监督机制，广东与澳门彼此特色鲜明，而在监督方式的设计上相互借鉴的可能性较大。

1.（1）在综合执法体制改革的背景下，城市执法机关的执法权力来自各主管部门的转移，且执法权具有集中性，执法行为跟人民日常生活密切相关，这些因素都加强了对城市执法机关的监督机制从严建构的必要性。广东省的地方立法要求各级政府对行政执法建立日常监督和专项监督相结合、多种监督方式并举的监督机制。（2）在广东全省适用的执法责任制和监督机制的基础上，各城市的机制创新更显活力。中山的行政处罚权力网上运行监督机制，体现了“将权力放在阳光之下”的行政公开原则，网络信息系统的技术进步推动了“过程监督”的监督手段的创新。深圳的城市管理综合执法公众评议制度和行政执法督察制度，体现和贯彻了现代行政法的公众直接参与原则。

2. 澳门对市政署的监督和问责制度，以行政长官及行政法务司司长对市政署的监督为核心，围绕这一“核心”机制的配套机制，包括财政及财产监察委员会的监督、市政署领导人员的工作表现评审和特定责任、廉政公署就行政申诉事务的监督。这种监督和问责制度，跟广东各市的市、县人民政府对城市管理综合执法部门的监督和问责制具有相似之处，因为人民政府亦是首长负责制的机关，粤、澳的监督制都有首长负责监督这样的特点。那么，澳门的上述配套机制，一则可强化首长对城市管理执法机关在人事、财务、履职表现的监督权能，二则依靠咨询一些委员会对城市管理执法机关的监督意见可增强这种监督的民主性科学性。这些配套监督机制对广东各市应当具有较大的参考意义。

第五章

城市执法规范化的配套机制（二）——城市执法的裁量统制

城市管理过程中的执法活动，与人民生活联系密切。执法者对于城市生活中涉嫌违法失序的现象无论作为或不作为，都从微观上塑造着一个城市的公共秩序，对公民的人身权和财产权产生或多或少直接的影响。这是把城市执法活动纳入法规范拘束范围、使其规范化的意义所在。而裁量权是行政权中最具有活性的部分。如果说第四章讨论的执法责任制和监督制是要求执法者“不犯错”，那么，本章探讨如何对裁量权作出统制，除了要令执法者在法律羁束的范围内合法合理地作出裁量外，还要求执法者在这种规范化的机制中仍保持行政管理的能动性。在个案中丧失能动性的机械执法同样是不可取的。

裁量统制，可以分为立法统制、司法统制和行政自我规制。基于不告不理的原则，司法统制是一种被动的、有限的机制；如何在机制设计上实现对城市执法裁量权的良好统制，地方立法的立法者和行政机关自身都具有积极作为的空间。本章主要探讨的是对裁量权的立法统制和行政自我规制。

从比较行政法的角度看，粤澳两地对裁量权的统制路径，因所在法域的法律传统和整体法律制度上的差异，而彼此呈现出较大的不同。澳门的程序性裁量统制，广东近十年来重点推进的裁量基准制度，各具特色。正是如此，粤澳两地才具有制度比较和互补借鉴的空间。

第一节　城市执法领域裁量基准机制建设的广东实践

在中央政策层面，中共中央 2014 年《关于全面推进依法治国若干重大问题的决定》在“坚持严格规范公正文明执法”的问题上，已提出要“建立健全行政裁量权基准制度，细化、量化行政裁量标准，规范裁量范围、种类、幅度。”2015 年《中共中央国务院关于深入推进城市执法体制改革改进城市管理工作的指导意见》中提出，各地城市管理部门应当健全行政处罚适用规则和裁量基准制度。因此，在城市管理综合执法领域加强执法规范化建设，通过建立健全裁量基准制度实现对执法裁量权的有效统制，是我国城市执法体制改革过程中一个必然趋势。

在裁量基准的形成机制上，自下而上建构裁量基准运行机制，注重基层执法实践经验提炼为裁量基准，是我国不少学者所主张的观点。[①] 而城市管理综合执法是以市、区县、街镇为区域实施的行政执法活动，属于典型的地方事务，基层实践特色鲜明，无疑是推行裁量基准机制的很好的改革试验场域。法律、行政法规、部门规章对城市管理综合执法领域的裁量基准机制暂时未作统一规定，地方相应的探

① 例如，参见朱新力、骆梅英：“论裁量基准的制约因素及建构路径”，载《法学论坛》2009年第4期。

索实践具有重要意义。我国行政法学者关于裁量基准的学理探讨在地方实践中亦可提供指引和得到检验。

本节从裁量基准的性质、效力、制定主体、制定程序、制定技术、适用规则、例外条款等方面，阐述和讨论广东在城市管理综合执法领域建立健全裁量基准机制的地方实践。

一、广东各市城市执法（行政处罚）裁量基准的性质与效力

第一，城市管理综合执法机关作为行政执法主体，制定行政处罚等行政行为的裁量基准，是广东省级地方性法规和省政府规章赋予市、区城市管理综合执法机关的义务与责任。

根据《广东省行政执法责任制条例》《广东省行政执法监督条例》《广东省规范行政处罚自由裁量权规定》的相关规定[①]，行政执法主体应当根据本地区经济社会发展实际，依法细化和量化本单位行政处罚、行政许可、行政强制、行政征收等的裁量标准，制定本执法机关的行政处罚裁量权适用规则。这一制定裁量基准的要求，构成城市管理执法机关建章立制的法定义务。对行政执法责任制落实情况的监督，即包括行政裁量权基准的监督。执法机关未按规定制定行政处罚裁量权适用规则的，上级机关应当责令其纠正；情节严重的，须追究执法机关及相关责任人的行政责任。

第二，裁量基准作为行政规则，当然具有内部效力，城市管理执法机关的执法人员应当予以适用（存在例外条款时除外），否则执法人员须承担纪律责任。

裁量基准一般以其他规范性文件的形式表现出来，例如《广州市

① 参见《广东省行政执法责任制条例》第17条、《广东省行政执法监督条例》第12条、《广东省规范行政处罚自由裁量权规定》第10条、第22条。

城市管理综合执法行政处罚自由裁量权量化细化基准表》是《广州市城市管理综合执法规范行政处罚自由裁量权规定》的附件。在法律性质上，这类其他规范性文件首先是行政规则，具有内部效力，用于调整行政内部关系，机关内部的公务员原则上应当遵守。[①] 根据《广东省规范行政处罚自由裁量权规定》第 10 条、第 22 条，行政处罚实施机关及其工作人员应当按照本单位或本系统的行政处罚自由裁量权适用规则行使行政处罚自由裁量权，否则须承担行政责任。各城市的市、区（县）人民政府法制机构对执法人员适用裁量基准的情况实施监督，并将其作为公务员考评的重要内容。[②]

有的城市规定了上级执法机关的裁量基准对下级执法机关的效力。例如《汕头市规范行政处罚裁量权规定》第 7 条规定，“上级行政处罚实施机关已经制定行政处罚裁量标准的，下级行政处罚实施机关可以参照执行。”上级执法机关的裁量基准对下级机关之所以仅具有参照效力而没有强制遵守的效力，是由于裁量基准是一种“一般裁量”，当有充分理由表明下级机关及其执法人员在一线执法现场结合本地区具体情况作出的裁量更合理时，在适用上应当更尊重基层实践经验。

在学理上，有学者就认为裁量基准的性质具有双重属性，既具有

① 参见杨建顺主编：行政法总论（第二版），北京大学出版社2016年版，第167～169页。

② 《广州市规范行政执法自由裁量权规定》第4条规定，“市人民政府法制机构负责本市行政执法主体行使行政执法自由裁量权的监督，组织实施本规定”“区、县级市人民政府法制机构负责本区、县级市行政执法主体行使行政执法自由裁量权的监督”《深圳市规范行政处罚裁量权若干规定》第23条规定，“市、区人民政府法制机构通过行政执法投诉处理、行政执法检查、行政执法案卷评查等形式对行政处罚实施机关实施的行政处罚裁量权情况进行监督检查”“政府法制机构应当将行政处罚实施机关执行本规定的情况作为法治政府建设考评的重要内容”《汕头市规范行政处罚裁量权规定》第27条规定，“市、区（县）人民政府法制部门对本级行政处罚实施机关违反本规定的行为，可以发出《规范行政处罚裁量权通知书》，责令停止执行和自行纠正；被通知机关应当在接到通知后三十日内将处理结果函告发出通知的政府法制部门”。

"裁量规范性"又具有"裁量性"[①]，前一属性要求执法人员原则上遵守裁量基准，后一属性则表明在例外情形中下级机关及执法人员可以根据具体情况而非上级机关的裁量基准作出决定。广东城市执法领域裁量基准适用机制的各地实践反映出，各地在立法上更强调裁量基准的"裁量规范性"，旨在以裁量基准的机制细化地规范执法人员作出处罚决定的行为，追求同案同判，拘束执法权防止其恣意滥用。不过在广东地方立法中，亦不否定裁量基准的"裁量性"即因地制宜的灵活性。[②]

第三，广东的地方立法规定了裁量基准原则上应当对社会公开，城市管理执法的裁量基准因此获得事实上的对外效力。

根据《广东省行政执法责任制条例》第 17 条、《广东省规范行政处罚自由裁量权规定》第 10 条和第 22 条的规定，行政执法主体制定的行政处罚裁量标准应当向社会公开，未将其公开者由上级机关责令纠正，情节严重者承担行政责任。广东一些城市对裁量基准及裁量结果的公开作出具体规定，例如广州的地方立法规定"自由裁量标准应当向社会公开，自由裁量结果除涉及国家秘密、工作秘密、商业秘密或者个人隐私外，允许社会公众查阅"[③]，"自由裁量标准应当在执法机关的网站和公告栏公告"[④]；深圳、汕头亦有类似的规定[⑤]；中山的地方立法规定行政处罚裁量基准应当在市执法监督电子系统公

① 参见王贵松："行政裁量基准的设定与适用"，载《华东政法大学学报》2016年第3期。

② 前述《广东省规范行政处罚自由裁量权规定》第10条、第22条的条文中强调执法人员适用的是"本单位或本系统"的裁量基准，未明文规定以本系统的裁量基准统一取代系统内部各单位的裁量基准，亦是留有余地。

③ 《广州市规范行政执法自由裁量权规定》第8条。

④ 《广州市城市管理综合执法规范行政处罚自由裁量权规定》第22条。

⑤ 《深圳市规范行政处罚裁量权若干规定》第7条第3款："行政处罚实施机关应当公开行使行政处罚裁量权的依据，并采用适当的形式公开行政处罚的结果。"汕头的规定表述上跟广州的相似，参见《汕头市城市管理行政执法规范行政处罚自由裁量权规定》第24条。

开，裁量标准适用是中山市网上办案全程实时监督的内容之一[①]。上述几个城市的城市管理执法（行政处罚）裁量基准在各自的市城管局官网上可查询。

广东地方立法要求城市管理执法裁量基准的强制、主动公开，这就使得本来仅调整行政内部关系的裁量基准的内部效力外部化。行政相对人通过公开的裁量基准而产生了对平等处罚的信赖预期，这种信赖预期是裁量基准获得事实上的外部效力的基础。在广东，一旦行政相对人与执法机关就处罚结果产生纠纷，执法机关无正当理由不遵守裁量基准的处罚决定将因违反平等原则和信赖利益保护原则而构成违法。

二、城市执法裁量基准的制定主体和制定程序

（一）城市执法裁量基准的制定主体

关于城市执法裁量基准的制定主体，应当是省级机关、市级机关还是区（县）级机关？根据前述《广东省行政执法责任制条例》第 17 条的规定，既然制定裁量基准是执法机关的责任，且鉴于城市管理综合执法的纵向分工体制的改革趋势是实行区执法模式以及街道执法的模式，执法力量往基层下沉，那么，城市管理执法的裁量基准的制定主体，应当是直接承担一线执法任务的区城管局。《广东省规范行政处罚自由裁量权规定》第 10 条规定“省人民政府或者有条件的地级以上市人民政府所属行政处罚实施机关可以统一本系统行政处罚自由裁量权适用规则”，“可以”表明广东省对于制定省级裁量基准和市级裁量基准是授权和鼓励的态度，而并非是必须

① 参见《中山市行政处罚权力网上运行监督管理暂行办法》第3条、第18条。

履行的职责。

不过，在城市管理执法裁量基准建设的实践中，广州、中山、深圳、汕头等地的市城管局或市城市管理委员会已制定了市级裁量基准，而区级裁量基准的制定并不发达。《深圳市规范行政处罚裁量权若干规定》第 8 条规定，“城市管理综合执法范围内各项行政处罚裁量权实施标准，由市级相关职能部门征求城市管理综合执法机构意见后负责制定。”《汕头市规范行政处罚裁量权规定》第 7 条规定，“市人民政府所属行政处罚实施机关，应当依照本规定，对本机关负责实施的行政处罚裁量权规范进行细化、量化，制定相应的行政处罚裁量标准”，“区（县）人民政府及其所属行政处罚实施机关，可以根据需要制定本机关行政处罚裁量标准。”深圳、汕头的上述地方政府规章，则是赋予了市属城市管理的机关制定裁量基准的职责，而在是否制定区级城市执法裁量基准上，区（县）政府及其所属职能部门具有立制的裁量空间。在应当由级别较高的行政机关还是由基层行政机关制定裁量基准的争论上，广州、深圳等城市的机制建设实践以及制定相应地方政府规章的决策者的态度表明，城市执法的裁量基准主要由市级机关制定。这应当是由城市管理事务的性质决定的，一方面要考虑各个城市的特点和实际情况，不宜由省级机关主要制定裁量基准；另一方面出于城市规划和管理的统一性考虑，亦没有把制定裁量基准的主要职责交给市辖各区。

（二）城市执法裁量基准的制定程序

关于城市执法裁量基准的制定程序，广东各市的地方政府规章对此没有严格的程序规定，表明裁量基准的制定可以采取较为灵活的程序。从广州、深圳、汕头等地的规定来看，在制定程序上一般有两个要求，其一是裁量基准应当采取其他规范性文件的形式，其二是报送同级政府法制机构审查或备案。[①] 像汕头等城市还规定了裁量基准制定后的评估制度，要求城市管理执法机关“对按照行政处罚裁量标准办结的行政处罚案件定期进行分析、总结和评估，建立典型案例制度和效果评估制度。”[②]

三、城市执法裁量基准的制定技术和适用规则

（一）城市执法裁量基准的制定技术

周佑勇教授认为，裁量基准主要运用了情节细化和效果格化这两种技术[③]。笔者的理解是，这两种技术，亦即将法律规定的某种违法行为按照某些相关因素将其分解为严重、一般、轻微等若干情节，同时将法定的处罚幅度也细分为几个档次，在该幅度内再根据上述不同情节分别处以不同档次的处罚。广东省住房和城乡建设厅制定的《关于住房和城乡建设系统行政处罚自由裁量权的基准》及广州、中山、深圳、汕头等市城市管理执法的裁量基准，从体例来看，都是按照这一技术制定的。

上述将违法行为情节据以作出分解的“相关因素”，根据《广东省规范行政处罚自由裁量权规定》第8条，“行使行政处罚自由裁量权，应当以事实为依据，与违法行为的事实、性质、情节、社会危害程度

① 《广州市规范行政执法自由裁量权规定》第9条规定，“市行政执法主体应当以行政规范性文件的形式对行政执法自由裁量权的标准、条件、种类、幅度、方式、时限予以合理细化、量化，报送市人民政府法制机构审查后公布实施”。《深圳市规范行政处罚裁量权若干规定》第25条规定，“行政处罚实施机关应当在本规定实施之日起6个月内制定行使行政处罚裁量权实施标准，并报市政府法制机构备案；已经制定的，可以根据本规定进行调整并报市政府法制机构备案”。《汕头市规范行政处罚裁量权规定》第9条规定，“行政处罚实施机关制定行政处罚裁量标准，应当遵守市人民政府有关行政机关规范性文件的制定程序和要求，并报同级人民政府法制部门备案或者法律审查”。

② 参见《汕头市规范行政处罚裁量权规定》第10条，《汕头市城市管理行政执法规范行政处罚自由裁量权规定》第6条。

③ 周佑勇：“裁量基准的制度定位——以行政自制为视角”，载《法学家》2011年第4期。

相当，与违法行为发生地的经济发展水平相适应”；在广东各地的实践中，这些“相关因素”可以是违法行为的时间、地点、次数、方式、行为标的物数量、面积（体积）、涉及金额、行为人主观意图（例如是否营利）等。

试以违法倾倒垃圾（或类似的违法处理）行为的行政处罚裁量基准为例[①]，列举违法情节和后果细化的相关因素。

——行为标的物（垃圾）面积或体积。广东省住房和城乡建设厅《关于住房和城乡建设系统行政处罚自由裁量权的基准》依据《城市生活垃圾管理办法》第 16 条规定的情形和第 42 条规定的罚则，以倾倒、抛洒、堆放城市生活垃圾的面积或体积为细分因素，倾倒、抛洒、堆放城市生活垃圾 1 平方米（或 0.5 立方米）以下的为情节轻微，对单位处以 5000 元以上 2 万元以下的罚款，对个人处以 50 元以下的罚款；1 平方米（或 0.5 立方米）以上 5 平方米（或 2.5 立方米）以下的为情节一般，对单位处以 2 万元以上 3.5 万元以下的罚款，对个人处以 50 元以上 150 元以下的罚款；5 平方米（或 2.5 立方米）以上的为情节严重，对单位处以 3.5 万元以上 5 万元以下的罚款，对个人处以 150 元以上 200 元以下的罚款。

——行为标的物（垃圾）数量。《汕头市城市管理行政执法行政处罚自由裁量权量化细化基准表》依据《汕头市城市市容环境卫生管理条例》第 33 条，以乱扔瓜果皮核、纸屑、烟蒂、饮料罐、口香糖等废弃物的件数为细分因素，乱扔废弃物 1 件的为情节轻微，可处 50 ~ 185 元罚款；2 件的为情节一般，处 185 ~ 365 元罚款；3 件以上的为情节严重，处 365 ~ 500 元罚款。

---

① 该行为违反《城市生活垃圾管理办法》第16条、《广东省城市市容和环境卫生管理规定》第39条以及一些城市专门制定的市级地方性法规或地方政府规章。

——行为方式。《深圳市城市管理综合执法行政处罚自由裁量权实施标准》依据《深圳经济特区市容和环境卫生管理条例》第 48 条，以违法处理垃圾的行为方式（放置 / 倾倒 / 焚烧）为细分因素，细分为 3 种情况：在非指定场所放置垃圾或者其他废弃物者，处 1000 元罚款；倾倒者，处 3000 元罚款；焚烧者，处 5000 元罚款。

——行为人主观意图。《中山市城市管理行政执法局行政处罚自由裁量量化标准》依据《广东省城市市容和环境卫生管理规定》第 39 条，以倾倒粪便者是否以营利为目的作出区分，以营利为目的者在处罚幅度内作出顶格处罚，每次处以 500 元罚款。

——行为地点。《广州市城市管理综合执法行政处罚自由裁量权量化细化基准表》依据《中华人民共和国固体废物污染环境防治法》第 74 条、《广州市市容环境卫生管理规定》第 59 条（优先适用本条）和《广州市生活垃圾分类管理规定》第 56 条，综合考虑行为地点、垃圾体积（或污染面积）、垃圾数量等几种细分因素，处罚分别如下表显示。

<table>
<tr><th>违法行为</th><th colspan="3">裁量情节</th><th>裁量标准</th></tr>
<tr><td rowspan="3">乱倒垃圾、污水、粪便，乱扔动物尸体等废弃物的</td><td>严重</td><td>乱倒垃圾1立方米以上、污染面积1平方米以上或者乱扔动物尸体禽类3只以上、畜类1只以上</td><td>主要道路、重点地区</td><td>乱倒垃圾、污水和粪便：罚款200元；乱扔动物尸体的：每头（只）处以200元的罚款</td></tr>
<tr><td>一般</td><td>乱倒垃圾0.5立方米以上1立方米以下、污染面积0.5平方米以上1平方米以下或者乱扔动物尸体禽类2只</td><td>次干道</td><td>乱倒垃圾、污水和粪便：150元；乱扔动物尸体：每头（只）处以100元的罚款</td></tr>
<tr><td>轻微</td><td>乱倒垃圾0.5立方米以下、污染面积0.5平方米以下或者乱扔动物尸体禽类1只</td><td>其他地区</td><td>乱倒垃圾、污水和粪便：100元；乱扔动物尸体：每头（只）处以50元的罚款</td></tr>
</table>

除了违法倾倒垃圾（或类似的违法处理）行为，再以其他违法行

为为例：

——行为持续时间。《广州市城市管理综合执法行政处罚自由裁量权量化细化基准表》依据《广州市市容环境卫生管理规定》第 23 条规定的情形和第 58 条规定的罚则，对在建设或者活动结束后未及时拆除、清理临时设置的设施和产生的废弃物的行为，综合考虑行为持续时间、占地面积（或废弃物体积）、违法行为地点等几种细分因素，处罚分别如下表显示。

违法行为	裁量情节				裁量标准
因建设或者举办节庆、文化、体育等活动，经批准临时占用道路两侧和公共场所，在建设或者活动结束后未及时拆除、清理临时设置的设施和产生的废弃物的	严重	在建设或者活动结束后未及时拆除、清理临时设置的设施和产生的废弃物时间在72小时以上	在建设或者活动结束后未及时拆除、清理临时设置的设施30平方米以上或者产生的废弃物5立方米以上	主要道路重点地区	责令限期拆除、清理；逾期未拆除、清理的，依据《城乡规划法》的规定采取强制拆除等措施，并可罚款1600～2000元
	一般	在建设或者活动结束后未及时拆除、清理临时设置的设施和产生的废弃物时间在48小时以上	在建设或者活动结束后未及时拆除、清理临时设置的设施10平方米以上30平方米以下或者产生的废弃物2立方米以上5立方米以下	次干道	责令限期拆除、清理；逾期未拆除、清理的，依据《城乡规划法》的规定采取强制拆除等措施，并可罚款1000～1600元
	轻微	在建设或者活动结束后未及时拆除、清理临时设置的设施和产生的废弃物时间在24小时以上	在建设或者活动结束后未及时拆除、清理临时设置的设施10平方米以下或者产生的废弃物2立方米以下	其他地区	责令限期拆除、清理；逾期未拆除、清理的，依据《城乡规划法》的规定采取强制拆除等措施，并可罚款500～1000元

——行为次数。《深圳市城市管理综合执法行政处罚自由裁量权实施标准》依据《深圳经济特区市容和环境卫生管理条例》第 52 条，对建筑施工单位在施工时将未经处理的泥浆水直接排入城市雨水或者污水管道的行为，以行为次数（频率）为细分因素，细分为 3 种情况，

一年内发生1次的，处2000元罚款；一年内发生2次的，处4000元罚款；一年内发生3次以上的，处5000元罚款。

——涉及金额。《深圳市城市管理综合执法行政处罚自由裁量权实施标准》依据《深圳经济特区市容和环境卫生管理条例》第20条，对非法销售城市道路上设置的各种井盖、沟盖、交通指示牌及其他市政设施的行为，以销售金额为细分因素，细分为3种情况，个人销售额2000元或以下的，处2000元罚款；2000元以上5000元以下的，处3000元罚款；5000元以上的，处5000元罚款。

——此外还有被损害设施完好率、偏离规划百分比等其他细分因素。

当然，有些规定中细分因素的设计是否合理，值得斟酌。比较而言，广州的裁量基准综合考虑多种细分因素而作出情节细化和效果格化，在设计上更具参考意义。

（二）城市执法裁量基准的适用规则

关于规范城市管理综合执法的裁量权行使的规定中，通常规定了裁量基准的适用规则，这些适用规则可以视为裁量基准的“总则”。这些适用规则的特点，笔者将其归纳为以下四点：

第一，从轻、从重、减轻、不予处罚的情形须跟裁量基准共同适用。

裁量基准的适用规则通常按照各种行政处罚的法律法规的体例，规定了从轻、从重、减轻、不予处罚的具体情形。[①] 在适用上，这些从轻等情节需要跟裁量基准结合适用，以在法定幅度内确定更为具体的裁量幅度。例如，《广州市城市管理综合执法规范行政处罚自由裁

① 参见《广州市城市管理综合执法规范行政处罚自由裁量权规定》第11～14条，《汕头市城市管理行政执法规范行政处罚自由裁量权规定》第12～14条。

量权规定》第16条规定，“本规定第十二条规定有减轻行政处罚自由裁量情形的……有法定罚款幅度的，在违法行为对应基准表规定的处罚档次给予降档处罚；无法定处罚幅度或者违法行为符合基准表规定的轻微档次的，在法定罚款固定值或者法定罚款金额下限以下给予处罚。”同理，应当从轻处罚的，按照裁量基准表中情节轻微档次进行裁量；应当从重处罚的，按照裁量基准表中情节严重档次进行裁量。

第二，在综合执法所依据的法律冲突的情况下，适用规则及裁量基准表中规定或列明应当优先适用的法规范。

由于综合执法是将多个行政主管部门原有的执法权集中授予综合执法部门的制度，那么综合执法部门在执法中经常遇到的难题是法律冲突问题，包括不同部门立法之间的冲突，部门规章与地方立法的冲突，特别法和一般法的冲突。法律冲突的解决，在遵循《中华人民共和国立法法》法律适用的规则的基础上，裁量基准的适用规则及基准表中规定或列明应当优先适用的法规范，便于执法人员的操作。例如《广州市城市管理综合执法规范行政处罚自由裁量权规定》第10条第一款规定，“对同一违法行为，可以适用多部法律、法规、规章实施行政处罚的，应当遵循上位法优于下位法的原则；当事人同一违法行为同时违反同一机关制订的效力相同的法律规范，应当遵循新法优于旧法、特别法优于一般法的原则，并依据基准表的具体规定执行。”在广州城管执法对应的基准表中，若执法依据包括两部以上法规范文件的，“备注”一栏通常列明优先适用的法规范。

第三，适用规则规定单处或并处行政处罚的规则。

例如，《深圳市规范行政处罚裁量权若干规定》第15条规定，“法律、法规、规章规定可以实施单处处罚也可以并处处罚的，对轻微违法行为实施单处处罚；对一般违法行为实施单处或者并处处罚；对严重违法行为实施并处处罚。”《广州市城市管理综合执法规范行政处罚自由裁量权规定》亦有类似规定。

第四，适用规则规定不同违法情节下的罚款计算公式。

通过计算公式对不同违法情节下应采取的罚款幅度作出细分，是形式较新的一种规定。例如，《广州市城市管理综合执法规范行政处罚自由裁量权规定》第 9 条和《汕头市城市管理行政执法规范行政处罚自由裁量权规定》第 10 条皆采用了如下的计算公式：

“城市管理综合执法机关对违法行为作出罚款的处罚决定，有法定罚款幅度，裁量结果为严重、一般、轻微档次的，分别按下列公式计算：

严重档次处罚：[（X–Y）×70% + Y] 以上至法定最高罚款金额；

一般档次处罚：[（X–Y）×30% + Y] 以上，[（X–Y）×70% + Y] 以下（不含本数）；

轻微档次处罚：[（X–Y）×30% + Y] 以下至法定最低罚款金额。

上述公式中 X 为法定最高罚款金额，Y 为法定最低罚款金额。按上述公式确定的罚款金额不得超过法律、法规、规章规定的限度。”

《深圳市规范行政处罚裁量权若干规定》第 16 条、第 17 条则作出规定，“法律、法规、规章设定的罚款数额有一定幅度的，在幅度范围内视情节划分为从重处罚、一般处罚、从轻处罚。罚款原则上应当实行定额、定量处罚。”“除法律、法规、规章另有规定外，罚款处罚的数额按照以下标准确定：（一）罚款为一定金额的倍数的，从重处罚不得低于中间倍数；从轻处罚应当低于中间倍数；一般处罚按中间倍数处罚；（二）罚款为一定幅度的数额的，从重处罚不得低于最高罚款数额与最低罚款数额的平均值；从轻处罚应当低于平均值，一般处罚按平均金额处罚；（三）只规定最高罚款数额没有规定最低罚款数额的，从轻处罚一般按最高罚款数额的20%确定，一般处罚按最高罚款数额的50%确定；只规定最低罚款数额没有规定最高罚款数额的，从重处罚一般按最低罚款数额的5倍确定；一般处罚按最低罚款数额的2倍确定。”

（三）不适用裁量基准的例外条款

裁量基准是一种为规范个别裁量行为而统一规定的“一般裁量”，但在一些极其特殊情形下，统一适用“一般裁量”未必比面对具体个案的执法人员所作出的“个别裁量”更符合实际情况、更具有合理性。一般裁量与个别裁量之间确实会存在一定的紧张，如何赋予在特殊情形下、不遵循裁量基准的原则而作出例外的裁量决定的合法性，学者们注意到“例外条款”或称为“裁量基准的逃逸”的意义。例如，章志远教授概括出，集体决策、理由说明、过错追究等手段已成为实践中合法脱离裁量基准的“保障措施”；章教授并认为，下级行政执法机关脱离上级机关制定的裁量基准的，实行从宽说理原则，着重就地域差异性进行说明；本级行政机关脱离自身所定裁量基准的，实行从严说理原则，着重就个案特殊性、新颖性进行说明。[①]

在广东城市执法裁量基准的适用规则中，地方立法更强调的是执法人员应当适用裁量基准，强调不适用裁量基准应当承担行政责任，而对于何种情况下不适用裁量基准仍具有合法性则没有明确规定。《广东省规范行政处罚自由裁量权规定》第18条规定，“行政处罚实施机关应当根据法律、法规、规章的变化或者执法工作的实际，及时修订行政处罚自由裁量权适用规则。”广州、中山、深圳亦有类似规定。这是通过不断总结经验、对基准的实施效果定期作出评估、增加基准

① 章志远：“行政裁量基准的兴起与现实课题”，载《当代法学》2010年第1期。

的修订频率，努力使裁量基准更符合实践情况的变化。这种修订机制固然具有积极意义，但它与例外条款的作用还是有区别的，不能完全解决基准之外的个别裁量的合法性问题。

在笔者看来，一定程度具有例外条款意义的，目前见于中山市的规定。《中山市行政处罚权力网上运行监督管理暂行办法》第 12 条规定，办理案件过程中，出现处罚不符合裁量标准等异常情况的，执法人员必须在市执法监督系统中如实详细说明理由或原因。由上述规定可以推导出，只要经过如实详细说明理由的程序，在裁量基准以外作出处罚决定的行为，是法规范所允许的例外情形。

虽然广东的地方立法实践中，就城市执法裁量基准的合法例外情形几乎缺乏明确的规定，不过，从广东现行关于裁量权正当行使原则的规定中，尚可推导出基准之外的个别裁量具有合法性的空间。其一，可以依据裁量适当性原则。根据《广东省规范行政处罚自由裁量权规定》应当必要、适当行使裁量权的规定[①]，如果在某一个案中适用裁量基准会导致显失公平、过罚明显不相当的结果的，执法人员援引关于裁量适当性原则的规定，在法定范围内作出个别裁量的决定，并充分说明的，应当认为是合法的。其二，可以依据裁量权行使的保障监督的规定。例如，广州、汕头等市规定，城市管理执法机关应当定期对本机关作出的行政处罚案件进行复查，上级城市管理执法机关应当对下级城市管理执法机关行使裁量权的情况进行监督检查，发现裁量权行使不当的，应当予以纠正或责令纠正。[②]据此，如果负责监

---

① 《广东省规范行政处罚自由裁量权规定》第6条规定，“行使行政处罚自由裁量权应当符合法律目的，排除不相关因素的干扰，所采取的措施和手段应当必要、适当。”第8条规定，“行使行政处罚自由裁量权，应当以事实为依据，与违法行为的事实、性质、情节、社会危害程度相当，与违法行为发生地的经济发展水平相适应。”

② 参见《广州市城市管理综合执法规范行政处罚自由裁量权规定》第29条，《汕头市城市管理行政执法规范行政处罚自由裁量权规定》第26条。

督检查的机关发现裁量行为虽然符合裁量基准但仍然导致结果的明显不当，应当认为，监督检查的机关予以纠正后作出的裁量行为，即使脱离裁量基准之外仍具有合法性。其三，正如前文章志远教授所述，集体决策可以成为合法脱离裁量基准的措施，在广东的例子有《汕头市规范行政处罚裁量权规定》第 22 条规定的“行政处罚实施机关应当建立复杂、重大行政处罚案件行政机关负责人集体讨论决定制度”。可以认为，只要案件具有复杂重大性，且裁量决定经过集体讨论后作出，则该决定不能单凭不符裁量基准而否定其合法性。或者说，案件的重大复杂性已表明不能简单机械套用裁量基准了。

第二节 澳门城市执法的程序性裁量统制

一、澳门行政法背后的裁量统制理论

关于澳门行政法的裁量和裁量统制的研究，从笔者所收集的文献来看，当地学者对此的研究成果并不多。已有的文献聚焦于澳门司法对行政机关裁量权的审查，提出澳门法院对裁量权的监察，原则上限于对其合法性的审查，法院不能单纯仅就行政决定的适当性作出裁判；不过，澳门终审法院也确立了对裁量权的行使进行司法审查的“适度性原则”标准，这一标准依据主观权力行使偏差、客观权力的行使明显或不可容忍地侵犯行政合理性规范、明显的事实错误等具体标准。[①]

既然澳门行政法学中欠缺关于立法对行政裁量的统制，以及在行政自我规制意义上的裁量统制的理论渊源，那么，笔者尝试从对澳门法制影响最深的葡萄牙行政法学中寻找相关的理论基础。

---

① 参见蒋朝阳：“出入境管制与行政自由裁量权”，载蒋朝阳：澳门基本法与澳门特别行政区法治研究，社会科学文献出版社2016年版，第289～290页。

葡萄牙行政法学中，裁量，有人译作“自由裁量”（actos discricionários），是指“法律授予行政机关的，在多个可能行为之一中，由行政机关在最适合于实现被授予之规范保护的公共利益的行为中进行选择之自由。”[①] 在论述（自由）裁量的法律性质时，葡萄牙法学家们与其说自由，不如说更强调法律对裁量自由的限制。苏乐治在批判行政机关存在“原始自由”“绝对自由”领域的基础上，提出“自由裁量不表示对内容作一个完全选择，但只限于针对法律所容许之目的。我们有一个‘自由裁量之限制’——其限制为只到法律容许之选择自由之幅度。”[②] 科雷亚认为，“无任何权力是任由自由裁量。”自由裁量是行政机关行为权力中的一个部分，只有法律授予方存在。[③]

对裁量的限制，或称为裁量统制，其理论基础是法治国原理，即行政机关从属于法律，且其行为应当受到法官的审查。[④] 对裁量的限制可分为内部限制和外部限制。内部限制是指在多个抽象上可能的行为中，限制本身的选择，令某些行为不再是选择，虽然无明示法律禁止。内部限制具体表现为两方面——权力行为不得偏离立法目的；遵守平等原则。外部限制则由权限、关于行为之前提及内容的规范以及关于手续及形式之规范组成。[⑤]

在统制裁量的几种因素中，从笔者目前阅读的葡萄牙行政法论著来看，葡萄牙法学家们尤其强调“目的”对裁量的统制。立法者在法

---

① 【葡】若泽·曼努埃尔·里贝罗·塞尔武罗·科雷亚著，冯文庄译：行政法原理，法律出版社2017年版，第91页。

② 【葡】苏乐治著，冯文庄译：行政法，法律出版社2014年版，第201页。

③ 【葡】若泽·曼努埃尔·里贝罗·塞尔武罗·科雷亚著，冯文庄译：行政法原理，法律出版社2017年版，第91～92页。

④ 参见【葡】苏乐治著，冯文庄译：行政法，法律出版社2014年版，第211页。

⑤ 参见【葡】若泽·曼努埃尔·里贝罗·塞尔武罗·科雷亚著，冯文庄译：行政法原理，法律出版社2017年版，第97～98页。

律中所确定之目的，目的背后代表的是一种具体的公共利益。法律赋予行政机关一种权力，并规定运用这种权力的目的，实际上是指出立法者欲谋求的利益。因此，行使权力的行为服从于法定目的，目的决定行政行为的意义并构成行政行为的有效要件。目的是裁量的必然羁束因素。具体而言，所谓裁量，就是立法者已经规定了目的，而行政机关在处理目的和方法的关系上，负有找寻实现目的（利益）之方法的义务并可以在多种方法中作出选择。如果行政机关行使裁量权与立法者授予该权力之目的不符，造成“目的”这一行政行为有效性要件缺失的，就构成“权力偏差”的行政行为瑕疵。例如，行政机关毫无原因不遵守行政惯例的，其裁量内容可能是为了满足与法定目的不相符之其他目的，于是构成不当裁量，从而具有违法性瑕疵。审查行政行为是否存在权力偏差，是监督行政行为合法性的一个方法。①

由于立法目的通常具有抽象性，在裁量统制当中如何准确判断裁量权的行使是否符合目的呢？葡萄牙的法学家提出，在对行使裁量权进行合法性监督时，说明（正当）理由是对这种监督必不可少的途径。因为说明（正当）理由是指出有一个公共利益存在，要求以一行为加以满足。若行政行为有一个裁量内容，正当理由之指明有助决定行政机关所采取之立场的基础，亦容许审定所作之选择的正确性。②葡萄牙的行政立法中关于说明理由的规定亦与学者的观点相互呼应：“以下行政行为必须说明理由：……影响自由裁量权及法律所保护之利

① 参见【葡】苏乐治著，冯文庄译：行政法，法律出版社2014年版，第134页、第147页、第148页、第234页；【葡】若泽·曼努埃尔·里贝罗·塞尔武罗·科雷亚著，冯文庄译：行政法原理，法律出版社2017年版，第245页、第246页、第249页。

② 参见【葡】苏乐治著，冯文庄译：行政法，法律出版社2014年版，第135～136页；【葡】若泽·曼努埃尔·里贝罗·塞尔武罗·科雷亚著，冯文庄译：行政法原理，法律出版社2017年版，第217页。

益……在相似之情况的裁决或在同一法律规定的解释与适用中以与通常实践之不同的方式作出决定……”[①]

由于说明理由在性质上是一种行政程序，可以认为，关于立法目的对行政裁量的这样一种内部限制，通过说明理由等行政程序外化为程序法规范对行政裁量的外部限制。在大陆法的理论中，关于统制裁量的方式，已发展出多种多样的途径。例如，日本行政法学家南博方教授认为，只有通过行政自己的手来谋求裁量统制（例如，行政信息的公开，裁量基准的公布，听证的实施，处分理由的开示等行政程序的公正化、透明化，行政型 ADR 的整备充实等），才能够充分发挥由法院进行的裁量统制的实效性。[②] 像我国内地各省正推行的裁量基准和执法案例指导制度改革，就是裁量统制的重要手段。而通过完善行政程序立法，确保行政裁量有程序可遵循，是裁量统制的另一种重要手段，在学理上可称为“程序性裁量统制”或“裁量过程统制论”。[③] 从行政程序本身的价值来讲，行政程序尤其是正当程序，具有公正、民主、效率等价值，对裁量的统制就是从公正价值引申出来的作用。我国学者认为，行政程序的其中一个价值，是监督行政机关依法行使职权；行政程序可以对行政裁量权实施可行性的监控。[④] 我国台湾地区学者则提出，行政程序法的终极目标之一是保障人民权益，而人民权益包含了“无瑕疵裁量请求权”。[⑤] 这些观点，足证行政程序对于

---

① 第256-A77号法令第1条。转引自【葡】若泽·曼努埃尔·里贝罗·塞尔武罗·科雷亚著，冯文庄译：行政法原理，法律出版社2017年版，第218页。

② 【日】南博方著，杨建顺译：行政法（第六版），中国人民大学出版社2009年版，第46页。

③ 参见【日】南博方著，杨建顺译：行政法（第六版），中国人民大学出版社2009年版，第45页；杨建顺主编：行政法总论（第二版），北京大学出版社2016年版，第48页。

④ 参见姜明安主编：行政法与行政诉讼法（第六版），北京大学出版社、高等教育出版社2015年版，第329～330页。

⑤ 参见李惠宗：行政法要义，元照出版有限公司2013年版，第59页。

裁量统制的重要作用。

因此，在梳理葡萄牙学者及大陆法国家（地区）相关学者的学说后，笔者判断，葡萄牙行政法中的裁量统制理论，具有相当程度的“程序性裁量统制”色彩。葡萄牙的这种理论特色，也影响到了澳门行政法对裁量权统制的立法状况。

二、澳门对城市执法过程中行使裁量权的立法统制总体情况

对裁量权的统制，可以分为立法统制、司法统制和行政自我规制三种。

笔者检索澳门法例，未发现与裁量基准等相关的法律、行政法规、行政长官批示、行政法务司司长批示及其他相关的规范性文件，在市政署的主页亦未找到发布的规制执法裁量权的标准。从现有研究材料看，澳门对城市执法过程中行使裁量权的统制，主要是立法统制。[①] 这些与裁量权之立法统制相关的规定，可分为三类：

第一类，是通过体现适度原则（比例原则）的法规范，要求城市执法过程中合理行使裁量权。

“适度原则”是澳门《行政程序法典》第 5 条第二款规定的行政活动之一般原则，指“行政当局之决定与私人之权利或受法律保护之利益有冲突时，仅得在对所拟达致之目的属适当及适度下，损害该等权利或利益。”该原则强调了目的之正当性和实现目的之手段的适度

① 关于对裁量权的司法统制，其主要依据是《行政诉讼法典》第104条，关于法院在命令行政机关作出一行政行为时可以对其裁量权行使作出价值引导：“一、命令作出依法应作之行政行为之诉，目的在于判处行政当局须作出其未作出或拒绝作出之行为。二、如默示驳回一要求或拒绝就一要求作出判断，而就该要求作出决定原系涉及自由裁量权之行使或涉及对内容不确定之法律概念作价值判断，则上款所指之诉之目的仅限于判处行政当局须作出明示行为，以便其有自由判断有关要求之空间。三、然而，在上款所指之情况下，按有关情况属合理时，法院在裁判中得订定有助于作出行政行为之价值判断及认知之过程方面之法律性指引，而不定出行政行为之具体内容。”

性，跟源自德国的比例原则（尤其是比例原则三个子原则中的“适当性原则”）具有相似性。

在《行政程序法典》所规定的执行程序中，同样体现了“适度原则”。关于执法的合法性（第138条），规定“在执行行政行为时，应尽可能使用能确保完全实现行政行为之目的，以及对私人之权利与利益造成较少损失之方法。”关于对相对人侵益较大的要求其作出一定事实的执行（第144条），规定“仅在法律明文规定之情况下，且必须在尊重公民之基本权利及尊重个人下，方得直接强制义务人履行作出不可由他人代为作出之事实之作为义务。”

除了作为一般原则，“适度原则”在设定城市管理执法权的相关立法中亦有体现。例如，第28/2004号行政法规《公共地方总规章》第48条规定，“对严重违法行为及非常严重违法行为，除罚款外，尚可按违法者的过错程度同时科处以下附加处罚：……”；第12/2013号法律《城市规划法》第44条规定，“罚款金额尤其应按违法行为的严重程度以及所引致的损害、违法者的过错及其经济能力厘订”；第8/2014号法律《预防和控制环境噪声》第12条规定，“按违法行为及所造成的损害的严重性，以及违法者的过错程度及前科酌科罚款”；第4/2016号法律《动物保护法》第30条规定，“对上条第一款至第三款规定的违法行为，除科处该条规定的处罚外，尚可按行政违法行为的严重性及行为人的过错程度科处以下一项或多项附加处罚……”从上述规定可以概括出，澳门法律制度要求城市管理执法的机关在行使执法权时，应当考虑违法者的过错程度、违法行为的严重性、违法行为所造成的损害，以至于违法者承担罚款的经济能力等因素后作出决定，方是符合适度原则的合理裁量。

此外，在城市管理执法机关（包括可能进行执法公务协作的治安警察局）实施的可能对行政相对人造成重大的且难以挽回的即时强制措施的情况下，且由于这种情况下作出的行政决定是急迫而无暇充分考虑的，因此，对决定实施这种强制措施的裁量权力要有更严格的限制。澳门在一些具体立法中，规定了比适度原则更为严格的要求。例如关于限制、禁止施工的“预防措施”的制定条件，第12/2013号法律《城市规划法》规定，“仅在预见或恐防可能发生的变更对社会造成的损害大于采取预防措施所造成的损害，且在列明有关依据的情况下，方可在已决定编制、检讨或修改城市规划的地区制定预防措施，以避免因在该地区实际存在的状况被变更而可能妨碍有关城市规划的编制或修改”，“预防措施仅限于为达到目的所必需的举措，且该等举措应符合相关规划的目标”，该规定体现了比例原则中的“狭义比例原则”，将利益平衡纳入裁量的考虑因素。又如第14/2018号法律《治安警察局》关于强制手段的规定，“在任何情况下，警务人员须维护及尊重生命、身体完整性和人格尊严，且在行动中优先使用劝导的方式，并仅在绝对必要的情况下方使用强制手段”，“使用强制手段的合法情况尤指如下：（一）排除正在进行对法律所保护的利益的不法侵犯，不论属警务人员自身防卫或保护第三人；（二）消除对在执行职务时所遇的抵抗，且经使用所有为达致该目的的劝导方式无效”，该规定一定程度上体现了比例原则中的“必要性原则”（最小侵害原则）。这两项规定某种意义上是对“适度原则”的扩展，使该原则在统制裁量权的过程中发挥跟比例原则更为接近的作用。

第二类，是通过规定平等原则，要求城市管理执法机关在行使裁量权时一视同仁、“同案同判”。

平等原则规定于澳门《行政程序法典》第5条第一款，是指“与私人产生关系时，公共行政当局应遵循平等原则，不得因被管理者之血统、性别、种族、语言、原居地、宗教、政治信仰、意识形态信仰、教育、经济状况或社会地位，而使之享有特权、受惠、受损害，或剥夺其任何权利或免除其任何义务。”《行政程序法典》第7条还规定了“公正原则及无私原则”，即公共行政当局从事活动时，应以公正及无私方式，对待所有与其产生关系者。从上述两项原则，笔者认为，可以推导出执法裁量的“同案同判”。

作为平等原则在行政活动中的具体落实，《行政程序法典》第122条规定，与裁判已确定之案件相抵触之行为，尤属无效之行政行为。可以认为，滥用裁量权达到非常严重程度时，该执法行为可能被认定为无效行政行为。

在澳门《行政诉讼法典》中，第21条规定“违反法律，包括行使自由裁量权时有明显错误，或绝对不合理行使自由裁量权”，构成私人对行政机关司法上诉的依据。尽管行政诉讼以合法性审查为原则，但澳门《行政诉讼法典》将滥用裁量权达到明显、绝对不合理程度者纳入行政诉讼的审查范围，为法院审查执法机关合理裁量提供了监督机制。

第三类，是通过规定正当程序从而规范城市管理执法机关裁量过程的法规范。在澳门，这类法规范不仅系统地规定于《行政程序法典》中，而且在城市管理执法的各个单行立法中亦有规定。下文重点分析程序性规范对裁量权的统制。

三、执法机关说明理由的义务与裁量统制

在葡萄牙行政法理论中，通过说明理由的程序阐明行政行为的目的，防止执法机关行使裁量权的权力偏差，是裁量统制的重要手段。

澳门《行政程序法典》中，首先在一般原则中规定了合法性原则

（第 3 条）：“公共行政当局机关之活动，应遵从法律及法且在该机关获赋予之权力范围内进行，并应符合将该等权力赋予该机关所拟达致之目的。”彰显了执法权之授权目的对执法活动的限制。同时，善意原则（第 8 条）要求“在任何形式之行政活动中，以及在行政活动之任何阶段，公共行政当局与私人均应依善意规则行事及建立关系”，为此“应考虑在具体情况下需重视之法律基本价值，尤应考虑：a）有关活动使相对人产生之信赖；b）已实行之活动所拟达致之目的”。这也在目的、动机上要求执法机关行使权力时须善意、正当、合理，且这种善意应体现在对具体情况中相关价值的考虑之下（亦即善意作出裁量），不应当以合法形式掩盖恶意目的或动机。

其次，《行政程序法典》规定了行政行为说明理由的义务和要件。第 113 条规定，被要求说明理由时，行政行为应当说明理由。因此，执法机关承担说明理由义务有两种情况——法律特别要求说明理由之行政行为；《行政程序法典》第 114 条要求行政行为须说明理由的 6 种情形。[①] 这 6 种情形，其中“在解决类似情况时，或在解释或适用相同之原则或法律规定时，以有别于惯常采取之做法，作出全部或部分决定之行政行为”，是承认了行政惯例和一般裁量的法律地位，当行政行为的作出有悖于行政惯例和一般裁量（亦即我国内地所说的“裁量基准”）时，行政机关必须说明理由，表明本次行政行为所考虑的个案情况存在哪些合理性，否则该行政行为不具有正当性。第 115 条

---

① 根据《行政程序法典》第114条，除法律特别要求说明理由之行政行为外，对下列行政行为亦应说明理由：a）以任何方式全部或部分否认、消灭、限制或损害权利或受法律保护之利益，又或课予或加重义务、负担或处罚之行政行为；b）就声明异议或上诉作出全部或部分决定之行政行为；c）作出与利害关系人所提出之要求或反对全部或部分相反之决定之行政行为；d）作出与意见书、报告或官方建议之内容全部或部分相反之决定之行政行为；e）在解决类似情况时，或在解释或适用相同之原则或法律规定时，以有别于惯常采取之做法，作出全部或部分决定之行政行为；f）将先前之行政行为全部或部分废止、变更或中止之行政行为。

规定了说明理由的要件，“说明理由应透过扼要阐述有关决定之事实依据及法律依据，以明示方式作出；说明理由亦得仅透过表示赞成先前所作之意见书、报告或建议之依据而作出，在此情况下，该意见书、报告或建议成为有关行为之组成部分。”并规定“采纳含糊、矛盾或不充分之依据，而未能具体解释作出该行为之理由，等同于无说明理由。”此外，第116条特别规定，口头作出的行为亦不能免于说明理由，“应利害关系人之申请，且为申诉目的，应在十日期间内以书面说明理由，且应在此期间内透过以挂号方式邮寄公函或向利害关系人本人直接递交通知，将全部内容告知利害关系人。”

在城市管理执法中，可能会遇到突发情况，需要采取临时措施，否则公共利益会面临严重且无法弥补的损害。不过，临时措施的紧急性和强烈性，亦容易导致行政相对人维权空间的压缩，对相对人权利也有可能造成严重侵害。因此，《行政程序法典》第83条特别规定，“命令采取或更改任何临时措施之决定，应说明理由，并定出该措施之有效期。”“废止临时措施，亦应说明理由。”这一情况下要求说明理由，乃是要求行政机关决定临时措施时，必须目的正当、谨慎衡量。

最后，相应地，澳门《行政诉讼法典》规定，“出现下列情况者，构成提起司法上诉之依据：……c）形式上之瑕疵，包括欠缺理由说明或等同情况；……e）权力偏差。”因此，在实质上违背行政行为的公益目的者，以及形式上没有说明理由者，都构成法院宣布行政行为违法的理由。

四、行政相对人信息公开的请求权与裁量统制

阳光是防止滥用权力最好的防腐剂。若将行政行为作出的过程（档

案、会议记录、证据材料及其采纳情况等）向行政相对人以至向公众公开，那就能很大程度上防止行政机关在裁量过程中恣意妄为，具有裁量统制的作用。

澳门《行政程序法典》不仅明确行政机关具有信息公开的义务，而且规定行政相对人对信息公开具有请求权（澳门用语为“资讯权”）。根据《行政程序法典》的规定，请求公开的信息有几种：（1）与相对人有利害关系的信息。私人有权在提出要求后获行政当局提供与其有直接利害关系之程序进行情况之信息，并有权获知对该等程序作出之确定性决定；须提供之信息之内容，包括指出卷宗所在之部门、已作出之行为与措施、须由利害关系人补正之缺陷、已作之决定及要求提供之其他数据。（2）卷宗。卷宗未附有保密文件，又或未附有涉及商业秘密、工业秘密或与文学、艺术或科学产权有关之秘密之文件时，利害关系人有权查阅之。（3）行政档案及记录。《行政程序法典》规定了“开放行政原则”，私人有权查阅行政档案及记录，而不论是否正在进行任何与其直接有关之程序。查阅行政档案及记录，一般系透过发出证明，或发出组成该等档案及记录之数据经认证之影印本而为之；法律容许或有权限之机关许可时，亦可直接查阅存盘文件或存入记录之文件。上述三种信息，《行政程序法典》规定，行政机关要在收到行政相对人申请后10日内作出答复。[①]

① 参见《行政程序法典》第63条、第64条、第67条。当然，信息公开请求权和隐私权保护会存在张力，有的信息依法不能公开，例如“不得提供与下列程序上之文书或数据有关之信息：a）依法列为机密或秘密之文书或数据，而该项归类尚未为有权限之实体撤除者；b）某些程序上之文书或数据，如其为利害关系人所知悉，系可能影响有关程序之主要目的或损害他人之基本权利者。”政府公开卷宗的义务“不包括保密文件，亦不包括涉及商业秘密、工业秘密或与文学、艺术或科学产权有关之秘密之文件。”“透过附理由说明之决定，得拒绝私人查阅与本地区安全、刑事调查、个人隐私等事宜有关之行政档案及记录。”

五、利害关系人参与制度和裁量统制

在现代行政法当中，当事人的参与程序，或者说利害关系人的参与，不仅具有民主的意义，而且具有行政机关与当事人共同合作致力于发掘事实真相的意义①，从而能够为行政机关正确合理地行使裁量权提供事实基础。

澳门《行政程序法典》把“参与原则”作为规制行政活动的一般原则（第10条）：“公共行政当局之机关，在形成与私人及以维护其利益为宗旨之团体有关之决定时，应确保私人及该等团体之参与，尤应透过本法典所规定之有关听证确保之。”并且在具体规定中，明确规定行政相对人具有程序参与权，并强调公共卫生、环境等城市管理领域中尤其要保障相对人的参与权益：“所有私人均有权亲身参与行政程序，或在行政程序中由包括律师或法律代办在内之人代理或辅助。”“权利或受法律保护之利益被行政活动侵害之人，以及以维护该等利益为宗旨之团体，均具有开展及参与行政程序之正当性。”“为保护大众利益，下列之人亦具有开展及参与行政程序之正当性：a）在诸如公共卫生、住屋、教育、文化财产、环境、地区整治以及生活质素等基本利益方面因行政活动而受到或预计将受到严重损害之公民；b）所居住区域内之某些属公产之财产受行政当局活动影响之居民。”

利害关系人参与，是一个过程。这个过程首先源于当事人的知情权和行政机关的告知（通知）义务，接着是当事人在获得信息的基础上进行陈述、辩护（申辩）甚至听证。

---

① 当事人参与原则具有行政机关与当事人合作的意义，参见吴庚：行政法之理论与实用，中国人民大学出版社2005年版，第359页。

笔者将澳门关于利害关系人参与的法律规范梳理为以下两类：

（一）告知（通知）

作为行政程序的一般原则，《行政程序法典》第58条规定了“告知利害关系人”：“行政当局主动开展程序时，如在该程序中将作出之行为可能损害某人之权利或受法律保护之利益，且实时可从姓名上认别出该人，则须将该程序之开展告知该人。”“在告知时应指出命令开展程序之实体、程序之开始日期、进行程序之部门及程序之目标。”而在具体制度中，《行政程序法典》专章规定了“通知”。对侵益性行政行为，行政机关有义务通知利害关系人，通知内容包括行政行为之全文；行政程序之认别数据，包括作出该行为者及作出行为之日期；有权限审查对该行为提出之申诉之机关，以及提出申诉之期间；指出可否对该行为提起司法上诉。如无特别规定的期间，通知应在八日期间内作出。法律尤为强调执行行为的通知，进行行政执行之决定，必须在开始执行前通知其相对人，且通知内应载明被通知人不遵从借通知所传达之命令时将受之不利后果。①

除了在《行政程序法典》中作出上述外，澳门的立法者尤其重视通知制度。在多部关于城市管理执法的单行立法中，立法者似乎不吝笔墨地以专门的条文详细规定通知的程序与通知的方式。例如第5/2011号法律《预防及控制吸烟制度》第29条、第12/2013号法律《城市规划法》第49条和第50条、第8/2014号法律《预防和控制环境噪声》第19条和第21条、第4/2016号法律《动物保护法》第35条和第37

① 参见《行政程序法典》第68条、第70条、第71条、第139条。

条等。[①]

(二)陈述、辩护和听证

第52/99/M号法令《行政上之违法行为之一般制度及程序》第11条规定，“确保违法者有被听取陈述及辩护之权利，否则处罚决定无效。”足见陈述及辩护程序是影响执法行为是否合法的主要程序之地位。

《行政程序法典》第93条至第98条规定了专门的听证程序。调查完结后，利害关系人有权于最终决定作出前在程序中陈述意见，并尤其应获通知可能作出之最终决定；但第96条及第97条规定之情况除外[②]。负责调查之机关须就每一具体情况，决定以书面或以口头方

① 以第8/2014号法律《预防和控制环境噪声》第21条为例，关于通知的方式规定如下：

一、在行政违法行为的处罚程序中，通知须向本人作出，或以邮寄、公示方式作出。

二、向本人作出通知，须由获委任的环境保护局工作人员将通知文本直接交予被通知人，并由其在证明上签署。

三、如被通知人拒绝接收通知书或签署证明，环境保护局工作人员须在证明上注明此事，并在有关地点张贴通知文本，则视为已作出通知。

四、以邮寄方式作出通知时，有关通知须以单挂号信寄往下列地址，并推定被通知人于信件挂号日后的第三日接获通知，如第三日并非工作日，则推定自紧接该日的首个工作日接获通知：(一)寄往被通知人在有关行政违法行为的程序中所指定的通讯地址或住址；(二)寄往环境保护局或身份证明局的档案所载的最近期居所；(三)如被通知人为法人且其住所或常设代表处位于澳门特别行政区，则寄往环境保护局、身份证明局以及商业及动产登记局的档案所载的最近期住所；(四)如被通知人为按有关投资者、管理人员及具特别资格技术人员临时居留的规定而获准临时居留者，则寄往澳门贸易投资促进局的档案所载的最近期通讯地址或住址。

五、仅在因可归咎于邮政服务的事由而令被通知人在推定接获通知的日期后始接获通知的情况下，被通知人方可推翻上款规定的推定。

六、为适用以邮寄方式作出通知的规定，身份证明局、商业及动产登记局及澳门贸易投资促进局应在环境保护局要求时向其提供第四款所指的数据。

七、如无法向本人或以邮寄方式作出通知，又或不知悉应被通知的利害关系人的身份，环境保护局则须作出公示通知，为此须张贴告示于常贴告示处并刊登公告于澳门特别行政区的两份报章上，其中一份为中文报章，另一份为葡文报章，完成后通知即视为已作出。

② 《行政程序法典》第96条规定，“在下列情况下，不进行对利害关系人之听证：a)须紧急作出决定；b)有理由预料听证可能影响决定之执行或效用；c)因待听证之利害关系人人数过多，以致不适宜进行听证；在此情况下，应尽可能以最合适之方式对该等利害关系人进行公开咨询。”第97条规定，“在下列情况下，负责调查之机关得免除对利害关系人之听证：a)利害关系人就对决定属重要之问题及就所提出之证据，已在程序中表明意见；b)根据在程序中获得之数据，将作出对利害关系人有利之决定。”

式对利害关系人进行听证。书面听证的程序是：（1）如负责调查之机关选择书面听证，须通知利害关系人表明意见，而为此定出之期间不得少于10日；（2）通知利害关系人时，须提供必需之数据，以便其知悉所有对作出决定属重要之事实上或法律上之事宜，并须指出可查阅卷宗之时间及地点；（3）在答复时，利害关系人得对构成有关程序之目标之问题表明意见，亦得申请采取补足措施，并附具文件。口头听证的程序是：（1）如负责调查之机关选择口头听证，则最迟须提前八日命令传召利害关系人；（2）进行口头听证时，得审查一切有利于作出决定而属事实上及法律上事宜之问题；（3）利害关系人不到场，不构成将听证押后之理由；但在为进行听证所定之时间截止前就缺席提出合理解释者，应将听证押后；（4）须缮立听证记录，其内摘录利害关系人所作之陈述；在进行听证之时或之后，利害关系人得附具任何书面陈述。

作为市政管理执法的专门立法，第28/2004号行政法规《公共地方总规章》第52条和第53条专门规定了陈述、答辩的程序。根据该规定，行政机关提起处罚程序，应缮立控诉书以及将之通知违法者，通知内容包括扼要描述被指控的不法事实，并指明事发地点及时间；指出订定及处罚被指控的不法事实的规定；对违法行为可科处的罚款；对违法行为可科处的附加处罚；载明自将控诉书交予违法者之日起10日内违法者有权提交答辩状等。上述内容是为行政相对人行使答辩权提供信息上的基础。该法还规定，因欠缺上述所指任一数据而导致的不规范状况，可透过对违法者重新作出通知，使其可于处罚决定作出前行使陈述权及答辩权而补正。行政相对人可在控诉书寄出之日起10日内就控诉作出答辩。

本章小结

“行政法的精髓在于裁量。”[①]裁量是行政执法中最具有活性的内容，亦是容易存在权力滥用的空间。裁量统制机制的设置很具智慧。在中国内地，各市在城市管理综合执法领域建立健全裁量基准制度，加强执法规范化建设，是体制改革和法治建设的一个重要趋势。

1. 广东城市执法裁量基准机制建设的地方实践情况是，（1）根据广东省的地方立法的要求，城市管理综合执法机关制定行政处罚等行政行为的裁量基准是市、区城市管理综合执法机关的法定义务与责任。（2）广东各地在立法上更强调裁量基准的“裁量规范性”，即侧重于要求城市管理的执法人员应当受到裁量基准拘束，防止执法权恣意滥用。（3）广东的地方立法规定了裁量基准原则上应当对社会公开，城市管理执法的裁量基准因此获得事实上的对外效力。（4）在制定主体上，广州、深圳等城市的机制建设实践以及相应的规章规定表明，城市执法的裁量基准主要由市级机关制定，区级裁量基准的制定在实践中并不多见。（5）广东各地城市管理执法的裁量基准制定，主要运用了情节细化和效果格化这两种技术。将违法行为情节据以作出分解的“相关因素”，实践中包括违法行为的时间、地点、次数、方式、行为标的物数量、面积（体积）、涉及金额、行为人主观意图（例如是否营利）等。（6）在广东城市执法裁量基准的适用规则中，对于例外条款，即何种情况下不适用裁量基准作出个别裁量仍具有合法性，则没有明确规定。不过，从广东现行关于裁量权正当行使原则

① 这一论断是由日本“二战”后最著名的行政法学家田中二郎所作出。参见杨建顺：行政规制与权利保障，中国人民大学出版社2008年版，第504页。

的规定中，尚可推导出基准之外的个别裁量具有合法性的空间。

2. 澳门行政法关于裁量统制的理论基础，具有相当程度的“程序性裁量统制”色彩。澳门对城市执法过程中行使裁量权的统制，主要是立法统制；其中存在较多通过规定正当程序从而规范城市管理执法机关裁量过程的法规范。例如执法机关说明理由，行政相对人请求信息公开，利害关系人参与。相比之下，关于执法程序的立法，在我国内地有待完善。

第六章

城市执法规范化的配套机制（三）——法律顾问与“两法衔接”

城市执法规范化的配套机制中，前文已讨论了执法责任制和监督制、城市执法的裁量统制。本章中，有必要讨论两项机制——法律顾问制度和行政执法与刑事司法“两法衔接”制度。这种讨论的必要性在于，其一，这两项机制具有重要性，都是《中共中央关于全面推进依法治国若干重大问题的决定》和《中共中央　国务院关于深入推进城市执法体制改革改进城市管理工作的指导意见》要求建立健全、大力推行的两项制度；其二，这两项机制的构建，包括广东在内的我国内地不少省市仍在探索之中，而从比较行政法的角度来看，澳门已有相应成型的制度可供对比和参照。对这两项制度，本章的两节将分别探讨。

第一节　城市执法的政府法律顾问制度

一、广东：创新引入律师参与城市执法工作

（一）改革开放以来政府法律顾问制度的历史沿革

中国内地实行改革开放以来，政府法律顾问制度始创于1989年，

其标志是1989年12月司法部颁布部门规章《关于律师担任政府法律顾问的若干规定》（以下简称《规定》）（现行有效）。该《规定》的适用范围是各级人民政府，而各级人民政府的职能部门参照适用。根据该《规定》，律师担任政府法律顾问的任务，是为政府在法律规定的权限内行使管理职能提供法律服务，促进政府工作的法律化、制度化。律师担任政府法律顾问，受政府委托主要办理的法律事务包括：（1）就政府的重大决策提供法律方面的意见，或者应政府要求，对决策进行法律论证；（2）对政府起草或者拟发布的规范性文件，从法律方面提出修改和补充建议；（3）参与处理涉及政府的尚未形成诉讼的民事纠纷、经济纠纷、行政纠纷和其他重大纠纷；（4）代理政府参加诉讼；（5）协助政府审查重大的经济合同、经济项目以及重要的法律文书等。①

2014年《中共中央关于全面推进依法治国若干重大问题的决定》提出，“积极推行政府法律顾问制度，建立政府法制机构人员为主体、吸收专家和律师参加的法律顾问队伍，保证法律顾问在制定重大行政决策、推进依法行政中发挥积极作用。”自此，我国政府法律顾问制度加快发展。中共中央办公厅、国务院办公厅2016年6月印发的《关于推行法律顾问制度和公职律师公司律师制度的意见》中提出，2017年年底前，县级以上地方各级党政机关普遍设立法律顾问、公职律师，到2020年全面形成与经济社会发展和法律服务需求相适应的中国特色法律顾问、公职律师、公司律师制度体系。

2017年11月，司法部、住房和城乡建设部发布《关于开展律师参与城市管理执法工作的意见》，专门提出城市管理执法领域政府法

① 《关于律师担任政府法律顾问的若干规定》第2条、第3条、第14条。

律顾问制度建设的要求。律师参与城市管理执法工作的总体模式是，通过“律师驻队”的方式，一方面，为城市管理执法队伍提供法律服务，促进规范文明执法；另一方面，引导城市管理相对人依法理性表达诉求，充分发挥律师在预防和化解执法纠纷、维护社会和谐稳定中的重要作用。

广东、山东等地是创新引入律师参与城市管理执法工作的改革先行地区。[①] 广东在 21 世纪初已开展公职律师试点，并于 2005 年 3 月颁布《广东省公职律师管理实施办法》。2006 年起，广东省司法厅陆续同意在揭阳市、汕头龙湖区等地城市管理执法机关中开展公职律师岗位试点[②]，律师参与城市管理执法工作、为城市管理执法提供法律意见的实践，在广东已有 10 多年历史。2015 年 2 月广东省人民政府颁布地方政府规章《广东省政府法律顾问工作规定》，规定各级人民政府法制机构为本级人民政府法律顾问机构，主管本级人民政府法律顾问工作；各级人民政府应当建立政府法律顾问制度，完善政府法律顾问机制；县级以上人民政府工作部门应当建立完善本部门的政府法律顾问机制。上述规定表明，广东各地级市的市、区城市管理执法机关都应当建立起政府法律顾问制度。

通过简要梳理改革开放以来我国尤其是广东的政府法律顾问制度的发展历史，可以看出，我国尤其是广东的城市管理执法机关政府法律顾问制度近 10 多年来获得了很大发展。同时，目前具有法律效力的法规范文件是关于政府法律顾问制度的一般规定，而无论国家层面还是广东省层面尚没有关于城市管理执法机关的政府法律顾问制度的

① 参见司法部、住房和城乡建设部《关于开展律师参与城市管理执法工作的意见》。

② 参见《广东省司法厅办公室关于同意在揭阳市政府有关职能部门中开展公职律师岗位试点工作的批复》（粤司办〔2006〕227号），《广东省司法厅办公室关于同意在汕头市出入境检验检疫局等单位开展公职律师试点工作的批复》（粤司办〔2007〕12号）。

专门法律规定，仅有一些不具有强制力的政策性文件作调整。城市管理执法机关的政府法律顾问制度，尤其是律师参与城市执法的机制，尚在探索和构建的阶段。

（二）律师参与城市执法工作的机制构建

根据广东的相关规定，从人员构成上，城市管理执法机关的政府法律顾问包括了各级人民政府及其工作部门法制机构人员、公职律师、外聘的专家、外聘的专职律师。[①]其中，根据政策要求，国家统一法律职业资格制度实施后，法制机构人员也应当具有法律职业资格或者律师资格。[②]而根据司法部、住房和城乡建设部《关于开展律师参与城市管理执法工作的意见》中的界定，律师参与城市管理执法，主要采取聘请“律师驻队”的模式。“律师驻队”是指城市管理部门通过购买服务的方式与律师事务所签订法律服务协议，由律师事务所指派一名以上的专职律师常驻城市管理执法队伍，提供法律服务，协助执法。“驻队律师”不仅要为聘用单位提供法律服务，还要在聘用单位办公，随队赴执法一线提供法律服务。可见，在法律性质上，律师参与城市执法工作是政府购买服务，“驻队律师”是特指为城市管理执法机关提供政府法律顾问服务的外聘专职律师。

---

① 《广东省政府法律顾问工作规定》第7条规定，“政府法律顾问以各级人民政府及其工作部门法制机构人员为主，吸收专家和律师参加。”根据该《规定》第11条，担任政府法律顾问的外聘专家是指从事的法学教学、法学研究成就显著，具有一定的专业影响力的专家。

《广东省公职律师管理实施办法》第2条，“公职律师是指具有律师资格或国家法律职业资格，供职于政府部门，经省级司法行政机关核准执业、专门办理政府部门法律事务，不对社会提供有偿法律服务的律师。”公职律师又分为两种，即，在公职律师机构执业的公职律师和在政府各部门设立的公职律师岗位上执业的公职律师（后者又称“岗位公职律师”）。根据该《办法》第13条，公职律师的职责范围包括，为本级政府或部门行政决策提供法律咨询意见和法律建议；按照政府的要求，参与本级政府或部门规范性文件的起草、审议和修改工作；受本级政府或部门委托，调查和处理具体的法律事务；代理本级政府或部门参加诉讼、仲裁活动；等等。因此公职律师同样具有为政府提供法律顾问服务的职能。

② 《关于推行法律顾问制度和公职律师公司律师制度的意见》第（五）条。

广东是引入律师参与城市执法工作的改革先行区，不过相关改革实践的规范化建设还须加强。在公开的法规范文件和政策文件中，尚未发现广东对此制定了有关规定。鉴于司法部、住房和城乡建设部《关于开展律师参与城市管理执法工作的意见》（以下简称《意见》）是在提炼广东等地经验基础上形成的，现参考该《意见》对广东律师参与城市执法工作的机制构建作出阐述。

根据《关于开展律师参与城市管理执法工作的意见》提出的工作模式，“在开展‘律师驻队’工作的同时，要注重发挥城市管理部门公职律师职能作用……构建一支既熟悉城市管理业务工作，又精通法律专业知识的公职律师队伍，实现驻队律师与本单位公职律师良性互动、优势互补。”可以理解为，向城市管理执法机关就其执法工作提供法律顾问服务的律师，以“驻队律师”（专职律师）为主，以公职律师为补充。

1.“驻队律师”（专职律师）的法律顾问服务

“驻队律师”提供法律服务是政府购买服务的一种方式，律师提供的法律顾问服务旨在提高城市管理执法机关的依法行政水平，实现公共利益，因此政府与律师所在的律师事务所之间签订的法律服务协议在性质上应当认定为行政合同。在学理上，行政合同区别于行政行为的单方性，具有合意性，仍属于合同的范畴，行政合同的相对方具有一定的选择权，可对合同的订立、合同的内容进行一定选择。[①]《关于开展律师参与城市管理执法工作的意见》（以下简称《意见》）对“驻队律师”提供法律顾问服务的工作内容仅具有倡议性、指导性，不是强制性的规定。

该《意见》提出，驻队律师的工作任务、工作方式、双方权利义

① 杨建顺主编：行政法总论（第二版），北京大学出版社2016年版，第229页。

务等内容由各地结合实际，通过法律服务协议方式约定，并在辖区内公示。驻队律师的工作任务包括但不限于以下内容：（1）为重大决策、重大行政行为、相关政策文件制定提供法律意见，对规范城市管理执法制度、改进执法方式提出法律意见；（2）参与处置疑难复杂城市管理执法事项，参与对接受调查处理或者行政处罚的执法相对人进行说服沟通工作，出具律师告知函对相对人履行法律义务进行催告；（3）发挥第三方监督作用，督促城市管理执法人员履行职责，依法规范执法程序；（4）为处置涉法涉诉案件和重大突发事件等提供法律服务，代理妨碍城市管理执法和暴力抗法行为的诉讼；（5）参与处理行政复议、诉讼等法律事务；（6）开展普法教育，协助做好辖区内城市管理法治宣传和普法活动，协助开展城市管理执法人员法律知识培训；（7）与所服务城市管理部门约定的其他职责。

跟一般的政府法律顾问工作相比[①]，驻队律师的上述工作更突出城市管理执法的特点，例如向相对人催告、在涉及暴力抗法行为的诉讼中代表执法机关等。在执法机关与行政相对人的关系之间，律师不是中立的，他（她）受执法机关委托则代表的是执法机关的利益；不过根据人民主权原理，执法机关的利益归根到底是人民的利益、公共利益，因此驻队律师在维护执法机关的利益的同时，要运用法治思维和法治方式协助执法机关向相对人开展执法工作（例如，律师是引导相对人依法表达诉求，但不是代理相对人表达诉求），并向执法机关提示法律风险以防止执法行为的违法和执法权的滥用。

---

① 例如，《广东省政府法律顾问工作规定》第8条规定，政府法律顾问为下列事务提供法律服务：（一）为重大行政决策、重要行政行为提供法律意见；（二）为政府立法和制定、审查规范性文件提供法律意见；（三）代理行政复议、诉讼、仲裁、执行和其他非诉讼法律事务；（四）参与重大项目的洽谈，协助草拟、修改、审查重要的法律文书；（五）审查以政府或者其工作部门为一方当事人的重大合同；（六）参与处理涉及法律事务的重大突发性、群体性事件；（七）需要政府法律顾问参与的其他事务。

驻队律师作为城市管理执法机关的法律顾问，获得相应的措施保障。根据《广东省政府法律顾问工作规定》第19条，聘请的政府法律顾问在办理政府法律事务的过程中，享有以下权利：独立自主提出法律意见和建议，不受任何单位和个人的干涉；根据工作需要或者聘用单位授权，查阅相关资料；有合理理由可以申请提前解聘；开展政府法律顾问工作必需的其他工作条件和便利。《意见》进一步提出，城市管理部门对于律师查阅执法记录、咨询了解所参与法律事务相关情况等合理要求提供支持；对于律师提出的处理建议认真研究，及时反馈意见；对于应当听取驻队律师的法律意见而未听取，造成重大损失或者严重不良影响的，应当依法追究相关责任人员的责任。尤其是对于未听取律师法律意见的问责制，强化了律师法律意见的效力。

2. 公职律师的法律顾问服务

根据《关于推行法律顾问制度和公职律师公司律师制度的意见》①，城市管理执法机关可以设立公职律师。公职律师具有公职律师证书，履行党政机关法律顾问承担的职责，可以受所在单位委托，代表所在单位从事律师法律服务。城市管理执法机关应当充分发挥法律顾问、公职律师的作用，包括：讨论、决定重大事项之前，应当听取其法律意见；起草、论证有关规范性文件送审稿，应当请其参加或者听取其法律意见；依照有关规定应当听取法律顾问、公职律师的法律意见而未听取的事项，或者法律顾问、公职律师认为不合法不合规的事项，不得提交讨论、作出决定。同样，对应当听取公职律师的法律意见而未听取，应当请公职律师参加而未落实，应当采纳公职律师的法律意见而未采纳，造成重大损失或者严重不良影响的，依法追究

① 参见《关于推行法律顾问制度和公职律师公司律师制度的意见》第（十三）（十四）（二十五）（三十）条。

执法机关主要负责人、负有责任的其他领导人员和相关责任人员的责任。

二、澳门的公职司法援助制度和市政咨询制度

在澳门，亦有“法律顾问”的用语和职位[①]，但尚未有现行生效的关于法律顾问的专门规定[②]。笔者亦尚未找到专门规定城市管理执法部门的法律顾问的条文。从澳门的法律制度看，笔者认为，能够发挥到政府法律顾问制度作用的，可以考察以下两项制度：公职司法援助和市政咨询委员会。

（一）专业法律顾问：公职司法援助制度

从一些行政机关（例如警察总局，廉政公署）的组织法来看，机关首长办公室可设顾问若干名，为该机关及其首长提供专业的技术辅助。[③]这里的“顾问”可以理解为包括了法律顾问，从而在组织法上

---

① 例如第53/2010号运输工务司司长批示“嘉奖该办公室一名法律顾问。”第17/2002号运输工务司司长批示“委任运输工务司司长办公室一名法律顾问代表澳门特别行政区，以股东身份出席多间公司的股东大会。”

② 澳葡政府时期的第55/86/M号法令《订定法律顾问合约及薪酬制度》，已被第11/2017号法律《确定一九七六年至一九八七年公布的若干法律及法令不生效》确认为不生效。

③ 例如第5/2009号行政法规《警察总局的组织及运作》第4条规定，“局长办公室由下列人员组成：（一）办公室协调员；（二）顾问；（三）局长秘书及办公室助理。”第6条规定，“顾问按局长直接作出或经办公室协调员作出的指示，负责提供专业的技术辅助及执行特定的工作。”“顾问人数最多为五名，因无固定办公时间，故在正常办公时间以外工作不获任何报酬。”第14条规定，“办公室协调员及顾问是从治安警察局高级职程的警官、司法警察局的督察、具有担任有关职务的适当高等课程或学士学位学历又或特别资格者中选任。”

又如第10/2000号法律《澳门特别行政区廉政公署组织法》第29条规定，“廉政专员由顾问、调查员及其他必需的人员辅助，以全面履行其职务。”第31条规定，“廉政公署部门的领导及主管人员，以及顾问在行使其职能时具有执法人员地位；如按照本法律的补充法规的规定，此等人员获授权领导侦查，则被视为刑事警察当局。”第3/2009号行政法规《廉政公署部门的组织及运作》第3条规定，“廉政专员可将其权限授予助理专员或将本行政法规规定的权限授予领导及主管人员，以及顾问。”第5条规定，“廉政专员办公室由下列人员组成：（一）办公室主任；（二）顾问；（三）秘书及办公室助理。”第7条规定，“顾问负责向廉政公署部门提供专业的技术支持，并按廉政专员直接给予或经办公室主任给予的指示执行特定的职务。”上述规定，可见在廉政公署中，顾问是内设的具有编制的顾问，除了提供技术辅助外，还可被授予执法权。

为行政机关聘请政府法律顾问提供了依据和空间。

同样，在市政署内部，设法律及公证处。法律及公证处是市政管理委员会的组织附属单位，负责法律辅助、公证及纪律工作。主要职权如下：处理及协助市政署的法律范畴工作，主要包括发表法律意见及分析研究；负责及协助市政署职责范围内的法律、规章及其他规范性文件的草拟工作；处理简易调查、项目调查及纪律方面的程序，以及处理司法诉讼程序；负责市政署的私人公证事务及行为。[①] 从上述规定来看，法律及公证处作为市政署的内设部门，类似于我国内地各省市的政府政策法规处（室），一方面具有较强的法律专业性，能够为城市管理执法提供法律意见，另一方面与外聘的法律顾问相比则不具有独立性。

除了日常法律咨询外，政府法律顾问的作用还体现在行政诉讼中。特别在澳门，行政诉讼实行律师（或法学士，或检察院）强制代理制度。根据澳门《行政诉讼法典》第 4 条，在行政上之司法争讼程序中，私人必须委托律师；行政机关则必须依据以下两种情况被代理：在司法上诉、规范争议之诉、选举上之司法争讼、确认权利或受法律保护之利益之诉、命令作出依法应作之行政行为之诉、提供信息、查阅卷宗或发出证明之诉当中，在涉及行政上之违法行为之诉讼手段、预防及保存程序等程序中，在涉及职责之冲突中，以及在有关对司法裁判之上诉及所有针对公法人之执行程序中，行政机关须由所委托之律师代理（或由为代理之目的而明确指定之担任法律辅助工作之法学士代理）；其他情况下（如行政合同之诉等），由检察院代理。上述规定表明，在多数行政案件中，行政机关首选的是应当聘请律师代理，其

① 第25/2018号行政法规《市政署的组织及运作》第57条。

次则是请政府内部担任法律辅助工作之法学士代理。

关于律师代理行政机关及其工作人员参与行政诉讼，澳门有一项特别的制度——因执行公共职务的司法援助。这项制度的性质，是政府以财政资金援助公职人员聘请律师代理其诉讼，公职人员本人因此在诉讼中免费获得律师的帮助。这项制度为公职人员履行其公共职务提供了保障，并具有政府购买律师服务的性质，所以笔者认为，这是具有澳门特色的一项政府法律顾问制度。

公职司法援助制度适用于澳门公共部门的工作人员在因执行公共职务而作出的行为或发生的事实被起诉的诉讼程序中的司法援助，这里的公共部门包括了市政署等公务法人。其援助范围包括一审、上诉审以及判决执行阶段。其援助的形式是：豁免诉讼费用及预付金；支付在法院的代理费用（包括有关律师的服务费、开支及负担）。这里的“豁免诉讼费用”，还包括作为当事人的公职人员在不丧失司法援助优惠资格的前提下，如果其败诉，以当事人的诉讼费用名义偿还予胜诉当事人的款项由澳门特别行政区负担。①

公职司法援助当中，诉讼费用及预付金无须依当事人申请即予豁免；而在法院的代理费用方面能否得到政府援助，则须由当事人提交申请及证明。该申请是否批准，决定权限属于特区行政长官，行政长官在作出是否批准的决定前应听取专门设立的独立委员会的意见。②

澳门的公职司法援助制度的原理与国家赔偿颇为相似，是由于公务人员代表政府行使公权力本身是一种具有侵权危险责任的行为，这种行为造成损害的，政府应承担责任（另有一种理论是政府代替公务

① 参见第13/2010号法律《因执行公共职务的司法援助》第1～4条。

② 参见第13/2010号法律《因执行公共职务的司法援助》第8条、第9条。

员承担责任）[①]。而政府承担责任而不是由公务人员本人承担责任的要件之一，是公务人员在履行公职过程中不存在严重过错。基于这样的原理，第13/2010号法律《因执行公共职务的司法援助》第6条亦有规定，根据确定的司法裁判的结论而认定具有下列情况的，作为诉讼当事人的公职人员丧失司法援助优惠资格：导致提起诉讼的行为或事实非因执行公共职务而发生；属因执行职务时实施故意犯罪而被判罪；属故意或因严重过错而作出不法行为。

总结澳门的公职司法援助制度，具有通过政府购买社会服务（具体来说是律师服务）为公职人员提供法律顾问的性质。不过，它只侧重于诉讼发生后为政府提供法律服务，并不涵盖行政机关日常开展行政活动的过程的合法性咨询——亦即常年法律顾问的问题。因此，该制度与我国内地目前正在推行的政府法律顾问制度存在明显差异。对于城市管理执法部门而言，面对城市环境下执法的即时性、复杂性特点，法律风险的控制更宜于事前预防，事后在诉讼中化解已是次之。澳门的政府常年法律顾问的问题，是交给了各机关内设的法律处室或法律顾问人员解决，而这一事前预防法律风险的阶段若没有律师的系统参与，效果会如何？笔者认为，这是澳门城市管理执法部门需要结合其实际去反思的问题。

（二）一般咨询：市政咨询委员会制度

澳门法律制度受葡萄牙法的长期影响，亦借鉴了法国、葡萄牙等大陆法国家中发达的行政咨询制度。

市政署内设市政咨询委员会。根据组织法的规定，市政咨询委员

① 这两种关于国家赔偿的原理，分别称为“自己责任说”和“代位责任说”，都是现代国家赔偿原理的主流学说。参见【日】盐野宏著，杨建顺译：行政救济法，北京大学出版社2008年版，第202～204页。

会的性质是市政署的咨询机关，负责在市政署为居民提供文化、康乐、环境卫生等方面服务的范围内提供咨询意见。其职权是就市政范畴的事宜听取居民的意见，并向市政管理委员会提出意见及建议，或透过市政管理委员会向澳门特别行政区政府提出意见及建议。具体而言，市政咨询委员会具有七项职权：（1）关注与市政署职责有关的法律或法规的遵守情况，并汇报观察结果；（2）透过多种途径建立与小区沟通及意见交换的机制，以听取居民的需要，并就促进履行市政署职责的事宜提出意见及建议；（3）主动或应市政管理委员会的要求，就与市政署职责有关的任何事宜，主要包括对规范发出准照及提供服务有关的费用、收费及价金的制度等事宜发表意见、开展研究及提出方案；（4）要求市政管理委员会提供与其履行职责相关的数据、报告及解释；（5）编制及执行其职权范围内的年度活动计划及有关修改，以及年度活动报告；（6）就市政管理委员会编制其职权范围内的年度活动计划、有关修改及年度活动报告，以及市政署的本身预算、预算修改及管理账目发出意见书；（7）就市政咨询委员会的运作制定内部规章。其中，第（1）至（3）及（7）项的规定编制的汇报、意见、建议及内部规章，须提交予市政管理委员会，并由其将之送交监督实体——即特区行政长官。[①]

在组织人员上，市政咨询委员会比市政管理委员会本身（最多8人。不算组织附属单位）的人员数量要庞大。根据第9/2018号法律《设立市政署》第14条、第15条规定，市政咨询委员会由1名主席、1名副主席及不多于23名委员组成。市政咨询委员会成员从具备公民品德、市政范畴的小区与基层服务经验或足够的专业及服务能力的澳门特别

① 参见第9/2018号法律《设立市政署》第12条、第13条，第25/2018号行政法规《市政署的组织及运作》第58条。

行政区永久性居民中委任。市政咨询委员会的主席及副主席由其成员自行选举产生。市政咨询委员会成员由行政长官通过公布于《公报》的批示委任及免职，任期最长为三年，可续期。从上述规定来看，人员最多可达25人的市政咨询委员会，有条件为市政管理委员会提供较为充分的参谋智囊作用。其成员要求的条件之一是“足够的专业及服务能力”，这也为市政署聘请法律方面专家担任咨询委员提供了依据。

市政咨询委员会的工作方式主要有两种：会议和专题小组。（1）市政咨询委员会的会议分为平常大会及特别大会。市政咨询委员会每年举行至少六次平常大会，其中一次须在第三季度举行，以便审议由市政管理委员会为下一年度编制其职权范围内的年度活动计划及市政署的预算的草案。（2）市政咨询委员会可议决或该委员会主席可决定设立专题小组，负责就其职权范围内的事宜进行专题研究及跟进，并向该委员会或该委员会主席提出建议及提交报告。专题小组的成员由市政咨询委员会主席在该委员会成员中指定，当中包括一名协调员。这种专题研究及跟进项目应在六个月内完成；基于项目的复杂程度或具其他合理理由，市政咨询委员会或该委员会主席可例外延长有关期间最多两次，且每次最多延长六个月。[①]

可见，市政咨询委员会制度是一种一般意义上的咨询制度。与前述的市政管理委员会下设的法律及公证处相比，市政咨询委员会提供的咨询意见并非专注于法律意见，不过由于市政咨询委员会在市政署内部是相对独立于管理执法部门——市政管理委员会的一个机关，且咨询委员另行委任产生，因此咨询意见具有相对独立性和民主性。

① 参见第25/2018号行政法规《市政署的组织及运作》第66条、第67条。

第二节　城市管理中行政执法与刑事司法的衔接制度

一、广东：有待完善的城市执法与刑事司法衔接机制

1. 政策背景

在宏观层面上，2013 年《中共中央关于全面深化改革若干重大问题的决定》提出“完善行政执法与刑事司法衔接机制”。2014 年《中共中央关于全面推进依法治国若干重大问题的决定》进一步提出，“健全行政执法和刑事司法衔接机制，完善案件移送标准和程序，建立行政执法机关、公安机关、检察机关、审判机关信息共享、案情通报、案件移送制度。”在城市管理的领域，2015 年《中共中央　国务院关于深入推进城市执法体制改革改进城市管理工作的指导意见》提出，“加强司法衔接。建立城市管理部门与公安机关、检察机关、审判机关信息共享、案情通报、案件移送等制度，实现行政处罚与刑事处罚无缝对接。公安机关要依法打击妨碍城市管理执法和暴力抗法行为，对涉嫌犯罪的，应当依照法定程序处理。检察机关、审判机关要加强法律指导，及时受理、审理涉及城市管理执法的案件。检察机关有权对城市管理部门在行政执法中发现涉嫌犯罪案件线索的移送情况进行监督。”

为落实上述政策要求，2016 年《中共广东省委、广东省人民政府关于深入推进城市执法体制改革改进城市管理工作的实施意见》中提出，“各地可探索建立城市管理综合执法、公安巡查等联勤执法机制”，“审判机关要建立简易案件快速审判机制，广州、深圳等人口规模大的城市可探索建立城市管理巡回审判法庭”。可以说，大力推进城市管理执法领域的“两法衔接”机制，是近几年才开展的工作，广东在这一机制建构上还有很大的探索空间。

2. “两法衔接”的关键是证据转换

以往的行政执法实践表明，在“两法衔接”中，最突出的一个问题是：行政执法证据能否转化，以及如何转化为刑事司法证据。这种证据转换的前提是该行政执法证据具有刑事司法意义上的证据能力。法律对行政执法中的证据能力要求，主要体现在行政程序的立法中。由于法律所保障的利益的重大程度不同，以及法律实施对公民权益的侵害性不同，在法律适用过程中，行政执法人员和刑事司法法官对证据所采用的证据能力要求是不同的。通常，行政执法要求的证据能力“门槛”较低，有利于行政机关面对庞杂的行政事务时能高效执法和公共利益的快捷实现；而刑事司法在证据能力上要求严格，是鉴于刑事制裁可能对公民生命、自由和财产权造成重大侵害，须谨慎地保障公民的权利。关于证据合法性应具有哪些要求，总结我国刑事诉讼法学者的论述，大致包括证据形式合法、证据收集必须符合法定程序和操作规程、取证手段合法、提供或收集证据的主体合法、证据内容合法、法庭调查程序合法等六方面[①]，尤其集中在取证手段合法方面。与证据合法性存在瑕疵而可补正的其他方面相比，取证手段的违法，特别是刑讯逼供、暴力取证，严重侵犯了公民（犯罪嫌疑人）的基本权利，在法律效果上构成绝对排除，不可补正。[②]

---

① 参见卞建林：证据法学，中国政法大学出版社2007年版，第62页；陈瑞华：“我国刑事证据法的基本原则”，载《兰州大学学报》（社会科学版）2012年第4期；陈瑞华：“关于证据法基本概念的一些思考”，载《中国刑事法杂志》2013年第3期；万毅：“论无证据能力的证据——兼评我国的证据能力规则”，载《现代法学》2014年第4期；纵博：“我国刑事证据能力之理论归纳及思考”，载《法学家》2015年第3期。

② 2010年最高人民法院颁布《关于办理死刑案件审查判断证据若干问题的规定》和《关于办理刑事案件排除非法证据若干问题的规定》在司法解释层面上创设了非法证据排除规则。2012年修订的《刑事诉讼法》，其第54条、第58条从立法层面正式确立非法证据排除规则。同年制定的《最高人民法院关于适用〈中华人民共和国刑事诉讼法〉的解释》在第四章第八节专门规定了非法证据排除的司法程序。

可见，第一，鉴于行政执法和刑事司法对证据能力的要求存在差异，在行政执法的程序中，证据合法是行政行为合法的必要条件，也是当被执法对象涉嫌构成犯罪时，作为追究犯罪的合法证据的必要但非充分条件。亦即，如果行政执法的调查取证尚且不具备行政程序所要求的证据能力，则必然不能转换成刑事司法的证据，从而不能实现“两法衔接”。第二，2012 年修订的《中华人民共和国刑事诉讼法》第 52 条规定“行政机关在行政执法和查办案件过程中收集的物证、书证、资料、电子视听数据等证据材料，在刑事诉讼中可以作为证据使用”，我国行政执法与刑事司法的证据转换制度已初步建立，但证据转换的范围和程序仍有必要通过具体规定予以细化。在一些领域，例如食品安全监管领域，关于证据转换类型和程序的具体制度已建立起来。①

3. 广东地方立法的现状与改进空间

而在城市管理执法领域，部门规章《城市管理执法办法》对于行政执法和刑事司法的衔接并无明确规定。在广东的地方立法中，涉及刑事司法的内容仅在以下两方面：

第一，阻碍城市管理执法人员执法而构成的犯罪。广州、中山、深圳、佛山、汕头等地对此都作出了规定。相对而言，《深圳经济特区城市管理综合执法条例》的规定最为详细。该《条例》第 56 条规定，有下列情形之一的，由公安部门进行制止，并依照有关法律、法规的规定处理；构成犯罪的，依法追究刑事责任：（1）以暴力、威胁方法阻碍综合执法人员开展执法活动的；（2）阻碍执法车辆通行或者破坏执法车辆等执法装备的；（3）扰乱公共场所秩序，致使执法工作不能

① 参见黄硕：“论食品安全执法中的证据能力及证据转换”，载《广东社会科学》2018年第6期。

正常进行的；（4）扰乱综合执法部门办公秩序，致使工作不能正常进行的；（5）对综合执法人员及其近亲属进行威胁、侮辱、殴打或者打击报复，干扰综合执法人员及其近亲属正常生活的；（6）其他阻碍综合执法人员依法执行职务的情形。

第二，作为指引性条款，规定某些违反城市管理规定的行为构成犯罪的，应当对行为人追究刑事责任。例如破坏市政设施的行为，侵占、损坏城市绿化用地或者擅自改变其用途的行为，损坏古树名木的行为等。[①]

上述这两方面的规定都是实体性规定，并未涉及城市执法领域中一旦发现犯罪线索时的案件移送、证据转换、信息共享等程序性问题，严格来说并不构成“两法衔接”机制的规定。城市管理综合执法作为一种行政职权转移的现象，尽管执法机关所依据的市政、环境、交通、城市规划等方面的行政法律法规可能都包括了一些程序性规定，但为了规范和相对统一城市管理执法机关的执法程序，仍应该就“两法衔接”的程序问题作出专门规定。

这些关于城市管理执法领域的“两法衔接”规定，笔者认为，应当包括：（1）证据转换的规定。为保障证据的合法性，城市管理执法机关在执法中应当遵循什么正当程序，包括证据表现形式、取证手段、取证方式等；哪些证据可以直接转换为刑事司法证据，而对于不可转换的证据应如何保存证据的线索；通过什么程序将证据移交负责刑事侦查的公安机关等。（2）城市管理执法机关与公安机关的公务协作机制的规定。作为执法人员的指南，应整理和列出城市管理中哪些违法行为可能因其后果足够严重而转化为犯罪的。应规定城市管理

① 例如，《深圳经济特区市容和环境卫生管理条例》第20条、第39条、第41条，《佛山市城市市容和环境卫生管理规定》第31条、第46条。

执法人员发现犯罪线索时，向公安机关通报的程序（例如笔录、文书等方面的要求）；结合地方实际情况，可规定公安机关与城市管理执法机关对可能构成犯罪的重大违法行为的联合办案机制。（3）城市管理执法机关与公安机关、检察机关的信息共享机制的规定。通过电子信息平台的技术支撑，城市管理执法机关的执法信息可以跟公安机关、检察机关分享，从而使后者及时掌握涉嫌犯罪的有关线索。

二、澳门：以违令罪为后盾保障城市管理执法活动

在澳门的法律制度中，违法行为按照程度划分，从轻到重依次可以分为“行政上之违法行为”“轻微违反”和“犯罪”。前者是行政执法的范畴，后两者则是适用《刑法典》和《刑事诉讼法典》的刑事司法的范畴。“行政上之违法行为”是指单纯违反或不遵守法律或规章之预防性规定之不法事实，而该事实不具轻微违反性质，且规定之处罚属金钱上之行政处罚，称为罚款。在任何情况下，均不得对行政上之违法行为规定任何剥夺或限制人身自由之处分。而称为行政上之违法行为之不法事实，如可处以徒刑，则视为犯罪；如可处以可转换为监禁之罚款，则视为轻微违反。[①]轻微违反是一种轻罪，是指单纯违反或不遵守法律或规章之预防性规定之不法行为；且不得对轻微违反规定超逾六个月之徒刑。对犯罪所作之规定，适用于轻微违反，但另有规定者除外。轻微违反与犯罪的区别在于，称为轻微违反之不法事实，如可处以最高限度超逾六个月之徒刑，则视为犯罪。[②]

在关于城市管理执法的立法中，法律在多处规定了不配合及抗拒执法的后果构成犯罪，从而以刑法为后盾保障城市管理执法活动的开

---

① 第52/99/M号法令《行政上之违法行为之一般制度及程序》第2条、第6条。

② 澳门《刑法典》第123条、第124条。

展。澳门法制中，因行政违法而构成犯罪的，多数属于这种情形，仅少数情况下城市管理领域某些违法行为足够严重而直接构成犯罪[①]。此外，澳门的公务协作机制和笔录移交等机制有助于行政执法与刑事司法的衔接。

（一）从行政违法到违令罪

根据澳门《刑法典》第312条对“违令罪”和“加重违令罪”的规定，违令罪是指不服从由有权限之当局或公务员依规则通知及发出之应当服从之正当命令或命令状者，且符合下列情况之一：a）有法律规定，告诫在该情况下系以普通违令罪予以处罚者；或b）虽无法律规定，但该当局或公务员有作出相应告诫者。对触犯违令罪者，处最高一年徒刑，或科最高一百二十日罚金。加重违令罪的规定则是，如有法律规定，告诫在该情况下系以加重违令罪予以处罚者，则刑罚最高为二年徒刑或二百四十日罚金。因此，从构成要件来看，加重违令罪须以法律规定何种情况为要件；违令罪原则上亦应有法律规定何种情况（例外情况为行政机关或公务员的告诫）。法律这一规定可谓指引条款，指出了在什么情况下一个行政违法行为会转化成犯罪，从而出现行政执法向刑事司法的过渡。

在城市管理执法的立法中，无论是行政组织法还是行政行为法都有这样的指引条款。

在组织法当中，第9/2018号法律《设立市政署》第21条第一款规定了市政署执法人员具有的监察权力、有权采取的监察（检查）措施及私人的配合义务，第二款则规定，“凡依法有义务但拒绝让执行

① 少数情况下城市管理领域某些违法行为足够严重而直接构成犯罪的，例如第3/2007号法律《道路交通法》第99条规定的驾驶员不遵守停车义务而构成的轻微违反（科处罚金）；第4/2016号法律《动物保护法》第25条规定的残酷对待动物罪。不过这些违法行为也不是城市管理要处理的典型行为。

监察职务的市政署人员进入上款所指的地点或场所，又或在其内逗留以进行监察者，构成普通违令罪，但特别法另有规定者除外。”这一关于构成违令罪的法律规定，在一般意义上，为市政署执法人员在城市管理执法的各种情形下顺利有效行使监察（检查）权提供了后盾式的保障。

而在行政行为法当中，例如，第 5/2011 号法律《预防及控制吸烟制度》第 28 条规定，执法人员在执行职务时命令吸烟者停止吸烟，要求吸烟者提供其姓名及地址并出示身份证明文件，凡不遵守该命令者，构成普通违令罪。第 8/2014 号法律《预防和控制环境噪声》第 16 条规定，不服从执法人员依法所发出的中止产生噪声活动的命令者，构成普通违令罪。第 4/2016 号法律《动物保护法》第 26 条规定，违反行政长官“基于公共卫生及公共安全而禁止取得、饲养、繁殖或进口特定品种的动物以及宣告将相关动物收归市政署所有”的批示者，不遵守市政署按照第十四条（预防及控制措施）、第三十条（附加处罚）及第三十六条第一款（临时措施）的规定发出的命令者，按普通违令罪处罚。从上面列举的几条规定可以总结出，城市管理执法领域中，普通违令罪的两个构成要件是“存在先行的行政命令”+“故意不遵守该命令”。

对于一些将会给城市管理的公共利益造成较大影响的违法行为，相关的行为法会规定构成更重的罪责。典型的是第 12/2013 号法律《城市规划法》第 51 条，土地工务运输局依法命令禁制、拆卸有关工程，而违法者继续进行已予以禁制的工程，构成加重违令罪。

由于在澳门的行政处罚制度中，并不涉及对人身自由的限制，那么，以违令罪作为行政执法的保障措施，重点对付藐视与对抗执法的行为，对于化解可能存在的“入门检查难”“限制违建难”等执法难题应当是有成效的。

（二）行政执法与刑事司法在刑事诉讼法上的衔接制度

关于在城市管理执法领域澳门的行政执法与刑事司法如何在程序上衔接的问题，前文第三章第四节论述的公务协作机制也是一项重要的“两法衔接”机制。当城市管理执法部门遇到行政相对人拒绝配合执法时，亦即相对人已涉嫌构成违令罪时，城市管理执法部门通知治安警察局协助，有助于作为刑事司法机关的治安警察局及时介入、侦查和固定犯罪证据。

除了上述公务协作机制，从澳门《刑事诉讼法典》在关于“轻微违反诉讼程序”“证据”和“初步阶段”等规定中，笔者尝试梳理出澳门的“两法衔接”机制。

根据澳门《刑事诉讼法典》的规定，（1）就轻微违反（轻罪）而言，任何公务员如在执行其职务时目睹或发现轻微违反，须制作或命令制作实况笔录，如违法者五日内没有自愿缴纳罚金，该实况笔录送交法院，送交行为等同于控诉。对于从市民检举中获悉而非本人目睹或发现的轻微违反，须进行侦查；侦查完结后，如须通知作出违反之人自愿缴纳罚金，则作出通知；作出通知十五日后如仍未缴纳罚金，须将有关卷宗移送检察院。[①]（2）就犯罪（即比轻微违反要严重者）而言，公务员就其执行职务时及因其职务而获悉之犯罪有提出检举的义务。检举得以口头或书面为之，且无须经特别手续。检察院对所有向其转达之检举，须作记录或命令作记录。[②] 因此，城市管理执法机关在执法过程中发现犯罪或轻微违反的，分别适用上述规定向检察院或法院检举，并移送或配合制作笔录，实现行政执法向刑事司法的衔接。

① 澳门《刑事诉讼法典》第382～384条。

② 澳门《刑事诉讼法典》第225条、第229条、第230条。

如何处理行政执法与刑事司法的证据转换是“两法衔接”的关键。澳门《刑事诉讼法典》虽然没有系统专门的证据转换制度规定，不过亦可从现有条文中梳理出如下规则：

（1）关于证人证言，原则上由法官传召证人作证言，否则该部分证言不得作为证据方法；如证言之内容系来自听闻某些人所说之事情（这里笔者认为，可以理解为也包括行政执法机关听闻证人所说，从而构成间接证言），但因该等人死亡、嗣后精神失常或未能被寻获而不可能对其作出询问者，不在此限。①

（2）对被拘留之嫌犯的司法讯问仅得由法官进行；如被拘留之嫌犯在拘留后未立即被预审法官讯问，须将之送交检察院，而检察院得以简要方式听取之，这种简要询问性质上属非司法讯问。②可见，对嫌犯讯问仅由刑事司法机关负责，行政执法机关无权作出。

（3）命令进行鉴定之批示，原则上由检察院作出，或检察院授权予刑事警察机关。例外情况下不适用这一原则，包括：a）鉴定系在侦查期间进行，且有理由相信嫌犯、辅助人或民事当事人如知悉该鉴定或其结果系可能使侦查之目的受损害；b）鉴定系在侦查期间进行，且系交由适当之场所、实验室或官方部门进行；c）鉴定明显属简单；d）紧急情况或如有延误将构成危险。③该规定为行政执法机关在情况明显简单或紧急时先行作出鉴定，且该鉴定的效力获得刑事司法机关之肯定留下了空间。

（4）关于书证，第 151 条规定“文件应于侦查或预审进行期间附于卷宗；如此为不可能，应在听证终结前附同。”而在侦查前、亦

---

① 参见澳门《刑事诉讼法典》第116条。

② 参见澳门《刑事诉讼法典》第128条、第129条。

③ 参见澳门《刑事诉讼法典》第141条。

即行政执法阶段获得的书证是否在刑事司法程序中有效，法律规定似未置可否。

（5）检查获得证据的问题，第 156 条第四款规定，“在有权限之司法当局或刑事警察机关抵达现场前，如不及时采取第二款所指措施（损害发现事实真相的措施）将对证据之获得构成迫切之危险，则由具有当局权力之人员暂时采取该等措施。”这里仅规定行政执法机关可以采取配合保障刑事检查的措施，但并未授权行政机关有权作出刑事意义上的检查。

（6）搜查及搜索获得证据的问题，第 159 条规定，搜查及搜索系由有权限之司法当局以批示许可或命令进行，并应尽可能由该司法当局主持；即使作为例外，例如情况紧急，未经司法当局批示许可，但搜查及搜索仍由刑事警察机关进行，排除了行政执法机关的权限。

总的来说，澳门“两法衔接”机制中法律允许证据转换的情况很少，其机制设计的要旨是通过公务协作和笔录移交手续，令刑事司法当局及早介入犯罪侦查中。

本章小结

城市执法规范化的其他配套机制，本章就讨论两个问题——城市管理执法机关的法律顾问，城市管理行政执法与刑事司法的衔接。这两项机制的建构，对于我国内地的很多城市而言，还是处于初创阶段，中央提出的相关政策指引还有待地方立法予以“落地”。广东是创新引入律师参与城市管理执法工作的改革先行地区之一。

1. 在法律顾问机制上，（1）澳门能够发挥到政府法律顾问制度作用的，有两项制度：公职司法援助和市政咨询委员会。公职司法援助制度，具有通过政府购买社会服务为公职人员提供法律顾问的性质，不过，它只侧重于诉讼发生后为政府提供法律服务，并不涵盖常年法律顾问的范畴，这项制度与我国内地目前正在推行的政府法律顾问制度改革方向不同。市政咨询委员会制度是一种一般意义上的咨询制度，咨询委员会的意见具有相对独立性和民主性，不过其咨询意见并非专注于法律意见。（2）从比较的视角看，广东各市城市管理执法机关的政府法律顾问机制建设，在外聘律师参与城市执法工作的机制建设上，港澳亦无充分的现成经验，我们还要走自己的路。

2. 在行政执法与刑事司法的衔接机制上，澳门法制中，行政违法转化为刑事犯罪的情形，是相对人不配合及抗拒执法而构成违令罪。这种情形跟我国内地城市执法的“两法衔接”情形是相似的。澳门相对而言略为成熟的是，其“两法衔接”机制设计的要旨是通过公务协作和笔录移交手续，令刑事司法当局及早介入犯罪侦查中。

结 章

比较研究的价值，笔者认为，其一在于了解，其二在于参考。以下从这两方面，归结本书比较研究后的所得。

一、了解澳门法律规则的三个意义

（一）增加制度自信

在城市管理执法体制方面，广州、深圳、珠海等广东各市由于处于同一法域和同一政策背景之下，所谓“不识庐山真面目，只缘身在此山中”，在对比中会发现彼此的共性较多。而通过跟澳门的体制、规则比较后，作为内地的行政法研究者反观自身体制与规则，能更深刻地认识到我国内地各城市目前正在进行的城市管理综合执法体制在哪些方面存在机制建构上的特色和优势，从而增加制度自信，亦明确下一步的体制改革方向。

笔者认为，比较广东各市和澳门的城市管理执法体制，可以管中窥豹，概括出我国内地城市管理执法的体制机制至少具有的几点特色和优势：

1. 在体制上实行综合执法，执法权相对集中，有利于增强执法效率，降低多部门主管的体制下执法部门相互推诿执法责任的可能。

2. 作为综合执法体制的配套机制，城市执法部门和行政主管部门之间、城市执法部门和公安机关之间的公务协作机制在广东各城市的地方立法文本中的规定较为详细，信息互通共享、案件相互移送、公安机关协助执法、综合执法后续措施等多种形式的公务协作机制日趋完善。

3. 通过建立健全行政裁量权基准制度，对城市执法机关的裁量权限进行较为严格的统制。制定裁量基准是广东各市城市执法机关的职责，事先向社会公开城市执法的裁量基准是执法机关的必经程序。广州、中山、深圳、汕头等市的城市执法裁量基准经过几次修订，制定技术更为完善，裁量标准得到细化、量化。

4. 与澳门的公职司法援助制度相比，广东各市近年来探索引入律师参与城市执法工作，并尝试使这种做法制度化。这种外聘的政府法律顾问制度有可能比澳门已有的制度实践发展得更完善。

（二）提供试点窗口

对于中国内地的法学研究者和法治建设实践者来说，澳门的公务法人（例如市政署）、市政方面的咨询委员会等制度，或许是陌生的。在比较法研究中，这些制度更多地出现于欧洲大陆的法学著作的纸张上。而由于历史的原因，澳门特别行政区实行的法律制度很大一部分移植自欧洲大陆，在原有法律基本保留的基础上继续发展，而且澳门特别行政区在“一国两制”原则之下享有高度自治权，包括行政管理权、立法权、独立的司法权和终审权。因此，澳门成为我们了解和研究西方行政管理法律制度的一个生动“样本”。通过研究澳门的城市管理执法体制，不仅可以了解西方相关法制的源流、基本原则和基本制度，而且可以考察西方法制跟中国法律文化、法治环境相结合过程中会存在哪些经验和教训。

在广东与澳门城市执法体制比较研究的问题上，还应注意到深圳和珠海等经济特区在体制改革中可能激发出来的先行示范作用。深圳、珠海在地理位置上毗邻香港、澳门，研究和借鉴港澳的法律制度可谓“近水楼台先得月”。更重要的是，深圳、珠海根据全国人大授予它们的经济特区立法权，可以在不抵触法律的基本原则的前提下，制定经济特区法规，实行不同于现行法律具体规定的变通性规定。从而，在其他城市的执法体制改革举措因中央立法的限制或法律依据不足而尚需研究和观望之际，经济特区所在市完全可以运用其立法权，先行先试，将变通法律的改革措施以经济特区法规的形式法定化，并在城市治理的法治实践中检验相关措施的实施效果。本书第三章讨论的《深圳经济特区城市管理综合执法条例》规定了“对逾期不履行处罚决定的当事人安排其参加社会服务”，是对《行政强制法》的变通性规定，这一制度吸收借鉴了澳门第 28/2004 号行政法规《公共地方总规章》等相关的域外制度，就是这方面的生动例子。

中共中央国务院 2019 年新近发布的《关于支持深圳建设中国特色社会主义先行示范区的意见》对深圳提出建成“法治城市示范”的战略定位，为此相应提出“用足用好经济特区立法权，在遵循宪法和法律、行政法规基本原则前提下，允许深圳立足改革创新实践需要，根据授权对法律、行政法规、地方性法规作变通规定”，表明这一思路得到中央的继续鼓励支持。广东的深圳、珠海、汕头等经济特区所在市具有改革开放的窗口意义，其中一个层面是体制改革的窗口——通过了解和借鉴港澳的体制、自主探索创新，进行行政管理体制的改革试点。在比较研究中，澳门的某些法律制度如果具有值得借鉴性，但全面借鉴实行具有不可预测的政策风险的，经济特区可以先学、先试，再在条件成熟时向全国推广，这种试点改革是可控的。

（三）促进规则对接

笔者在比较研究广东与澳门城市执法体制的过程中，还保持思考这样的问题：在建设粤港澳大湾区的战略背景下，这一研究会具有什么意义？

2019年2月中共中央国务院印发的《粤港澳大湾区发展规划纲要》中提出了“深化社会治理合作”“加强法律事务合作”等构想。从区域合作的角度来看，城市管理执法更多是每个城市的自我管理的问题，跟外贸、关税、知识产权保护、打击跨境犯罪等问题相比，前者的跨城市合作需求不太直接和强烈。不过，这并不意味着在城市管理执法方面粤澳两地、多个城市就不存在规则对接的问题。城市管理执法，是地方政府提供城市公共服务的一个重要内容，它塑造着城市的面貌，影响着一个城市法治化营商环境的好坏。试想，一个城市管理执法混乱的城市如何能吸引人才、旅客、投资者等前往？因此，完善城市管理执法的体制机制，在相关法律规则上向治理良好的城市靠拢，那么，在旅游、人才交流、招商引资等方面是有利于推动粤澳两地合作的。

另外，合作中的误解，往往是不了解对方的规则而导致的。随着粤港澳合作的加深，三地之间人员流动更为频繁，处于一个法域的居民进入另一个法域当中旅游、生活或工作的情况会普遍发生。如果由于不了解当地关于城市管理执法的规定而触犯当地法律，则会给三地的交流合作或多或少造成一些障碍。如何避免或消除这种情况下产生的障碍？加强规则意识、加深对彼此法律规则的了解，以法律规则为出发点思考社会问题，回归法治秩序，是非常重要的。正如韩大元教授所言，“法治首先是规则之治，要尊重和遵守有效的法律规则，严格按照法律规则办事”；“法治的基本要义就是政府依法施政、市民守法、司法独立，尊重已有的规则和法律程序”。[①]

二、澳门法律规则对广东各市城市执法可提供的参考

在城市管理执法领域，澳门区别于广东各市的一些独特的机制，可以为我们思考体制改革下一步的方案至少提供了一种可能。行政法学者可以就这样的可能展开更为深入的研讨、论证。深圳、珠海等城市甚至可以在条件成熟时运用经济特区立法权，参考澳门的某些机制并结合本城市的实际情况，探索执法机制的创新。

在本书初步的探讨中，笔者认为，澳门的下列机制或法律规则，对广东各市城市管理执法体制机制的完善具有参考意义：

1. 职权法定原则，是澳门行政法的一种法律精神。同理，广东各市建设法治政府，应当逐渐落实职权法定的原则，运用地方立法权，在立法权限范围内在行政组织法和行为法当中将城市执法机关的具体职权范围和执法事项内容明确化、法定化。在广东各市，综合执法事项范围的调整应当逐渐走上法治轨道，按照立法程序进行。

2. 我国内地的城市管理综合执法，涉及市政管理、环境管理、交通管理、城市规划实施等多种类型的事项，而且这些事项一般是专业性不强、现场易于判断的，因此在执法中经常要求果断作出措施。澳门法律针对城市管理不同事务的特点而赋予城市管理执法机关多样性的强制措施。广东在地方立法尤其是经济特区城市的立法中，应当结合城市管理执法的特点，具体授权执法机关可采取多样化的、针对性

① 韩大元教授于2019年8月15日在国务院新闻办公室举行的新闻发布会上的讲话，参见国新网：《国新办举行专家学者谈对香港当前事态看法吹风会》，http://www.scio.gov.cn/xwfbh/xwbfbh/wqfbh/39595/41357/index.htm。

强的、强度渐进的执法措施，以此解决城市管理执法机关执法手段保障不足的问题。

3. 在裁量统制的机制上，广东各市在按照中央政策继续推行和完善城市执法裁量权基准制度的同时，应当注意多种统制机制相结合。在裁量统制的问题上，同样要逐步改变"重实体、轻程序"的观念。澳门已制定《行政程序法典》和据此采取程序性裁量统制的机制，值得广东各市在制度规范化建设中参考。各市的地方立法应完善城市执法程序，逐步实现裁量过程统制与裁量标准细化相并重。

4. 可参考澳门咨询委员会制度，完善广东各市初步成型的城市执法领域的政府法律顾问制度。我国内地的政府法律顾问大致由政府内设法制机构人员、公职律师和外聘人员（法学专家、专职律师）构成。其中，外聘专职律师参与城市执法工作，是广东的机制创新模式。在继续完善外聘律师担任法律顾问制度的同时，也要重视政府法制机构队伍建设，并因地制宜努力发挥当地法学专家的咨询作用。在发挥法学专家的咨询作用方面，从个别委托的方式，逐渐发展成"专家库""智囊团"的方式，建立运行机制相对稳定的专家咨询委员会以给城市执法提供咨询意见，这是可供考虑的方案。

5. 进一步完善公务协作制度。广东各市的城市管理执法机关可借鉴澳门公务协作制度中的笔录移交机制，注重执法过程全记录，规范和统一笔录的格式，完善执法案卷制度，以此为公务协作和"两法衔接"提供基础性材料。

参考文献

（一）著作

[1] 姜明安. 行政法与行政诉讼法（第六版）. 北京：北京大学出版社、高等教育出版社，2015

[2] 蒋朝阳. 澳门基本法与澳门特别行政区法治研究. 北京：社会科学文献出版社，2016

[3] 李惠宗. 行政法要义. 台北：元照出版有限公司，2013

[4] 李震山. 行政法导论. 台北：三民书局，2014

[5] 林明锵. 行政法讲义. 台北：新学林出版股份有限公司，2014

[6] 王利明. 中华人民共和国民法总则详解. 北京：中国法制出版社，2017

[7] 王名扬. 法国行政法. 北京：中国政法大学出版社，1988

[8] 吴庚. 行政法之理论与实用. 北京：中国人民大学出版社，2005

[9] 杨建顺. 行政规制与权利保障. 北京：中国人民大学出版社，2008

[10] 杨建顺. 行政强制法18讲. 北京：中国法制出版社，2011

[11] 杨建顺. 行政法总论（第二版）. 北京：北京大学出版社，2016

[12] 赵琳琳. 澳门司法制度新论. 北京：社会科学文献出版社，2015

[13] 朱景文. 法理学. 北京：中国人民大学出版社，2008

（二）译著

[1] 【德】哈特穆特·毛雷尔著，高家伟译. 行政法学总论. 北京：法律出版社，2000

[2] 【葡】迪奥戈·弗雷塔斯·亚玛勒著，黄显辉，王西安译. 行政法教程（第一卷）. 澳门：澳门大学法学院，2009

[3] 【葡】若泽·曼努埃尔·里贝罗·塞尔武罗·科雷亚著，冯文庄译. 行政法原理. 北京：法律出版社，2017

[4] 【葡】苏乐治著，冯文庄译. 行政法. 北京：法律出版社，2014

[5] 【日】南博方著，杨建顺译. 行政法（第六版）. 北京：中国人民大学出版社，2009

[6] 【日】盐野宏著，杨建顺译. 行政法总论. 北京：北京大学出版社，2008

[7] 【日】盐野宏著，杨建顺译. 行政救济法. 北京：北京大学出版社，2008

（三）论文

[1] 艾德瓦尔多·坎布雷特著，任德金节译，杨海坤校. 澳门行政法对公民权益的保障，《行政法学研究》，1994（3）

[2] 陈瑞华. 我国刑事证据法的基本原则，《兰州大学学报（社会科学版）》，2012（4）

[3] 陈瑞华. 关于证据法基本概念的一些思考，《中国刑事法杂志》，2013（3）

[4] 陈新民. 论行政惯例的适用问题——评最高人民法院“广州德发房产建设有限公司诉广州市地方税务局第一稽查局税务处理决定案”判决，《法学评论》，2018（5）

[5] 陈彦晶. 商事习惯之司法功能，《清华法学》，2018（1）

[6] 崔卓兰，姜城. 论行政执法风险冲突的预防和控制，《吉林大学社会科学学报》，2016（2）

[7] 董笃笃. 互联网领域“公认的商业道德”的司法适用，《重庆邮电大学学报（社会科学版）》，2016（5）

[8] 樊涛. 我国民商事司法中的交易习惯，《法律适用》，2014（2）

[9] 高其才. 论人民法院对民事习惯法的适用，《政法论丛》，2018（5）

[10] 顾永忠. 行政执法证据“在刑事诉讼中可以作为证据使用”解析，《法律适用》，2014（3）

[11] 何志远.〈澳门特别行政区基本法〉中行政法规的地位，《法学》，2011（3）

[12] 胡斌. 行政执法案例指导制度的法理与构建，《政治与法律》，2016（9）

[13] 黄硕. 论食品安全执法中的证据能力及证据转换，《广东社会科学》，2018（6）

[14] 黄学贤. 完善行政裁量基准若干问题探讨，《江海学刊》，2009（6）

[15] 姜明安. 软法在推进国家治理现代化中的作用，《求是学刊》，2014（5）

[16] 蒋舸. 竞争行为正当性评价中的商业惯例因素，《法学评论》，2019（2）
[17] 金国坤. 行政执法机关间协调配合机制研究，《行政法学研究》，2016（5）
[18] 刘福元. 城管综合执法的自我管控机制建构——寻求良性执法的多维制度解，《理论月刊》，2016（10）
[19] 刘素芬. 城市管理综合执法的困局与破解，《福建师范大学学报（哲学社会科学版）》，2016（5）
[20] 柳砚涛. 论行政惯例的价值及其制度化路径，《当代法学》，2013（5）
[21] 柳砚涛. 构建我国行政审判“参照”惯例制度，《中国法学》，2017（3）
[22] 马怀德. 健全综合、权威、规范的行政执法体制，《中国党政干部论坛》，2013（12）
[23] 马怀德，车克欣. 北京市城管综合行政执法的发展困境及解决思路，《行政法学研究》，2008（2）
[24] 马怀德，王柱国. 城管执法的问题与挑战——北京市城市管理综合行政执法调研报告，《河南政法管理干部学院学报》，2007（6）
[25] 莫于川. 行政执法监督制度论要，《法学评论》，2000（1）
[26] 莫于川. 从城市管理走向城市治理：完善城市综合执法体制的路径选择，《哈尔滨工业大学学报（社会科学版）》，2013（6）
[27] 莫于川，雷振. 中国的行政执法信息公开制度实践考察——一项基于知情权保护视角的实证研究，《南开学报》，2012（4）
[28] 青锋. 行政执法责任制若干问题探讨，《现代法学》，1998（5）
[29] 青锋. 行政执法体制改革的图景与理论分析，《法治论丛》，2007（1）
[30] 青锋. 行政处罚权的相对集中：现实的范围及追问，《行政法学研究》，2009（2）
[31] 宋超. 相对集中行政处罚权制度模式的新架构，《城市问题》2006（8）
[32] 田宏杰. 行政犯罪的归责程序及其证据转化——兼及行刑衔接的程序设计，《北京大学学报（哲学社会科学版）》，2014（2）
[33] 万毅. 论无证据能力的证据——兼评我国的证据能力规则，《现代法学》，2014（4）
[34] 汪永清. 对改革现行行政执法体制的几点思考，《中国法学》，2000（1）
[35] 王贵松. 行政裁量基准的设定与适用，《华东政法大学学报》，2016（3）
[36] 王洪平，房绍冲. 民事习惯的动态法典化——民事习惯之司法导入机制研究，《法制与社会发展》，2007（1）
[37] 王敬波. 相对集中行政处罚权改革研究，《中国法学》，2015（4）

[38] 王磊.〈澳门基本法〉在司法适用中的若干问题,《广东社会科学》, 2008(5)
[39] 王青斌. 公共治理背景下的行政执法权配置——以控烟执法为例,《当代法学》, 2014(4)
[40] 王天华. 裁量标准基本理论问题刍议,《浙江学刊》, 2006(6)
[41] 伍劲松. 行政执法裁量基准的适用效力,《行政法学研究》, 2010(4)
[42] 杨海坤. 香港和澳门行政法的比较研究,《法学家》, 1997(1)
[43] 杨建军. 惯例的法律适用——基于最高人民法院公报案例的考察,《法制与社会发展(双月刊)》, 2009(2)
[44] 杨立新. 网络交易规则研究,《甘肃社会科学》, 2016(4)
[45] 杨士弘, 郑岳威. 澳门城市道路交通建设与管理,《地理学与国土研究》, 1999(4)
[46] 叶海波. 澳门宪制发展与行政主导制的完善,《暨南学报(哲学社会科学版)》, 2012(8)
[47] 余凌云. 游走在规范和僵化之间——对金华行政裁量基准实践的思考,《清华法学》, 2008(3)
[48] 余凌云. 现代行政法上的指南、手册和裁量基准,《中国法学》, 2012(4)
[49] 张步峰, 熊文钊. 城市管理综合行政执法的现状、问题及对策,《中国行政管理》, 2014(7)
[50] 章剑生. 论"行政惯例"在现代行政法法源中的地位,《政治与法律》, 2010(6)
[51] 张英民. 立法调整、执法改革抑或公众参与?——突破摊贩管理暴力困境的核心思路辨析,《行政法学研究》, 2012(2)
[52] 张哲, 张宏扬. 当代中国法律、行政法规中的习惯——基于"为生活立法"的思考,《清华法学》, 2012(2)
[53] 章志远. 行政裁量基准的兴起与现实课题,《当代法学》, 2010(1)
[54] 章志远. 行政惯例如何进入行政裁量过程——对"钓鱼执法事件"的追问,《江苏行政学院学报》, 2010(1)
[55] 郑泰安, 郑文睿.地方立法需求与社会经济变迁——兼论设区的市立法权限范围,《法学》, 2017(4)
[56] 周继东. 深化行政执法体制改革的几点思考,《行政法学研究》, 2014年(1)
[57] 周佑勇. 裁量基准的正当性问题研究,《中国法学》, 2007(6)
[58] 周佑勇. 论作为行政法之法源的行政惯例,《政治与法律》, 2010(6)
[59] 周佑勇. 裁量基准的制度定位——以行政自制为视角,《法学家》, 2011(4)

[60] 周佑勇. 作为行政自制规范的裁量基准及其效力界定，《当代法学》，2014（1）

[61] 周佑勇，尹建国. 行政裁量的规范影响因素——以行政惯例与公共政策为中心，《湖北社会科学》，2008（7）

[62] 朱林. 葡萄牙〈行政程序法典〉评介，《行政法学研究》，1996（3）

[63] 朱新力，骆梅英. 论裁量基准的制约因素及建构路径，《法学论坛》，2009（4）

[64] 纵博. 我国刑事证据能力之理论归纳及思考，《法学家》，2015（3）